J. A. Seuffert's
Archiv
für
Entscheidungen der obersten Gerichte
in den
deutschen Staaten.

Systematisches und alphabetisches General-Register

über

Band XXI—XXV

der

Neuen Folge des Archivs.

Verfaßt von

H. F. Schütt.

München und Leipzig.
Druck und Verlag von R. Oldenbourg
1900.

Systematisches Register.

Die römischen Ziffern bezeichnen den Band, die arabischen die Nummern der Entscheidungen.

Erster Theil.

Civilrecht.

Erster Abschnitt.

Allgemeine Lehren.

Hauptstück I.

Rechtsquellen.

I. Verhältniß der verschiedenen Quellen.

1. Dispositiver Charakter des Verbots für den Vorstand einer Act.-Gesellsch., ein Handelsgewerbe zu betreiben. XXV. 216. — 2. Gesellsch. m. b. H.; im Gesellschaftsvertrage kann bestimmt werden, daß der Geschäftsführer in Verhinderungsfällen durch ein Mitglied des Aufsichtsraths vertreten werde. XXV. 217. — 3. Voraussetzung der Inanspruchnahme des einzelnen Genossen seitens der Genossenschaft bei vorhandenem Deficit. XXI. 49.

II. Gesetzliches Recht und dessen Auslegung.

1. Keine Revision wegen angeblicher Verletzung gemeinrechtlicher Auslegungsregeln bei der Feststellung irrevisibelen Rechts. XXIII. 202. —

2. Heutige Anwendbarkeit der römischrechtlichen Grundsätze bei Bestellung von Grunddienstbarkeiten. XXI. 98. —

3. Haftung auf Schadensersatz aus § 367 Nr. 12 StGB.; Orte, an welchen Menschen verkehren. XXV. 138. — 4. Zum Begriff der die zweijährige Verjährung der actio doli ausschließenden Bereicherung des Beklagten (fr. 28 de dolo malo 4. 3). XXI. 27. — 5. Verhältniß des § 1 des Ges. v. 1896 über den unlauteren Wettbewerb zum § 16 des Ges. von 1894 betr. den Schutz der Waarenzeichen. XXIII. 151. — 6. Begriff der „Angaben thatsächlicher Art" ꝛc. nach § 1 des Ges. v. 27. Mai 1896 über den unlauteren Wettbewerb, XXIII. 228. Desgleichen nach § 6, XXV. 205. — 7. Eintragung in die Conc.-Tabelle

als Vollstr.-Titel i. S. des Anf.-Ges. XXI. 264. — 8. Der § 3 Ziff. 4 Anf.-Ges. bezieht sich nicht auf unentgeltliche Verfügungen vor der Ehe. XXV. 141. — 9. Begriff der Zahlungsunfähigkeit nach § 2 und § 4 Anf.-Ges. XXII. 22. XXIV. 223. XXV. 142. — 10. Actio de pauperie nach dem Sachsenspiegel; zum § 4 II. 40. XXI. 108. — 11. Über den Begriff des Gewerbes nach § 3 Reichsges. v. 13. Mai 1870 wegen Beseitigung der Doppelbesteuerung. XXIII. 139. — 12. Begriff der „Anschaffung" i. S. des Reichsstempelges. v. 27. April 1894. XXIV. 27. —

13. Ablieferung und Ablieferungsort i. S. des Art. 347 HGB. XXV. 23. 91. — 14. Begriff des Distanzgeschäfts nach Art. 347 HGB. XXI. 279. — 15. Umgehung des § 66 (vgl. § 48) des Börsenges. v. 22. Juni 1896. XXIV. 99. — 16. Bedeutung der im Auslande geschlossenen Börsentermingeschäfte nach § 68 des Börsenges. v. 22. Juni 1896. XXV. 25. — 17. Marktpreis i. S. des Art. 376 HGB. XXII. 35. — 18. Ablieferung i. S. der Art. 386 Abs. 2 und 408 Abs. 3 HGB. XXIII. 33. — 19. Durch Platzmangel an der vertragsmäßigen Lade- oder Löschstelle wird die Lade- oder Löschbereitschaft des Binnenschiffers nicht ausgeschlossen. XXIV. 165. — 20. Art. 824 HGB.; der Versicherer haftet für eine vom versicherten Schiff angerichtete und vom Rheder zu ersetzende Beschädigung nur im Fall des Zusammenstoßes mit einem anderen Schiffe. XXI. 204. — 21. Über das Verhältniß zwischen der Verjährung der Forderung des Schiffsgläubigers und der Verjährung des persönlichen Anspruchs (HGB. Art 907). XXI. 286. —

22. Zum Begriff des Gewerbes nach der Gewerbeordnung. XXIII. 181. — 23. Begriff der nach § 8 Gew.-O. ablösbaren Zwangs- und Bannrechte. XXIII. 117. — 24. Verhältniß des § 26 Gew.-O. zu der Negatorienklage auf Unterlassung schädlicher Immissionen. XXIII. 180. — 25. Begriff des gewerbsmäßigen Gebrauchs nach dem Patentges. v. 7. April 1891; Begriff der durch ein patentirtes Verfahren unmittelbar hergestellten Erzeugnisse. XXIII. 182. — 26. Zum Begriff der zu schützenden Modelle von Arbeitsgeräthschaften und Gebrauchsgegenständen; Ausschluß von Maschinen und Maschinentheilen? XXIII. 41. — 27. Musterschutz; zum Begriff der Neuheit des Modells. XXIII. 42. — 28. Begriff der „Kennzeichnung" einer Waare i. S. des § 14 des Ges. zum Schutz der Waarenbezeichnungen v. 12. Mai 1894, XXII. 257. Begriff der Ausstattung i. S. des § 15, XXIV. 105. —

29. Begriff des Bauherrn nach § 27 des Ges. v. 11. Juli 1887, betr. die Unfallversicherung der bei Bauten beschäftigten Personen. XXV. 161.

III. Hergebrachtes Recht.

1. Begründung eines Gewohnheitsrechts innerhalb einer Gemeinde. XXII. 142. — 2. Entstehung eines particulären Gewohnheitsrechts über Gültigkeit der Erbeinsetzungsverträge Minderjähriger. XXI. 187. — 3. Erwerb des Rechts auf Marktstandsgeld durch örtliches Gewohnheitsrecht oder durch unvordenkliche Verjährung? XXV. 228. —

4. Handelssitte im Gegensatz zum Handelsgebrauch. XXIV. 160. — 5. Maßgeblichkeit eines am Erfüllungsort bestehenden Handelsgebrauchs für den auswärtigen Vertragsbetheiligten. XXII. 94. — 6. Unverbindlichkeit eines Handelsgebrauchs, das Maß einer Waare nach einer unrichtigen Methode zu ermitteln. XXI. 194. — 7. Ist ein Kunsthändler befugt, die ihm zur Ausstellung und zum eventuellen Verkauf übergebenen Kunstwerke auch anderen Kunsthändlern oder Kunstinstituten zu gleichem Zwecke zu überlassen? Gewohnheitsrecht, Übung, Handelssitte. XXI. 41. — 8. Gewohnheitsrecht bezüglich der Frage, wem die durch den Wegfall eines Maschinisten während der Reise ersparte Heuer gebühre. XXIII. 105. —

9. Aufhebung eines Gesetzes durch Gewohnheitsrecht (desuetudo). XXII. 1.

IV. Autonomie.

Über das den mediatisirten Häusern zustehende Recht der Autonomie. XXII. 69.

V. Anwendung des Rechts.

A. Auf welche Verhältnisse und Personen?

1. Ehescheidung; welches Recht ist auf gemischte Ehen anwendbar? XXIV. 226. —

2. Schutzfähigkeit eines ausländischen Waarenzeichens, welches entgegen der Vorschrift des Markenschutzgesetzes § 3 Abs. 2 ausschließlich aus Zahlen, Buchstaben oder Worten besteht. XXI. 50.

B. Auf welche Zeit?

1. Höhe der Verzugszinsen nach dem 1. Januar 1900. XXV. 198. — 2. Fortdauernde Klagbarkeit einer vor 1900 entstandenen Lohnforderung für eine Heirathsvermittelung. XXV. 201. — 3. Für Ansprüche der Kinder auf Unterhalt nach 1900 ist das BGB. maßgebend. XXV. 210. — 4. Erziehung der Kinder nach geschiedener Ehe; altes und neues Recht. XXV. 146. — 5. Verwaltungsrecht des Vaters an vorher erworbenem Vermögen der Kinder nach dem 1. Januar 1900. XXV. 211. —

6. Hat die Bestimmung des § 67 Abs. 4 des neuen HGB. rückwirkende Kraft? XXIV. 96. Der § 74? XXIV. 158. — 7. Einfluß einer veränderten Gesetzgebung auf die Auslegung der in einem Geschäftsbetriebe hergebrachten Vertragsbedingungen. XXIV. 5.

C. Örtliche Statutencollision.

1. Unbekanntes oder nicht nachgewiesenes fremdes Recht. XXI. 85. — 2. Aufgabe des Richters bei Anwendung fremden Rechts. XXIV. 58. —

3. Kann gegen die Vindication einer beweglichen Sache der Lösungsanspruch des verklagten gutgläubigen Erwerbers auch im Herrschaftsgebiet eines Rechts geltend gemacht werden, das einen solchen Anspruch nicht anerkennt? XXIII. 212. — 4. Statutencollision, die Rechtsbeständigkeit eines Eigenthumsvorbehalts betreffend. XXI. 1. —

5. Statutencollision bezüglich der Klagbarkeit einer als Ehrenschuld übernommenen Verpflichtung. XXIII. 145. — 6. Ist der Vertrag über den Vertrieb

von Lotterieloosen nach Staaten, die dies verbieten, wegen Unsittlichkeit ungültig? XXIV. 11. — 7. Erfüllungsort für die Verpflichtungen des Mandanten gegen den Mandatar. XXI. 16. — 8. Zulässigkeit einer Klage auf Erfüllung eines ausländischen Schiedsspruchs. XXI. 106. —

9. Statutencollision bezüglich der Frage, ob der geschiedene Ehemann seine geschiedene Ehefrau zu alimentiren habe. XXII. 138. — 10. Anspruch der Mutter auf Ersatz ausgelegter Alimente gegen den außerehelichen Vater. XXIV. 207. —

11. Statutencollision in Betreff der Testamentsform, insbesondere wenn der Testator ohne Domicil war. XXIV. 135. —

12. Statutencollision bezüglich der Rechtzeitigkeit einer Mängelanzeige und der Folgen ihrer Versäumung. XXV. 61. — 13. Bezüglich der Frage, welche Rechte dem Käufer aus der rechtzeitigen Mängelrüge zustehen. XXI. 86. — 14. Örtliches Recht beim Frachtvertrage eines Inländers mit einem Ausländer. XXII. 176. — 15. Haftet der Hamburger Eigenthümer eines Flußschiffs für Collisionsschäden in einem Gebiet, wo solche Haftung nicht eingeführt ist? Rechtsgrund jener Haftung. XXII. 70. — 16. Statutencollision betreffs Verjährung der Klage aus einem vom Schiffer im Auslande für den Rheder abgeschlossenen Rechtsgeschäfte. XXI. 283. — 17. Bezüglich des Anspruchs auf Distanzfracht. XXIII. 34. —

18. Statutencollision bezüglich der Verfallzeit eines Wechsels und der Rechtzeitigkeit des Protestes. XXI. 287.

Hauptstück 2.

Allgemeine Grundsätze von den Rechten und deren Verfolgung.

I. Wohlerworbene Rechte.

Zum Begriff der wohlerworbenen Rechte. XXII. 139.

II. Verfolgung der Rechte durch Klagen.

A. Allgemeines.

1. Die Activlegitimation muß schon bei der Klagerhebung vorhanden sein. XXIV. 57. — 2. Unzulässigkeit der Abweisung einer illiquiden Klage auf Grund einer liquiden Compensationseinrede. XXII. 56. XXIII. 55. XXIV. 61. 83. —

3. Zulässigkeit des Rechtswegs bei der Klage des geschiedenen Mannes gegen die schuldige Frau auf Unterlassung der Weiterführung seines Namens. XXIII. 159. — 4. Über die Zulässigkeit einer gerichtlichen Anfechtung des Ausschlusses aus einer privatrechtlichen Genossenschaft. XXI. 168. 169. — 5. Verein zu Kunstzwecken; Anfechtung eines ordnungswidrigen Beschlusses auch ohne ein Vermögensinteresse des Klägers. XXV. 193. —

6. Dürfen künftige Raten wiederkehrender Leistungen eingeklagt werden? XXII. 140. — 7. Zulässigkeit der Klage auf Erfüllung trotz deren subjectiver Unmöglichkeit. XXII. 150. — 8. Unzulässigkeit einer Klage auf Erfüllung bei nachfolgender Unmöglichkeit der Leistung. XXIV. 216. — 9. Voraussetzung für

die Einklagung weiterer Schadensersatzansprüche nach erzielter Verurtheilung des Beklagten zu einem bestimmten Schadensersatze. XXII. 4. — 10. Klage auf Ernennung eines Schiedsrichters (§ 855 CPO.); über die präjudicielle Einrede des Vergleichs hat das ordentliche Gericht zu entscheiden. XXIII. 136. — 11. Entschädigungsanspruch des Fischereiberechtigten wegen Flußcorrectionen? Rechtsweg. XXIII. 242. — 12. Rechtsweg für Ansprüche Dritter gegen einen Armenverband auf Ersatz von Aufwendungen für einen Armen. XXV. 38. — 13. Die Entschädigung für Rayonbeschränkungen ist nach der Sachlage z. Z. des Urtheils zu bemessen. XXIII. 155; vgl. XXIV. 89. — 14. Kein privatrechtlicher Anspruch gegen den Staat auf polizeilichen Schutz oder auf Schadensersatz wegen dessen Nichtgewährung. XXV. 162. — 15. Haftet der Staat für die gesetzliche Aufhebung wohlerworbener Rechte? XXII. 139. —

16. Kann die Ehescheidung wegen Verweigerung der ehelichen Pflicht durch das Verhalten des verklagten Theils während des Processes abgewandt werden? XXIII. 15. — 17. Können die Kinder gegen den Vater auf Aberkennung des Erziehungsrechts klagen? XXIII. 93. —

18. Der Wechselschuldner hat ein Recht auf Rückgabe des präjudicirten, erledigten Wechsels (nicht Chicane). XXIII. 246. —

19. Ist die Klage auf Zahlung einer Forderung zulässig, für welche dem Gläubiger schon eine vollstreckbare Urkunde zu Gebote steht? XXIII. 62. — 20. Wird durch den Concurs einer off. Handelsgesellsch. die Rechtsverfolgung gegen die einzelnen Gesellschafter suspendirt? XXI. 43. 191. —

S. noch im Civilproceß: Gegenstand des Rechtsstreits S. 99. 100.

B. Feststellungsklagen.

1. Die Feststellungsklage ist nicht ein nur subsidiäres Rechtsmittel. XXIV. 136. — 2. Keine Feststellungsklage ohne ein zwischen den Parteien bestehendes Rechtsverhältniß. XXII. 119. — 3. Keine Feststellungsklage über eine Rechtsfrage. XXIV. 185. — 4. Das nach § 231 CPO. erforderliche rechtliche Interesse an alsbaldiger Feststellung kann auch ein bloß ökonomisches sein. XXI. 222. — 5. Feststellungsklage trotz Möglichkeit einer Leistungsklage, bei vorhandenem Interesse. XXV. 108. — 6. Dürfen künftige Raten wiederkehrender Leistungen eingeklagt werden? XXII. 140. — 7. Rechtliches Interesse bei der negativen Feststellungsklage. XXIV. 114. — 8. Inwiefern ist gegen die Feststellungsklage die Einrede der Verjährung des civilrechtlichen Anspruchs zulässig? XXIV. 208. —

9. Feststellungsklage eines Beamten über die Pensionsberechtigung seiner Wittwe. XXV. 109. — 10. Erfordernisse einer Feststellungsklage des Patentinhabers über die Tragweite des Patents gegenüber abweichenden Äußerungen des Beklagten. XXIV. 48. —

11. Streitwerth bei negativer Feststellungsklage; maßgebend ist der Werth des Streitgegenstandes ohne Rücksicht auf Gegenleistungen. XXI. 214. — 12. Negative Feststellungsklage auf Nichtbestehen eines Anspruchs aus einem

Vertrage; Gerichtsstand des § 29 CPO. XXI. 133. — 13. Die negative Feststellungsklage begründet keine Rechtshängigkeit gegenüber der späteren Leistungsklage des Gegners. XXIII. 255. — 14. Kann gegen eine Wechselklage die Einrede der Rechtshängigkeit auf eine anhängige negative Feststellungsklage über das zu Grunde liegende Rechtsverhältniß gestützt werden? XXIV. 262. — 15. Für die Fristberechnung aus § 3 Ziff. 2. 3 des Anf.-Ges. v. 21. Juli 1879 bewirkt eine negative Feststellungswiderklage des Anf.-Beklagten keine Rechtshängigkeit. XXIII. 230. — 16. Umwandlung der Feststellungsklage in eine Leistungsklage in 2. Instanz. XXIV. 137. — 17. Feststellungsklage über das Nichtbestehen einer bestimmten Forderung. Das Urtheil hat sich auf die Forderung zu beschränken. XXV. 110. — 18. Umfang der Rechtskraft des die negative Feststellungsklage abweisenden Urtheils. XXII. 121.

C. Vererblichkeit der Klagen.

1. Klage aus einem Eheversprechen gegen die Erben des Selbstmörders. XXIII. 89. — 2. Inwieweit ist der Erbeserbe zur Herausgabe eines Erbschaftsinventars verpflichtet? XXI. 114. — 3. Natur der Anfechtungsklage aus nov. 115 und Vererbung derselben. XXIII. 19. — 4. Vererblichkeit bäuerlicher Abfindungen. XXII. 88.

D. Subsidiäre Klagen.

1. Die Feststellungsklage ist nicht ein nur subsidiäres Rechtsmittel. XXIV. 136. — 2. Subsidiäre Natur der actio doli. XXI. 57. — 3. Wegfall der Subsidiarität der actio doli bei schwierigerer Durchführbarkeit der anderen Klage. XXI. 26. — 4. Die einstweil. Verfügung ist kein bloß subsidiärer Rechtsbehelf. XXIV. 130.

E. Verjährung der Klagen.

1. Rechtliche Natur des quadriennium restitutionis. XXII. 218. — 2. Ist in der Nichtanstellung der Klage während der Verjährungsfrist ein stillschweigender Verzicht auf den Anspruch zu finden? XXI. 6. — 3. Inwiefern ist gegen die Feststellungsklage die Einrede der Verjährung des civilrechtlichen Anspruchs zulässig? XXIV. 208. — 4. Verjährungseinrede gegenüber der Klage des Käufers auf Ersatz der Aufwendungen für einen redhibirten Gegenstand, wenn er das Retentionsrecht gegen Sicherheitsleistung aufgegeben hat. XXIII. 73. — 5. Erlöschung der Reallast, insbesondere der mit dem Patronat verbundenen Kirchenbaulast in Folge der Klagenverjährung bezüglich einer einzelnen Leistung. XXIII. 96. — 6. Findet die Verjährung aus Art. 146 HGB. auch bei Auflösung der Gesellschaft durch Concurs statt? XXI. 192. — 7. Vertragsmäßige Festsetzung einer längeren als der gesetzlichen Gewährleistungspflicht; Einfluß auf die Dauer der Klagenverjährung. XXII. 101. — 8. Auf welche Klagen bezieht sich die Verjährungsfrist aus Art. 349 Abs. 2 HGB.? XXII. 251. XXIV. 236. Auf alle Ansprüche des Käufers aus der mangelhaften Beschaffenheit der Waare, XXI. 202. Auch auf den Anspruch auf das Interesse und Ersatz der Aufwendungen des die Waare zurückweisenden Käufers, XXI.

125. Ist die Frist Verjährungs- oder Präclusivfrist? XXII. 252. — 9. Über das Verhältniß zwischen der Verjährung der Forderung des Schiffsgläubigers und der Verjährung des persönlichen Anspruchs (HGB. Art. 907). XXI. 286. — 10. Voraussetzungen der Klage auf Ertheilung der Vollstreckungsclausel gemäß § 667 CPO.; Einrede der Verjährung. XXII. 209. —

11. Beginn der Verjährung gegenüber der querela inoff. donationis. XXII. 247. — 12. Fortgesetzte Geschäftsführung ohne Auftrag; Verjährung des Anspruchs auf Ersatz der Auslagen. XXII. 217. — 13. Beginn der Klagenverjährung gegen den Spediteur und den Frachtführer, wenn der Adressat die Annahme verweigert hat. XXIII. 33. — 14. Statutencollision in Betreff der Verjährung der Klage aus einem vom Schiffer im Auslande kraft seiner gesetzlichen Vollmacht für den Rheder abgeschlossenen Rechtsgeschäfte. XXI. 283. — 15. Verjährung der Wechselregreßklage des Indossanten. XXII. 105. — 16. Litispendenzverjährung bei Wechselforderungen. XXI. 46. —

17. Unterbrechung einer Klagenverjährung durch Anerkennung; wie muß diese beschaffen sein? XXII. 252. — 18. Unterbrechung der Verjährung des Anspruchs der Vermächtnißnehmer durch Anerkennungsacte gegenüber dem Testamentsvollstrecker. XXIII. 17. — 19. Wird die Verjährung des ganzen Anspruchs durch Einklagung eines Theilbetrages unterbrochen? XXV. 62. — 20. Wird die Wechselverjährung durch Zustellung eines Zahlungsbefehls unterbrochen? XXI. 47. — 21. Erfordernisse der Anmeldung einer Forderung im Concurse, um die Verjährung unterbrechen zu können. XXIII. 210. —

22. Zum Begriff der die zweijährige Verjährung der actio doli ausschließenden Bereicherung des Beklagten (fr. 28 de dolo malo 4. 3). XXI. 27.

F. Einreden. Retentionsrecht.

1. Rechtliche Natur der durch Einrede begehrten prätorischen Wiedereinsetzung i. d. v. St. und des quadriennium restitutionis. XXII. 218. —

2. Unzulässigkeit der Zurückbehaltung auf Grund einer erst im Lauf des Processes fällig gewordenen Forderung. XXI. 87. XXV. 1. — 3. Das Retentionsrecht beschränkt sich nach gemeinem Recht in der Regel auf fällige Ansprüche. XXIII. 72. — 4. Connexität als Voraussetzung des Zurückbehaltungsrechts. XXII. 71. — 5. Einrede des nicht erfüllten Vertrags; nur Zurückbehaltung eines verhältnißmäßigen Theiles der Gegenleistung. XXIV. 214. — 6. Verjährungseinrede gegenüber der Klage des Käufers auf Ersatz der Aufwendungen für einen redhibirten Gegenstand, wenn er das Retentionsrecht gegen Sicherheitsleistung aufgegeben hat. XXIII. 73. — 7. Das kaufmännische Retentionsrecht erlischt nicht dadurch, daß der Berechtigte betrüglich zur Mitwirkung bei der Eigenthumsübertragung auf einen Dritten veranlaßt worden ist. XXV. 22. — 8. Darf ein Reisender oder Agent die ihm übergebene Mustercollection retiniren? XXI. 122. — 9. Gemeinrechtliches Retentionsrecht des Committenten an der Provision wegen des (connexen) Gegenanspruchs auf

Rücksendung anderen Commissionsguts. XXIII. 1. — 10. Unzulässigkeit einer Trennung der Verhandlung über die Retentionseinrede. XXI. 61.

G. Einfluß des Processes; Urtheil.

Bezahlung erpreßter Wechsel; condictio ex injusta causa (nicht actio quod metus causa), soweit nicht die Zahlung auf Grund rechtskräftigen Urtheils erfolgt ist. XXI. 182.

III. Cautionen.

1. Kann die Bestellung einer anderen Sicherheit verlangt werden, wenn die versprochene Sicherstellung sich als wirkungslos erwiesen hat, und muß dann der Kläger eine bestimmte Sicherheit fordern? XXI. 88. — 2. Sicherheitshypothek; Beweislast bezüglich des Umfangs der zu sichernden Ansprüche. XXIII. 11. — 3. Zweck und Bedeutung eines Depotwechsels. XXIII. 115.

IV. Selbsthülfe.

Wird der Begriff des Spoliums und der Eigenmacht durch die vorangegangene Gestattung einer beliebigen Wegnahme der (geliehenen) Sachen ausgeschlossen? XXIII. 6.

V. Restitution.

Rechtliche Natur der durch Einrede begehrten prätorischen Wiedereinsetzung i. d. v. St. und des quadriennium restitutionis. XXII. 218.

Hauptstück 3.

Von den Personen.

I. Physische Personen.

1. Gegenbeweis gegen die Präsumtion pater est, quem ɹc. XXIV. 1. 23. — 2. Bedarf es der Vorlegung eines richterlichen Urtheils, um die nachträgliche Eintragung der unehelichen Geburt eines Kindes im Standesregister zu erwirken? XXI. 254. — 3. Der § 95 Unf.-Vers.-Ges. v. 6. Juli 1884 trifft nicht den Anspruch des unehelichen, auch des noch nicht geborenen, Kindes aus der Tödtung seines Vaters gegen den Betriebsunternehmer. XXIV. 151. — 4. Bedeutung der Anerkennung der Vaterschaft für die Legitimation durch nachfolgende Ehe; Gegenbeweis dagegen. XXI. 35. —

5. Zulässigkeit des Rechtswegs bei der Klage des geschiedenen Mannes gegen die schuldige Frau auf Unterlassung der Weiterführung seines Namens. XXIII. 159. — 6. Recht auf ausschließliche Benutzung eines Familiennamens zu gewerblichen Zwecken auf Grund eines Vertrages mit dem Träger dieses Namens. XXIII. 118. —

7. Sind Minderjährige nach zurückgelegtem 14. Lebensjahre fähig, sich ohne Genehmigung ihres gesetzlichen Vertreters durch Vertrag zu verpflichten? XXII. 141. — 8. Entstehung eines particulären Gewohnheitsrechts über Gültigkeit der Erbeinsetzungsverträge Minderjähriger. XXI. 187. — 9. Über die aquilische Haftung 14jähriger Minderjähriger. XXII. 5. XXIV. 138. — 10. Aquilisches Verschulden eines Unmündigen und Mithaftung seines Vaters. XXIII. 226. —

11. Voraussetzungen der Geschäftsunfähigkeit wegen Geisteskrankheit. XXV. 129. — 12. Voraussetzungen der Entmündigung wegen Geisteskrankheit. XXIV. 2. — 13. Über die Handlungsfähigkeit geisteskranker Personen. Über die Proceßfähigkeit hat mangels einer Entmündigung das Proceßgericht zu entscheiden. XXI. 89. — 14. Nicht wegen jeder vorübergehenden Geistesstörung und nicht wegen Gemeingefährlichkeit allein kann die Entmündigung ausgesprochen werden. XXII. 244. — 15. Inwieweit macht Geisteskrankheit ein Rechtsgeschäft, insbesondere eine Ehe, nichtig? XXIII. 2. — 16. Ist in der Vulgarsubstitution auch die Quasi-Pupillarsubstitution enthalten? XXII. 86. — 17. Die Vorschrift in § 627 CPO. betr. die Bekanntmachung von Entmündigungsbeschlüssen, bezieht sich nicht auf die civilrechtlichen Wirkungen der Bekanntmachung. XXIV. 144. —

18. Wird der Adel durch Adoption übertragen? XXII. 219. —

19. Über die Vertretung eines ausländischen Patentinhabers als Beklagten. XXIV. 172. — 20. Accessorische Natur des Schutzes eines Ausländers im Inlande bezüglich eines Individualrechts an einem Waarenzeichen. XXIII. 118.

II. Juristische Personen.

1. Bedürfen juristische Personen der staatlichen Genehmigung? XXI. 166. — 2. Unzulässigkeit der Syndicatsklage gegen ein Beamtencollegium; Mangel der Rechtssubjectivität eines solchen. XXIV. 224. — 3. Hat eine adelige „Gutsherrschaft" Proceßfähigkeit? XXII. 194. —

4. Über die Beschlußfassung der universitates inordinatae. XXII. 72. — 5. Die einzelnen Mitglieder einer zur Vertretung der juristischen Person berufenen collegialen Behörde sind in deren Processen nicht zeugnißfähig. XXV. 175. — 6. Fortexistenz einer Gewerkschaft zum Zweck der Liquidation nach ihrer Auflösung. XXI. 39. —

7. Grenzen der Haftung einer juristischen Person für außercontractliches Verschulden ihrer Angestellten. XXIV. 209. — 8. Über die Haftung juristischer Personen bei Nichtbefolgung eines auf Schadensverhütung abzielenden Polizeigesetzes. XXII. 220. XXIII. 74. —

9. Pensionsverein; Unwirksamkeit von Statutenänderungen, wodurch die Rechte der Pensionisten geschmälert werden. XXI. 167. — 10. Über die Zulässigkeit einer gerichtlichen Anfechtung des Ausschlusses aus einem Verein. XXI. 168. 169. — 11. Verein zu Kunstzwecken; Anfechtung eines ordnungswidrigen Beschlusses auch ohne ein Vermögensinteresse des Klägers. XXV. 193. — 12. Haftung aus Geschäften für eine einzutragende, dann aber nicht eingetragene, Genossenschaft. XXIII. 179. — 13. Fähigkeit der Mitglieder einer eingeschriebenen Hülfskasse, in deren Angelegenheiten als Schiedsrichter mitzuwirken. XXIV. 21. — 14. Haftung der Mitglieder eines Personenvereins ohne Corporationsrechte nach Auflösung des Vereins für Vertragsverbindlichkeiten. XXI. 176. — 15. Über eingetr. Genossenschaften s. unten S. 93.

16. Begründung eines Gewohnheitsrechts innerhalb einer Gemeinde. XXII. 142. — 17. Ausschließliches Klagerecht der Gemeinde zur Geltend-

machung von Gemeindedienstbarkeiten. XXV. 63. — 18. Reallast des Zuchtstierhaltens in einer Gemeinde; Activlegitimation zu deren Geltendmachung. XXII. 89. — 19. Ersitzung des Rechts auf den Torfstich an einem der Realgemeinde gehörigen Torfmoor seitens der Abbauer und Häuslinge in der Gemeinde als einer Gesammtheit von Personen und der einzelnen für sich. XXII. 142. — 20. Sind Gemeindeglieder beim Ausgange des Rechtsstreits der Gemeinde i. S. des § 358 Ziff. 4. CPO. unmittelbar betheiligt? XXI. 232. XXII. 201. — 21. Haftung einer Stadtgemeinde für gehörige Instandhaltung ihrer Gemeindewege; eigenes Verschulden des Beschädigten? XXII. 20. — 22. Haftet die Stadtgemeinde für die aus einer Änderung des Straßennetzes eingetretene Werthverringerung von Häusern? XXIV. 25. —

23. Erwerb der Zugehörigkeit zu einer evangelisch-lutherischen Landeskirche, oder einer Gemeindeangehörigkeit in derselben. XXIV. 3. — 24. Zurückforderung einer unrechtmäßig erhobenen Kirchensteuer; zum Begriff der Bereicherung. XXIV. 24.

Hauptstück 4.

Von den Sachen.

I. Res communes.

1. Privateigenthum am Meeresufer? XXV. 194. — 2. Verfügungsrecht des Grundeigenthümers über die auf seinem Grundstück entspringende Quelle, auch wenn sie einen Bach bildet. XXII. 145.

II. Res publicae.

1. Über den Umfang des Strombetts bei Flüssen mit Ebbe und Fluth. XXV. 2. — 2. Begriff des Flußufers. XXII. 143. — 3. Kann durch unvordenkliche Verjährung ein Recht auf Überschwemmung durch einen öffentlichen Fluß bei Hochwasser erworben und gegen die Beseitigung solcher Überschwemmungen mit der actio aquae pluv. arcendae geklagt werden? XXI. 173. — 4. Rechtliche Natur des Fischereirechts in öffentlichen Flüssen. Entschädigungsanspruch des Fischereiberechtigten wegen Flußcorrectionen? Rechtsweg. XXIII. 242. Haftung des Staats für Eingriffe in das Fischereirecht durch Verwaltungsmaßregeln. XXV. 14. — 5. Über die rechtlichen Eigenschaften des Leinpfades. XXII. 90. —

6. Negatorienklage der Stadt als Eigenthümerin einer Straße gegen eine polizeilich genehmigte Benutzung des Bürgersteigs zum Wirthschaftsbetrieb. XXV. 132. — 7. Haftet die Stadt für die aus einer Änderung des Straßennetzes eingetretene Werthverringerung von Häusern? XXIV. 25. — 8. Klagerecht des anliegenden Hauseigenthümers wegen Veränderung des öffentlichen Weges? XXI. 28.

III. Bewegliche und unbewegliche Sachen.

1. Regelung des Mitbesitzes an einer beweglichen Sache, insbesondere an einer letztwilligen Urkunde. XXIII. 214. — 2. Lösungsanspruch des verklagten gutgläubigen Erwerbers einer beweglichen Sache gegen die Vindication, auch im Herrschaftsgebiet eines Rechts, das solchen Anspruch nicht anerkennt? XXIII. 212. —

3. Rechtswirkung des Eigenthumsvorbehalts an dem noch stehenden Holze bei Veräußerung eines Waldes. XXI. 2. — 4. Übertragung der Gewinnung von Mineralien als Pachtvertrag. XXIII. 13.

IV. Einzelne Sachen und Sachgemeinheiten.

1. Vgl. vorstehend unter III. Ziff. 3 und 4. — 2. Ist mit der Tradition des Hauses auch der darunter befindliche, aber nicht von dem Hause aus zugängliche Keller tradirt? XXII. 147. — 3. Inädification von Maschinen? XXIII. 3.

V. Vertretbare und nicht vertretbare Sachen.

1. Species- oder Genuskauf? XXIII. 103. — 2. Kann der im Annahmeverzuge befindliche Käufer gegen die Klage auf den Kaufpreis einwenden, daß Verkäufer die Waare weiter verkauft habe, wenn diese in vertretbaren Gegenständen bestand? XXI. 174. —

3. Eigenthumserwerb an dem auf einen Creditbrief von dem Handlungsreisenden einkassirten Gelde. XXII. 225. — 4. Gepfändete Reichsbanknoten brauchen nicht versteigert zu werden. XXII. 25.

VI. Haupt- und Nebensachen.

1. Kann die Pertinenzeigenschaft ohne thatsächliche Trennung durch den Willen des Eigenthümers aufgehoben werden? XXI. 3. — 2. Eine transportable Bahn als Pertinenz eines Fabrikgrundstücks. XXII. 2. —

3. Gehören zu den vom gutgläubigen Besitzer zurückzugewährenden noch vorhandenen Früchten auch Pachtgelder und die durch Bewirthschaftung erworbene Bereicherung? XXI. 10. — 4. Eigenthumsvorbehalt an dem noch stehenden Holze bei Veräußerung eines Waldes. XXI. 2. — 5. Übertragung der Gewinnung von Mineralien als Pachtvertrag. XXIII. 13.

Hauptstück 5.

I. Von den Handlungen.

A. Mängel der Willensbestimmung.

a) Simulation. 1. Kann ein nichtiger (simulirter) Vertrag durch Ratihabition gültig werden? XXI. 255. — 2. Kann der debitor cessus gegen die Klage des Cessionars die Simulation der Cession einwenden? XXI. 102. — 3. Die Simulation des Verkaufs kann gegen den gutgläubigen Dritterwerber der Sache nicht geltend gemacht werden. XXI. 92. — 4. Kann ein Scheingeschäft auf Grund des Anf.-Ges. angefochten werden? XXV. 11.

5. Simulation einer Ehe. XXIII. 90. —

6. Anfechtung eines Gen.-Vers.-Beschlusses; kann die Legitimation des klagenden Actionärs wegen Simulation seines Actienerwerbes (Namenactien) bestritten werden? XXIII. 169. —

7. Kann gegen den Inhalt eines in einer öffentlichen Urkunde niedergelegten Schuldbekenntnisses Simulation eingewandt und unter Eid gestellt werden? XXII. 73.

b) Zwang. 1. Bezahlung erpreßter Wechsel gewährt nicht die actio quod metus causa. XXI. 182. — 2. Actio quod metus causa einer Versicherungsgesellschaft wegen Erzwingung eines Vergleichs durch Drohung mit Discreditirung in öffentlichen Blättern und Anzeige bei der Staatsanwaltschaft. XXII. 21.

c) Betrug. 1. Dolus erfordert Absicht. Keine Gleichstellung der culpa lata mit dem dolus causam dans. XXIII. 4. — 2. Einrede der Arglist; Unzulässigkeit der Replik, daß der Gegner seinen Irrthum hätte vermeiden können. XXIII. 213. — 3. Haftung für die Arglist von Hülfspersonen beim Vertragsschluß. XXIV. 139. 169. —

4. Bösgläubigkeit beim Besitzerwerb. XXIII. 5. — 5. Rei vindicatio gegen den fictus possessor; es genügt ein eventueller Dolus desselben. XXIII. 79. —

6. Einrede der Arglist aus der Anfechtung eigener Handlungen. XXI. 170. — 7. Haftung eines Creditvereins (eingetr. Genossensch.) auf Rückzahlung eines statutenwidrig, aber der Übung entsprechend, von dem Kassirer entgegengenommenen Darlehens aus dem Gesichtspunct der Arglist. XXII. 106. XXIII. 38. — 8. Inwieweit besteht eine Verpflichtung, dem Mitcontrahenten die für seine Entschließung entscheidenden, diesem unbekannten Thatsachen freiwillig mitzutheilen? XXI. 4. — 9. Inwiefern wird durch Vorspiegelungen über die Aussichten eines Unternehmens ein civilrechtlicher Betrug begründet? XXI. 90. — 10. Klage auf Schadensersatz wegen Betruges über die Mietherträge des gekauften Grundstücks. Haftung des Vollmachtgebers für den Betrug des Bevollmächtigten. XXIV. 139. — 11. Haftung des Verkäufers eines Hauses aus dem Verschweigen von Schwamm, XXIII. 75. Ferner von Rothfäule und Feuchtigkeit, XXIII. 76. — 12. Böser Glaube des pfändenden Ger.-Vollziehers, XXII. 23; verschiedener Einfluß auf den Rechtserwerb und auf die Anfechtbarkeit. XXIII. 5. —

13. Anfechtung des Engagementvertrages mit einem Handlungsreisenden wegen Täuschung über das bisher bezogene Gehalt und den erzielten Umsatz. XXIII. 98. — 14. Haftung des neu eintretenden Gesellschafters für die Schulden, auch wenn er betrüglich zum Eintritt veranlaßt worden war. XXIV. 234. — 15. Gesellschaft m. b. H.; der Gesellschafter kann die Einzahlung seiner Einlage nicht deshalb verweigern, weil er von den Gründern betrüglich zum Eintritt verleitet worden sei. XXIV. 240. — 16. Das kaufmännische Zurückbehaltungsrecht erlischt nicht dadurch, daß der Berechtigte betrüglich zur Mitwirkung bei der Eigenthumsübertragung auf einen Dritten veranlaßt worden ist. XXV. 22. — 17. Klage aus einem Wechsel, welcher bereits von einem Indossatar des Klägers für Rechnung des Klägers erfolglos eingeklagt war; unredliches Verfahren. XXI. 228. — 18. Wechselregreßklage des einen den Wechsel einlösenden Socius gegen den anderen; exc. doli auf Grund des Societätsverhältnisses. XXI. 130. — 19. Unzulässigkeit der Eideszuschiebung an den klagenden Indossatar über eine Arglist des Ausstellers und des Indossatars Kenntniß davon. XXV. 226. —

20. Eingetr. Genossenschaft; Einrede des Genossen gegen die Klage auf Einzahlung seines Antheils, daß er betrüglich zum Beitritt veranlaßt worden sei, XXII. 40. Einrede der Arglist gegen die Heranziehung eines Mitglieds zu Beiträgen, dessen Austritt durch Verschulden des Vorstandes nicht eingetragen worden war, XXIV. 103. — 21. Unzulässigkeit des Einwandes eines Genossen gegen seine Haftung im Concurse der eingetr. Genossenschaft, daß er betrüglich zum Beitritt verleitet worden sei. XXV. 155. —

22. Tragweite der Rechtskraft eines Urtheils, durch welches auf Grund einer Einrede eine Klage abgewiesen worden ist. Arglist, wenn Beklagter im zweiten Proceß den Grund seiner Einrede im Vorproceß bestreitet. XXIV. 188. — 23. Einrede der Arglist gegen einen vollstreckbaren Zahlungsbefehl. XXIV. 68. — 24. Wegfall des Rechts zur Ernennung eines anderen Schiedsrichters, wenn die Partei selbst den ernannten Schiedsrichter zum Rücktritt veranlaßt hat. XXV. 55. — 25. Arglist, wenn ein Schiedsspruch wegen Nichtbestehens eines Schiedsvertrags angefochten wird, nachdem der Anfechtende die Abweisung der gerichtlichen Klage gegen ihn mit der Einrede des Schiedsvertrags erzielt hatte. XXIII. 266. —

26. Folgen der Rescission eines Grundstückskaufs wegen Betruges; negatives Vertragsinteresse. XXIV. 210. — 27. Verpflichtung des dolosen Verkäufers zur Entgegennahme der Rückauflassung des verkauften Grundstücks nach Aufhebung des Vertrags. XXIII. 77.

d) Irrthum. 1. Unverbindlichkeit einer an sich verbindlichen Schenkungserklärung, wenn beide Theile, sei es auch rechtsirrthümlich, sie für unverbindlich hielten. XXII. 222. — 2. Syndicatsklage gegen einen Gerichtsvollzieher wegen Proceßverlustes; Einrede des eigenen Verschuldens; kann der Kläger sich replicando auf seine Rechtsunkenntniß berufen? XXI. 91. — 3. Entschuldbarkeit eines Rechtsirrthums des Conc.-Verwalters in zweifelhaften Rechtsfragen. XXIII. 209. —

4. Irrthum im Beweggrunde, bei Forderung eines zu niedrigen Kaufpreises in Folge unrichtiger Auffassung der Preisliste. XXIV. 4. —

5. Folgen der unrichtigen Übermittelung einer telegraphischen, eine rechtsgeschäftliche Willenserklärung nicht enthaltenden, Mittheilung. XXIII. 144. — 6. Irrthümliche Zahlung einer fremden vermeintlichen Darlehnsschuld aus Mitteln und ohne Genehmigung des vermeintlichen Schuldners; condictio indebiti des Vertretenen neben der condictio sine causa. XXI. 267. — 7. Anfechtung eines Vergleichs wegen Irrthums über das Streitige. XXI. 105. — 8. Unentschuldbarkeit der irrthümlichen Quittirung der Vormundschaftsrechnung, wenn sie ohne Prüfung der Rechnung erfolgte. XXI. 171. — 9. Klage des Mannes auf Ungültigkeitserklärung der Ehe, weil er irrthümlich angenommen hatte, daß die Schwangerschaft der Braut von ihm herrühre. XXI. 110. — 10. Die impotentia coeundi wirkt als Ehehinderniß jetzt nur im Fall des Irrthums; Verzicht auf dasselbe. XXI. 109. — 11. Anfechtung eines Lebensversicherungsvertrags wegen fehlender Willensübereinstimmung, wenn die Ver-

sicherung ohne Wissen des Versicherten zu einem höheren als dem beantragten tarifmäßigen Prämiensatze übernommen worden war. XXIII. 44.

B. Willenserklärung. 1. Erklärung und Wille. XXII. 221. —

2. Stillschweigend bestellte Servitut auf Gewährung von Licht und Luft. XXIII. 10. —

3. Ist in der Nichtanstellung der Klage während der Verjährungsfrist ein stillschweigender Verzicht auf den Anspruch zu finden? XXI. 6. — 4. Folgen der unrichtigen Übermittelung einer telegraphischen, eine rechtsgeschäftliche Willenserklärung nicht enthaltenden, Mittheilung. XXIII. 144. — 5. Rechtsfolgen der fälschlichen Unterzeichnung einer Verpflichtungsurkunde mit einem fremden Namen. XXII. 144. — 6. Clausel eines Darlehnsscheins: „zu verzinsen nach Übereinkunft". XXIII. 220. — 7. Bedeutung der Mitunterschrift der Ehefrau unter einem vom Ehemanne ausgestellten Darlehnsschuldschein. XXII. 238. — 8. Haftung eines Creditvereins auf Rückzahlung eines von dem Kassirer allein statutenwidrig, aber der Übung entsprechend, entgegengenommenen Darlehns. XXII. 106. XXIII. 38. — 9. Unverbindlichkeit einer an sich verbindlichen Schenkungserklärung, wenn beide Theile, sei es auch rechtsirrthümlich, sie für unverbindlich hielten. XXII. 222. — 10. Stillschweigende Annahme eines Bürgschaftangebots. XXIV. 79. — 11. Rechtliche Bedeutung einer Bürgschaftsurkunde ohne Bezeichnung eines bestimmten Gläubigers. XXI. 177. —

12. Stillschweigende Rogation der Testamentszeugen. XXI. 186. —

13. Kann Sackmiethe gefordert werden auf Grund einer unbeanstandet gebliebenen Facturenclausel? XXII. 93. — 14. Domicilirung eines Wechselblanketts durch den Remittenten; stillschweigende Einwilligung des Ausstellers durch Nichtbeantwortung der Anzeige von der Domicilirung. XXIV. 46. —

15. Kündigung eines Versicherungsvertrags durch Telegramm, wenn dieses entweder in der Privatwohnung des Directors der Versicherungsgesellschaft abgegeben, oder während der Geschäftszeit in den Briefkasten des Geschäftsbüreaus gelegt worden ist. XXI. 19.

II. Von den Rechtsgeschäften.

A. Stellvertretung. 1. Über die Haftung juristischer Personen bei Nichtbefolgung eines auf Schadensverhütung abzielenden Polizeigesetzes. XXII. 220. XXIII. 74. — 2. Grenzen der Haftung einer juristischen Person für außercontractliches Verschulden ihrer Angestellten. XXIV. 209. — 3. Haftung aus Geschäften für eine einzutragende, dann aber nicht eingetragene, Genossenschaft. XXIII. 179. — 4. Haftung eines Creditvereins, eingetr. Genossensch., auf Rückzahlung eines statutenwidrig, aber der Übung entsprechend, von dem Kassirer entgegengenommenen Darlehns. XXII. 106. XXIII. 38. — 5. Haftung der Mitglieder eines Personenvereins ohne Corporationsrechte nach Auflösung des Vereins für Vertragsverbindlichkeiten. XXI. 176. —

6. Bedarf es zum Zweck der Eintragung in das Grundbuch der Vorlage der Urschrift der beglaubigten Vollmacht, auf Grund deren der Bevollmächtigte

die erforderliche Erklärung vor einem Notar abgegeben hat? XXV. 196. — 7. Pfandbesitz durch Gewahrsam eines Dritten bei Bestellung eines Faustpfandes. XXIV. 7. —

8. Haftung für die Arglist von Hülfspersonen beim Vertragsschluß. XXIV. 169. — 9. Haftung des Vollmachtgebers für den Betrug des Bevollmächtigten. XXIV. 139. — 10. Im Fall einer Redhibition hat der Käufer das Verschulden der Personen, denen er die redhibirte Sache anvertraut hat, zu vertreten. XXIV. 13. — 11. Anfechtbarkeit der Pfändung auf Grund der Kenntniß des Gerichtsvollziehers von der Zahlungseinstellung. XXII. 23. — 12. Verschiedener Einfluß des bösen Glaubens des pfändenden Gerichtsvollziehers auf den Rechtserwerb und auf die Anfechtbarkeit. XXIII. 5. —

13. Auslegung einer Handlungsvollmacht, insbesondere nach der thatsächlichen Geschäftsführung. XXIV. 95. — 14. Haftung des Principals für eine wissentlich unrichtige Auskunftertheilung des Procuristen. XXV. 83. — 15. Verpflichtung des Principals aus einem von seinem Handlungsgehülfen in Überschreitung der ihm ertheilten Vollmacht abgeschlossenen Rechtsgeschäft. XXI. 275. — 16. Kann bei vorgeschriebener Collectivvertretung die Willenserklärung eines einzelnen Vertreters Rechte für die vertretene Gesellschaft begründen? XXIV. 74. — 17. Aquilische Haftung der Gesellschafter einer off. Handelsgesellsch. für eine von deren Werkleuten begangene Übertretung einer polizeigesetzlichen Vorschrift. XXII. 31. — 18. Über die Vertretungsbefugniß des Aufsichtsraths einer Act.-Gesellsch. XXIII. 29. — 19. Stimmrecht in der Gen.-Vers. der Act.-Gesellsch.; kann die Beglaubigung der Vollmacht eines erschienenen Vertreters verlangt werden? XXIII. 170. — 20. Haftet der Hamburger Eigenthümer eines Flußschiffs für Collisionsschäden in einem Gebiet, wo solche Haftung nicht eingeführt ist? Rechtsgrund jener Haftung. XXII. 70. —

21. Klage aus einem Wechsel, welcher bereits von einem Indossatar des Klägers für Rechnung des Klägers erfolglos eingeklagt war. XXI. 228. —

22. Über die Haftung der Versicherungsgesellschaften für Handlungen ihrer Agenten. XXI. 52. XXIV. 243. — 23. Vertragsmäßige Ausschließung der Haftung des Versicherers für wahrheitswidrige Ausfüllung des Versicherungsantrags durch seinen Agenten. XXIII. 121. — 24. Clausel bei der Unfallversicherung, daß mündliche Angaben an den Agenten nicht gelten. XXI. 53. — 25. Einfluß der Brandstiftung des Mannes auf die von ihm abgeschlossene Versicherung der Sachen seiner Frau. XXIV. 107. —

26. Kann der Gerichtsvollzieher mit dem dritten Besitzer zu pfändender Sachen wirksam für seine Auftraggeber abmachen, daß die Sachen beim Nachweis besseren Rechts des Dritten freizugeben seien? XXIII. 132. — 27. Zu wessen Lasten unterschlägt der Ger.-Vollzieher den Erlös, nachdem der pfändende Gläubiger das bessere Befriedigungsrecht eines Dritten anerkannt hatte? XXV. 248. —

28. Ist der Vollmachtgeber dem Bevollmächtigten gegenüber, der in Überschreitung seiner Vollmacht einen Vertrag geschlossen hat, zur Ausführung des

Vertrags verpflichtet, um Schadensansprüche abzuwenden? XXI. 22. — 29. Geltendmachung des Interesse aus der Person des Mandanten im Fall des Contrahirens im eigenen Namen für fremde Rechnung. XXIII. 222. — 30. Irrthümliche Zahlung einer fremden vermeintlichen Darlehnsschuld aus Mitteln und ohne Genehmigung des vermeintlichen Schuldners; cond. indeb. des Vertretenen neben der cond. sine causa. XXI. 267. —

31. Klage gegen den falsus procurator im Gerichtsstande des Vertrags. XXV. 104. — 32. Rechtsfolgen der fälschlichen Unterzeichnung einer Verpflichtungsurkunde mit einem fremden Namen. XXII. 144.

B. Form der Rechtsgeschäfte. 1. Verhältniß des Vorvertrags zum Hauptvertrage. Verpflichtung des Schuldners zur Vollziehung einer verkehrsüblichen Urkunde über seine Schuld? XXI. 175. —

2. Formheilende Kraft der Auflassung für den ganzen Inhalt des Erwerbsgeschäfts, XXV. 6; auch für die mündliche Nebenverpflichtung zur Rückauflassung, XXV. 130. Formheilende Kraft der Auflassung für jeden der dadurch erfüllten mehreren Verträge, XXV. 7. —

3. Gleichzeitige Schenkung an mehrere Personen; ob für die Frage der Insinuation zusammenzurechnen? XXII. 80. — 4. Ausfallbürgschaft für eine durch Pfand gesicherte Forderung; Beweislast bezüglich des Ausfalls und Form seiner Feststellung. XXI. 178. —

5. Mündliche Testamentserrichtung; Umfang der eigenen Rede des Testators dabei. XXI. 112. — 6. Stillschweigende Rogation der Testamentszeugen. XXI. 186. — 7. Aufrechterhaltung eines formlosen testam. parentum inter liberos als divisio; Form der divisio; genügt eine Unterkreuzung? XXI. 270. —

8. Begründung eines Familienfideicommisses durch divisio parentum int. lib., ohne Gebrauch des Worts „Fideicommiß“ und ohne wörtliche Anordnung der Unveräußerlichkeit, XXIII. 20. Ohne öffentliche Bekanntmachung und ohne Anordnung einer bestimmten Erbfolge, XXI. 274. —

9. Welche Bedeutung haben die bei kaufmännischen Geschäften üblichen Bestätigungsschreiben? XXIV. 38. — 10. Gesellsch. m. b. H.; Ungültigkeit eines formlosen Versprechens der Betheiligung sowie des formlosen Versprechens, einem Gesellschafter einen Theil seines Geschäftsantheils abzunehmen. XXV. 33. — 11. Schriftform des Connossements. XXIV. 43.

C. Nebenbestimmungen bei Rechtsgeschäften.

a) Allgemeines. 1. Einfluß veränderter Umstände auf ein Vertragsverhältniß. XXI. 104. — 2. Widerruf der Zusicherung einer Crediteinräumung wegen inzwischen bekannt gewordener Unsicherheit des Promissars. XXII. 3. — 3. Rechtliche Natur des sog. Baugeldervertrages; Rücktritt wegen veränderter Umstände. XXII. 79. — 4. Strikeclausel in einem Kohlenlieferungsvertrage. XXIII. 32. — 5. Alimente, welche statt der Ehescheidungsstrafe zuerkannt sind, unterliegen keiner Herabsetzung wegen veränderter Vermögenslage des Pflichtigen. XXI. 34. — 6. Feuerversicherung; Einfluß einer Veränderung des in der Police angegebenen Aufbewahrungsorts der versicherten Gegenstände. XXI. 212.

b) Bedingung. 1. Unzulässige Klagänderung, wenn statt eines bedingten ein unbedingtes Honorarversprechen behauptet wird. XXI. 223. — 2. Fassung der Eidesformel, wenn der Beklagte nur einen bedingten Vertragsschluß zugiebt. XXII. 268.

c) Zeitbestimmung. Unterschied zwischen Vertragsfrist und Nachfrist i. S. des Art. 356 HGB. XXIII. 32.

d) Modus; Voraussetzung. Verstößt die auf das Verlangen des Mannes seitens der Stiefmutter der Erwählten gemachte Zusage, für den Fall der Ehe dessen Schulden zu bezahlen, gegen die gute Sitte? XXII. 228.

D. Anfechtung der Rechtsgeschäfte.

a) Nichtigkeit und Anfechtbarkeit. 1. Kann ein nichtiger (simulirter) Vertrag durch bloße Ratihabition gültig werden? XXI. 255. — 2. Absolute Nichtigkeit wucherlicher Rechtsgeschäfte. XXI. 258. — 3. Nichtigkeit einer Arrogationserklärung, die erst nach dem Tode des Erklärenden angenommen worden ist. XXII. 243. — 4. Die Nichtigkeit der Veräußerung von Adventizgut kann auch vor Beendigung des Nutzungsrechts des Vaters geltend gemacht werden. XXII. 82. — 5. Ist die Veräußerung von Mündelgut ohne obervormundschaftliche Genehmigung nichtig oder nur anfechtbar? XXII. 83. — 6. Kann ein gerichtlich abgeschlossener Proceßvergleich wegen Nichtigkeit des verglichenen Anspruchs angefochten werden? XXII. 127. —

7. Anfechtung eines Rechtsgeschäfts wegen Mängel der Willensbestimmung s. oben S. 11 ff. —

8. Anfechtung wegen Verstoßes gegen gesetzliches Gebot oder gute Sitte s. unten S. 37 ff. —

9. Anfechtung wegen Verletzung über die Hälfte s. unten S. 39. 40. —

10. Anfechtung von Rechtsgeschäften wegen Verkürzung der Gläubiger s. unten S. 57. 58.

11. Anfechtung und Nichtigkeit der Ehe s. unten S. 62. 63.

12. Folgen der Rescission eines Grundstückskaufs; negatives Vertragsinteresse. XXIV. 210. — 13. Verpflichtung des dolosen Verkäufers zur Entgegennahme der Rückauflassung des verkauften Grundstücks nach Aufhebung des Vertrags. XXIII. 77.

b) Conversion. Aufrechterhaltung eines formlosen testam. parentum inter liberos als divisio. XXI. 270.

E. Auslegung der Rechtsgeschäfte.

1. Erklärung und Wille. XXII. 221. — 2. Einfluß einer veränderten Gesetzgebung auf die Auslegung der in einem Geschäftsbetriebe hergebrachten Vertragsbedingungen. XXIV. 5. —

3. Ist in der Nichtanstellung der Klage während der Verjährungsfrist ein stillschweigender Verzicht auf den Anspruch zu finden? XXI. 6. — 4. Die Bedeutung eines allgemeinen Verzichts gegenüber dem Anspruch wegen Verletzung über die Hälfte. XXII. 74. — 5. Bedeutung der Mitunterschrift der Ehefrau unter einem vom Ehemanne ausgestellten Darlehnsschuldschein. XXII. 238. — 6. Clausel eines Darlehnsscheins: „zu verzinsen nach Übereinkunft". XXIII. 220. — 7. Sinn und rechtliche Bedeutung des „an die Hand geben". XXII. 149. — 8. Strikeclausel in einem Kohlenlieferungsvertrage. XXIII. 32. — 9. Schadensberechnung bei Nichtlieferung eines sog. Circa-Quantums. XXV. 69. — 10. Gehören Fernsprechanlagen zu den Telegraphenanlagen, deren Herrichtung der Vermiether eines Hauses dem Miether (Postfiscus) gestattet hat? XXIII. 147. — 11. Übertragung der Gewinnung von Mineralien als Pachtvertrag. XXIII. 13. — 12. Innominatvertrag oder Gesellschaft? Einfluß veränderter Umstände auf ein Vertragsverhältniß. XXI. 104. — 13. Zahlungsversprechen in Bezug auf einen präjudicirten Wechsel; Anerkennungsvertrag? XXI. 24. — 14. Zu § 7 Abs. 2 RHPflGes.; Auslegung eines Vergleichs. XXIV. 225. —

15. Begriff von Alimenten. XXI. 34. —

16. Bedeutung des Ausdrucks „sämmtliche nächsten Verwandten", wenn diese in einem Testament zu Erben eingesetzt sind. XXII. 245. — 17. Erbtheile bei der Erbeinsetzung mehrerer im Testament unter einer Collectivbezeichnung angeführter, neben anderen einzeln namhaft gemachten Personen. XXII. 246. — 18. Schenkung auf den Todesfall oder Erbvertrag? XXI. 113. — 19. Liegt ein Erbvertrag darin, daß der Testator dem Bedachten von dem Inhalt des Testaments Mittheilung macht und dieser sich damit einverstanden erklärt? XXIII. 239. —

20. Trifft der vom Stifter eines Familienfideicommisses angeordnete Ausschluß einer unebenbürtigen Ehe auch die Abkömmlinge der Ausgeschlossenen? XXIV. 93. —

21. Auslegung des Umfangs einer Handlungsvollmacht, insbesondere nach der thatsächlichen Geschäftsführung. XXIV. 95. — 22. Bedeutung und Wirkung der Clausel „Behufs Prüfung darf eine Kiste geöffnet werden". XXV. 150. — 23. Bedeutung der Clausel „Für Verzögerung der Ladezeit ist der Befrachter nicht verantwortlich" in der Binnenschiffahrt. XXIV. 166. — 24. Begriff der Clarirung eines Schiffs. XXV. 221. — 25. Verfällt die auf die Nichterfüllung eines See-Frachtvertrags gesetzte Conventionalstrafe durch Verzögerung der Auslieferung der Ladung? XXII. 178. — 26. Bedeutung der Clausel „Connossementsdaten maßgebend" in einem Kaufvertrage über eine in einem bestimmten Monat zu verschiffende Waare. XXV. 133. — 27. Bedeutung der Connossementsclausel »the goods are to be applied for within 24 hours«. XXI. 257. — 28. Befreit die Connossementsclausel, wonach der Empfänger die Güter, sobald das Schiff löschbereit ist, sofort abzunehmen hat, den Schiffer von der Anzeige der Löschbereitschaft (HGB. Art. 595) oder von der Aufforderung, die

Güter abzunehmen (HGB. Art. 605)? XXI. 126. — 29. Durch die vereinbarte Kürzung des Frachtvorschusses um den Betrag der Versicherungsprämie übernimmt der Befrachter die Seegefahr für den Frachtvorschuß, auch event. in Bezug auf einen Collisionsschaden. XXIII. 176. — 30. Rechtzeitige Kündigung eines Versicherungsvertrages durch Telegramm, wenn dieses vor Ablauf der Kündigungsfrist entweder in der Privatwohnung des Directors der Versicherungsgesellschaft abgegeben, oder während der Geschäftszeit in den Briefkasten des Geschäftsbureaus gelegt worden ist. XXI. 19. —

31. Auslegung eines Vertrags über Abtretung von Verlagsrechten für Frankreich vor der Gebietsveränderung von 1871. XXV. 3. —

32. Ob eine rechtsgültige Klagerhebung vorliege? XXI. 297. — 33. Wiederaufnahme des Verfahrens durch einen Schriftsatz, in welchem das eingelegte Rechtsmittel zurückgenommen wird. XXI. 140. — 34. Verzichtet der Conc.-Gläubiger auf sein Aussonderungsrecht dadurch, daß er nur die ihm daneben zustehende persönliche Forderung anmeldet? XXIII. 207. — 35. Klagbarkeit einer als „Ehrenschuld" übernommenen Nachzahlungsverpflichtung. XXIII. 145.

F. Beweis der Rechtsgeschäfte.

a) Vermuthungen. 1. Über die Verwerthung von Vermuthungen aus Lebenserfahrungen bei der Beweiswürdigung. XXI. 172. — 2. Gegenbeweis gegen die Präsumtion pater est, quem ꝛc. XXIV. 1. 23.

b) Beweismittel und Beweiskraft. 1. Wann ist die Ablehnung von Beweisanträgen zulässig? XXI. 225. XXV. 112. — 2. Ist der Proceßgegner des Beweisführers verpflichtet, sich körperlich untersuchen zu lassen? XXIII. 127. — 3. Kann die Augenscheinseinnahme auf einem Grundstück des Gegners wider dessen Willen durchgeführt werden? XXIII. 197. — 4. Kann die Nichtkenntniß einer anderen Person von der Zahlungseinstellung eines Dritten durch Zeugen bewiesen werden? XXII. 58. — 5. Beweiskraft des Befundes der nach Art. 348 HGB. zugezogenen Sachverständigen. XXII. 100. — 6. Die materielle Beweiskraft der Urkunden steht unter freier richterlicher Würdigung. XXIV. 119. — 7. Über die Verwerthung von Zeugenaussagen aus einem Strafverfahren. XXI. 66. — 8. Inwiefern dürfen die strafgerichtlichen Untersuchungsacten in dem sich anschließenden Civilprocesse verwerthet werden? XXV. 112. — 9. Gegenbeweis gegen den materiellen Inhalt einer von dem Contrahenten unterschriebenen Privaturkunde. XXIII. 56. — 10. Kann gegen das Schuldbekenntniß in einer öffentlichen Urkunde Simulation eingewandt und unter Eid gestellt werden? XXII. 73. — 11. Ist derjenige, welcher im Processe auf den Inhalt eines vertraulichen Auskunftschreibens Bezug genommen hat, zur Edition desselben gemäß CPO. § 388 verpflichtet? Zulassung des Beweispflichtigen zum richterlichen Eide, wenn anderweitiger Beweis überall nicht vorliegt, und ohne Benutzung angebotener anderer Beweismittel. XXI. 149. — 12. Schriftvergleichung. XXII. 267. — 13. Über die Verpflichtung zur Vorlegung von Handelsbüchern. XXIII. 26. — 14. Kann die Mitwirkung des Gerichts zur Abnahme eines Vergleichseides in Anspruch genommen werden? XXI. 262. — 15. Ein Schiedseid über das Nichtwissen einer Thatsache beweist nicht deren Unwahrheit. XXIII. 199. —

S. über Beweismittel und Beweiskraft im Übrigen unten im Civilproceß S. 116. 117 (Beweiswürdigung) und S. 121 ff.

c) Beweislast.

1. Sicherheitshypothek; Beweislast bezüglich des Umfangs der zu sichernden Ansprüche. XXIII. 11. —

2. Beweislast bei einem Streit über die Kündigungsfrist für die Rückzahlung eines Darlehens. XXV. 134. — 3. Klage auf angemessenen Preis, Einrede der Verabredung eines bestimmten Preises; Beweislast. XXV. 73. — 4. Beweislast bei der Behauptung des Bestellers eines Werks, daß der Unternehmer einen bestimmten Erfolg zugesagt habe. XXIV. 219. — 5. Custodia; Haftung eines Kassirers für Diebstahl? Beweislast. XXI. 94. — 6. Ausfallbürgschaft für eine durch Pfand gesicherte Forderung. XXI. 178. — 7. Über den Umfang des Beweises des ursächlichen Zusammenhangs zwischen Schaden und Verschulden. XXIV. 140. — 8. Beweislast bei concurrirendem Verschulden nach § 1 RHPflGes. XXIII. 154. —

9. Gegenbeweis gegen die Anerkennung der Vaterschaft bei der Legitimation durch nachfolgende Ehe. XXI. 35. —

10. Beweislast über die Zurechnungsfähigkeit des Testators. XXI. 186. — 11. Erbschaftsklage; Beweislast über die Fortdauer der Bereicherung. XXI. 36. — 12. Beweislast bei der Klage gegen Erbschaftsschuldner über das alleinige Erbrecht des Klägers. XXII. 27. — 13. Statthaftigkeit des sog. Defectenbeweises gegen ein beeidigtes Nachlaßinventar. XXIII. 18. —

14. Beweislast bezüglich der Identität der Probe. XXII. 250. — 15. Beweislast bezüglich der unveränderten Beschaffenheit der Probe beim Kauf nach Probe. XXI. 123. — 16. Beweislast bezüglich des Vorhandenseins zugesicherter Eigenschaften beim Specieskauf. XXIV. 15. — 17. Beweis höherer Gewalt durch den Frachtführer. XXII. 36. — 18. Binnenschiff.-Ges. § 3. Prima facie-Beweis für das Verschulden einer Person der Schiffsbesatzung. XXIII. 78. — 19. Beweislast über die Identität der auf ein Connossement angedienten mit der abgeladenen Waare. XXIV. 239. —

20. Beweislast in Betreff der Identität des Acceptanten mit der im Wechsel benannten gleichnamigen Person des Zahlers. XXV. 225. —

21. Feuerversicherung; Einfluß einer Veränderung des in der Police angegebenen Aufbewahrungsortes der versicherten Gegenstände; Beweislast betreffs der erhöhten Feuersgefahr. XXI. 212. — 22. Entschuldigungsbeweis des gegen Feuer Versicherten bei Versäumung der Klagefrist. XXIII. 183. — 23. Zulässigkeit der Regelung der Beweislast in den Bedingungen von Versicherungsgesellschaften. XXI. 5.

G. Ratihabition.

Kann ein nichtiger (simulirter) Vertrag durch bloße Ratihabition gültig werden? XXI. 255.

H. Verzicht.

1. Ist in der Nichtanstellung der Klage während der Verjährungsfrist ein stillschweigender Verzicht auf den Anspruch zu finden? XXI. 6. — 2. Voraussetzung für die Einklagung weiterer Schadensersatzansprüche nach erzielter Verurtheilung des Beklagten zu einem bestimmten Schadensersatze. XXII. 4. — 3. In der vorbehaltlosen Annahme der Hauptschuld liegt kein Verzicht auf schon erwachsene Verzugszinsen. XXIV. 143. — 4. Verzicht auf die Einrede der laesio enormis, XXII. 248. Die Bedeutung eines allgemeinen Verzichts gegenüber dem Anspruch wegen Verletzung über die Hälfte, XXII. 74. —

5. Verzicht auf das Ehehinderniß der impotentia coeundi. XXI. 109. —

6. Verzicht auf die Anfechtungsklage aus nov. 115. XXIII. 19. —

7. Verzicht auf Präsentation des Wechsels und dessen Folgen. XXII. 180. —

8. Befugniß des Nebenintervenienten zur Fortsetzung des Processes, bis die Hauptpartei wirksam darauf verzichtet. XXIV. 50. — 9. Verzichtet der Conc.-Gläubiger auf sein Aussonderungsrecht dadurch, daß er nur die ihm daneben zustehende persönliche Forderung anmeldet? XXIII. 207.

J. Erlaß.

1. Die Vermögensnachtheile zweiter Ehe können vom erstversterbenden Ehegatten nicht letztwillig erlassen werden. XXI. 268. — 2. Verpflichtung des Fiduciarerben zur Manifestation des Nachlasses; kann der Testator sie erlassen? XXI. 271.

K. Unerlaubte Handlungen.

a) Zurechnung und Verschulden.

Vgl. oben S. 11 ff. Mängel der Willensbestimmung; sowie unten S. 54 ff. Obligationen aus Vergehen 2c. und S. 59 Obligationen aus dem RHPflGes.

1. Dolus erfordert Absicht. Keine Gleichstellung der culpa lata mit dem dolus causam dans. XXIII. 4. — 2. Einrede der Arglist; Unzulässigkeit der Replik, daß der Gegner seinen Irrthum hätte vermeiden können. XXIII. 213. — 3. Begriff der Bösgläubigkeit beim Besitzerwerb. XXIII. 5. — 4. Begriff des unredlichen Besitzes gegenüber der Eigenthumsklage. XXI. 256. — 5. Die Simulation des Verkaufs kann gegen den gutgläubigen Dritterwerber der Sache nicht geltend gemacht werden. XXI. 92. — 6. Rei vindicatio gegen den fictus possessor; es genügt ein event. Dolus desselben. XXIII. 79. — 7. Über die Redlichkeit des Erwerbs eines Inhaberpapiers. XXV. 89. — 8. Redlicher Erwerb eines außer Cours gesetzten Inhaberpapiers, auf welchem der Außercourssetzungs-Vermerk durch Rasur getilgt war. XXII. 186. — 9. Erwerb eines gestohlenen Inhaberpapiers durch einen Bankier ohne Berücksichtigung der Bekanntmachung des Diebstahls. Einfluß der Umstände, daß längere Zeit seit dem Diebstahl verflossen, daß das Papier von einem achtbaren Bankhause erworben war, daß einer der Vormänner es redlich erworben hatte. XXII. 96. — 10. Einrede der Arglist aus der Anfechtung eigener Handlungen. XXI. 170. — 11. Inwieweit besteht eine Verpflichtung, dem Mitcontrahenten die für seine

Entschließung entscheidenden, diesem unbekannten Thatsachen freiwillig mitzutheilen? XXI. 4. — 12. Inwiefern wird durch Vorspiegelungen über die Aussichten eines Unternehmens ein civilrechtlicher Betrug begründet? XXI. 90. — 13. Verschiedener Einfluß des bösen Glaubens des pfändenden Gerichtsvollziehers auf den Rechtserwerb und auf die Anfechtbarkeit. XXIII. 5. — 14. Anfechtbarkeit der Pfändung auf Grund der Kenntniß des Gerichtsvollziehers von der Zahlungseinstellung. XXII. 23. — 15. Exc. doli gegen die Klage aus einem Wechsel, der schon für Rechnung des Klägers von einem Dritten erfolglos eingeklagt war. XXI. 228. — 16. Exc. doli gegen die Wechselregreßklage des socius. XXI. 130. —

17. Begriff von Muthwillen und grober Fahrlässigkeit. XXI. 93. — 18. Steht bei der culpa in contrahendo grobes Verschulden der Arglist gleich? XXIV. 145. — 19. Über das Verschulden bei der Syndicatsklage gegen einen Spruchrichter. XXIII. 232. — 20. Aquilische Haftung des Nachbars wegen ungewöhnlicher Vertiefung seines Grundstücks; Begründung des Verschuldens. XXIII. 150. — 21. Schadensersatzklage gegen den Hauseigenthümer wegen mangelhafter Beleuchtung der Treppe vom Wohnhause zum Hofraum. XXV. 202. — 22. Voraussetzungen der aquilischen Haftung des Socius. XXII. 157. — 23. Über die aquilische Haftung vierzehnjähriger Minderjähriger. XXII. 5. XXIV. 138. — 24. Aquilisches Verschulden eines Unmündigen und Mithaftung seines Vaters. XXIII. 226. — 25. Solidarische Haftung der off. Handelsgesellschafter für Verschulden. XXIV. 232. —

26. Custodia des Verkäufers. XXIV. 17. — 27. Haftung eines Kassirers für Diebstahl? XXI. 94. — 28. Ausfallbürgschaft für eine durch Pfand gesicherte Forderung; Verpflichtung des Gläubigers zur Diligenz. XXI. 178. — 29. Ist es Verletzung der Sorgfalt, wenn ein Kaufmann ein ihm nicht genügendes Wechselaccept uneingeschrieben durch die Post zurückschickt? XXII. 95. — 30. Über das Maß der vom Conc.-Verwalter zu übenden Sorgfalt (bei Bezahlung von Masseschulden) entscheidet das Reichsrecht. Entschuldbarkeit eines Rechtsirrthums in zweifelhaften Rechtsfragen. XXIII. 209. —

31. Über den Beweis des ursächlichen Zusammenhangs zwischen Schaden und Verschulden. XXIV. 140. — 32. Klage auf Schadensersatz wegen Erhöhung des benachbarten Grundstücks; Erforderniß eines Verschuldens. XXI. 7; vgl. 8. — 33. Ist der Vollmachtgeber dem Bevollmächtigten gegenüber, der in Überschreitung seiner Vollmacht einen Vertrag geschlossen hat, zur Ausführung des Vertrages verpflichtet, um Schadensansprüche abzuwenden? XXI. 22. — 34. Haftung für den auf die Übertretung einer polizeilichen Verordnung mittelbar zurückzuführenden Schaden? Ursächlicher Zusammenhang im Rechtssinn und im natürlichen Sinn. XXII. 18. — 35. Prima facie-Beweis für das Verschulden einer Person der Schiffsbesatzung nach § 3 des Binnenschiff.-Ges. XXIII. 78. —

36. Haftung einer Stadtgemeinde für gehörige Instandhaltung ihrer Gemeindewege. Eigenes Verschulden des Beschädigten. XXII. 20. — 37. Syndicatsklage gegen einen Gerichtsvollzieher wegen Proceßverlustes; Ein-

rede des eigenen Verschuldens. XXI. 91. — 38. Beweislast bei concurrirendem Verschulden nach § 1 RHPflGes. XXIII. 154. — 39. RHPflGes. § 1; verbotwidriges Verhalten allein begründet noch kein eigenes Verschulden des Verletzten. XXV. 77. — 40. Ausschließung der Haftung des Bergwerksbesitzers für Schäden aus dem Bergwerksbetriebe auch durch ein Verschulden des Vorbesitzers des Beschädigten. XXI. 38.

b) Zufall und höhere Gewalt. 1. RHPflGes. § 1; Verletzung eines Passagiers auf dem Perron durch herabfallendes Glas. Höhere Gewalt? XXII. 24. — 2. Beweis höherer Gewalt durch den Frachtführer. XXII. 36.

Hauptstück 6.

Raum- und Zeitverhältnisse.

I. Wohnort.

1. Wohnsitz eines Geisteskranken, der von seinem Vormund in einer Anstalt untergebracht worden ist. XXV. 64. — 2. Das Quasidomicil eines Kahnschiffers nach § 21 CPO. XXII. 192. — 3. Über den Sitz einer Act.-Gesellsch. XXIV. 36.

II. Besitz.

1. Besitz der Frau an Sachen im Hause des Mannes? XXI. 95. — 2. Regelung des Mitbesitzes an einer beweglichen Sache, insbesondere an einer letztwilligen Urkunde. XXIII. 214. — 3. Precarium als Grundlage eines constitut. possessor. XXII. 223. — 4. Besitzübertragung an Dachpfannen vermittels constitut. possessor. Deren Aussonderung und getrennte Aufstapelung. XXII. 224. — 5. Begriff der Bösgläubigkeit beim Besitzerwerb. XXIII. 5. — 6. Begriff des unredlichen Besitzes und des dolo desinere possidere gegenüber der Eigenthumsklage. XXI. 256. —

7. Wird der Begriff des Spoliums und der Eigenmacht durch die vorangegangene Gestattung einer beliebigen Wegnahme der (geliehenen) Sachen ausgeschlossen? XXIII. 6. — 8. Spolienklage auch des Detentors gegen eine ungültige Pfändung. XXI. 76. — 9. Spolienklage des Ehemannes gegen seine Ehefrau, welche ihn unter Mitnahme von Sachen verlassen hat. XXI. 95. —

10. Zulässigkeit der exc. spolii gegen den Antrag auf eine einstweil. Verfügung. XXI. 96.

III. Zeitverhältnisse.

1. Berechnung einer Frist von acht Tagen. XXIV. 75. — 2. Für die Fristberechnung nach § 3 Ziff. 2. 3 des Anf.-Ges. v. 21. Juli 1879 bewirkt eine negative Feststellungswiderklage des Anf.-Beklagten keine Rechtshängigkeit. XXIII. 230. — 3. Berechnung der Löschzeit. XXIV. 168.

IV. Unvordenkliche Verjährung.

1. Kann durch unvordenkliche Verjährung ein Recht auf Überschwemmung durch einen Fluß bei Hochwasser erworben werden? XXI. 173. — 2 Erwerb des Rechts auf Marktstandsgeld durch örtliches Gewohnheitsrecht oder durch unvordenkliche Verjährung? XXV. 228.

Zweiter Abschnitt.

Dingliche Rechte.

Hauptstück 1.

Von den dinglichen Rechten im Allgemeinen.

1. Kann der Nutznießer eines Familienfideicommisses Nutzungsrechte mit dinglicher Wirkung für seine Besitzzeit einräumen? XXIII. 21. — 2. Möglichkeit der Begründung eines dinglichen Rechts durch Abschluß eines Pachtvertrags auf 99 Jahre. XXIV. 141.

Hauptstück 2.

Eigenthum.

I. Gegenstand und Arten des Eigenthums.

1. Privateigenthum am Meeresufer? XXV. 194. — 2. Ist mit der Tradition des Hauses auch der darunter befindliche, aber nicht von dem Hause aus zugängliche Keller tradirt? XXII. 147. — 3. Statutencollision betreffs der Rechtsbeständigkeit des Eigenthumsvorbehalts. XXI. 1. — 4. Rechtswirkung des Eigenthumsvorbehalts an dem noch stehenden Holze bei Veräußerung eines Waldes. XXI. 2. —

5. Eheliche Gütergemeinschaft zu Gesammteigenthum. XXIII. 160.

II. Rechte des Eigenthümers.

1. Verfügungsrecht des Grundeigenthümers über die auf seinem Grundstück entspringende Quelle, auch wenn sie einen Bach bildet. XXII. 145. — 2. Kann auf Schadensersatz wegen der durch Veranstaltungen auf dem Nachbargrundstück bewirkten Versiegung von Brunnen geklagt werden? XXII. 6.

III. Miteigenthum.

Actio communi dividundo zur Regelung der streitigen Art der Benutzung. XXIII. 7.

IV. Besondere Rechte und Beschränkungen des Eigenthums an Grundstücken. Nachbarrecht. Veräußerungsbeschränkungen.

1. Nothweg; Erforderniß des fehlenden anderweitigen Zugangs. XXIII. 215. — 2. Über die rechtlichen Eigenschaften des Leinpfades. XXII. 90. —

3. Aquilische Haftung des Nachbars wegen ungewöhnlicher Vertiefung seines Grundstücks; Begründung des Verschuldens. XXIII. 150. — 4. Klage

auf Schadensersatz wegen Erhöhung des benachbarten Grundstücks; Erforderniß eines Verschuldens. XXI. 7. — 5. Kann auf Schadensersatz wegen der durch Veranstaltungen auf dem Nachbargrundstück bewirkten Versiegung von Brunnen geklagt werden? XXII. 6. — 6. Klage auf Ersatz des durch einen Neubau auf der Grenze dem Nachbarhause zugefügten Schadens? XXI. 8. — 7. Welches Maß von Geräusch muß sich der Nachbar gefallen lassen? XXII. 146. — 8. Negatorienklage wegen Immissionen aus einer gewerblichen Niederlage oder einem gewerblichen Betriebe. XXIII. 8. 180. —

9. Wirkung eines privaten, im Grundbuch eingetragenen Veräußerungsverbots. XXIII. 22.

V. Erwerb.

1. Begriff des Findens eines Schatzes; Streit zwischen dem Entdecker und dem Besitzergreifer. XXI. 9. —

2. Ort der Tradition. XXV. 4. — 3. Über den Einfluß der causa traditionis auf den Eigenthumsübergang. XXIV. 6. — 4. Tradition; Statutencollision betreffs der Rechtsbeständigkeit eines Eigenthumsvorbehalts. XXI. 1. — 5. Rechtswirkung des Eigenthumsvorbehalts an dem noch stehenden Holze bei Veräußerung eines Waldes. XXI. 2. — 6. Ist mit der Tradition des Hauses auch der darunter befindliche, aber nicht von dem Hause aus zugängliche Keller tradirt? XXII. 147. — 7. Precarium als Grundlage eines constitut. possessor. XXII. 223. — 8. Besitzübertragung an Dachpfannen vermittels constitut. possessor. durch deren Aussonderung und getrennte Aufstapelung. XXII. 224. — 9. Eigenthumserwerb an dem auf einen Creditbrief von dem Handlungsreisenden einkassirten Gelde. XXII. 225. — 10. Über die Redlichkeit des Erwerbs eines Inhaberpapiers. XXV. 89. — 11. Redlicher Erwerb eines außer Cours gesetzten Inhaberpapiers, auf welchem der Außercourssetzungs-Vermerk durch Rasur getilgt war. XXII. 186. — 12. Erwerb eines gestohlenen Inhaberpapiers durch einen Bankier ohne Berücksichtigung der Bekanntmachung des Diebstahls. Einfluß der Umstände, daß längere Zeit seit dem Diebstahl verflossen, daß das Papier von einem achtbaren Bankhause erworben war, daß einer der Vormänner es redlich erworben hatte. XXII. 96. —

13. Eigenthumserwerb durch Auflassung nur an dem aufgelassenen Grundstück. XXV. 65. — 14. Der Käufer braucht die Auflassung nicht anzunehmen, wenn das Grundstück vertragswidrig belastet ist. XXV. 10. — 15. Verzug in der Auflassung. XXV. 5. — 16. Formheilende Kraft der Auflassung für den ganzen Inhalt des Erwerbsgeschäfts, XXV. 6; auch für die mündliche Nebenverpflichtung zur Rückauflassung, XXV. 130. Formheilende Kraft der Auflassung für jeden der dadurch erfüllten mehreren Verträge, XXV. 7. — 17. Grenzen der Vermuthung für die Richtigkeit des Inhalts des Grundbuchs. XXV. 67. — 18. Auch gegen eine Fristverfügung aus § 18 Abs. 1 GBO. ist Beschwerde zulässig. XXV. 195. — 19. Unanwendbarkeit des § 774 CPO. auf die Vollstreckung einer Verurtheilung zur Auflassung eines auf den Namen eines Dritten geschriebenen Grundstücks. XXI. 306. — 20. Verpflichtung des dolosen

Verkäufers zur Entgegennahme der Rückauflassung des verkauften Grundstücks nach Aufhebung des Vertrags. XXIII. 77. — 21. Streitwerth bei Klagen auf Auflassung. XXV. 163. —

22. Inädification von Maschinen? XXIII. 3. —

23. Die Verwerthung gepfändeter Sachen im Wege des § 726 CPO. bewirkt nicht ohne Weiteres eine Eigenthumsübertragung. XXII. 211. — 24. Eigenthumserwerb durch Zuschlag in der Zwangsversteigerung nur an dem zugeschlagenen Grundstück, XXV. 65. Unerheblichkeit des guten Glaubens des Erwerbers, XXV. 131. — 25. Grenzen des Eigenthumserwerbs durch Zuschlag bei unrichtiger Angabe des Grundbuchs über die Zugehörigkeit eines nur zum Theil auf dem zugeschlagenen Grundstück stehenden Gebäudes. XXV. 66. — 26. Rechtliche Natur des Zuschlagsurtheils. XXV. 180.

VI. Rechtsmittel.

1. Vindication. Zum Klagegrund der Eigenthumsklage gehört die Angabe des Erwerbsgrundes; Klagänderung. XXIV. 184. — 2. Rei vindicatio gegen den fictus possessor; es genügt ein eventueller Dolus desselben. XXIII. 79. — 3. Begriff des unredlichen Besitzes und des dolo desinere possidere. XXI. 256. — 4. Kann der Gerichtsvollzieher nach Freigabe der zu Unrecht gepfändeten Sachen von deren Eigenthümer mit der Eigenthumsklage belangt werden? XXII. 275. — 5. Gehören zu den vom gutgläubigen Besitzer zurückzugewährenden noch vorhandenen Früchten auch Pachtgelder und die durch Bewirthschaftung erworbene Bereicherung? XXI. 10. — 6. Die Simulation des Verkaufs kann gegen den gutgläubigen Dritterwerber der Sache nicht geltend gemacht werden. XXI. 92. — 7. Kann gegen die Vindication einer beweglichen Sache der Lösungsanspruch des verklagten gutgläubigen Erwerbers auch im Herrschaftsgebiet eines Rechts geltend gemacht werden, das einen solchen Anspruch nicht anerkennt? XXIII. 212. — 8. Cession der Eigenthumsklage; Rechtswirkung der Denunciation. XXIII. 82. —

9. Negatorienklage der Stadt als Eigenthümerin einer Straße gegen eine polizeilich genehmigte Benutzung des Bürgersteigs zum Wirthschaftsbetrieb. XXV. 132. — 10. Negatorienklage; welches Maß von Geräusch muß sich der Nachbar gefallen lassen? XXII. 146. — 11. Negatorienklage gegen die Zuleitung übler Gerüche aus einer gewerblichen Niederlage; hat Kläger die erforderlichen Vorkehrungen anzugeben? XXIII. 8. — 12. Verhältniß des § 26 Gew.-O. zu der Negatorienklage auf Unterlassung schädlicher Immissionen; Fassung einer solchen Verurtheilung. XXIII. 180. — 13. Entschädigung wegen Immissionen in Rente oder in Kapital? XXIV. 212. — 14. Kann die Klage aus § 26 Gew.-O. auf Herstellung anderer Einrichtungen und Schadenserstattung durch entsprechende Einrichtungen im Laufe des Processes beseitigt werden? XXI. 289. — 15. Klage auf Schadensersatz wegen Erhöhung des benachbarten Grundstücks; Erforderniß eines Verschuldens. XXI. 7. — 16. Klage auf Ersatz des durch einen Neubau auf der Grenze dem Nachbarhause zugefügten Schadens? XXI. 8. — 17. Kann

auf Schadensersatz wegen der durch Veranstaltungen auf dem Nachbargrundstück bewirkten Versiegung von Brunnen geklagt werden? XXII. 6. — 18. Klagerecht des anliegenden Hauseigenthümers wegen Veränderung eines öffentlichen Weges? XXI. 28. — 19. Bewirkt die Abweisung der Negatorienklage Rechtskraft zu Gunsten der Servitut? XXI. 227. — 20. Wie genau muß das Urtheil auf eine Negatorienklage wegen Immission übler Gerüche die dem Beklagten auferlegten Vorkehrungen bezeichnen? XXI. 11. XXIII. 180, vgl. 8. — 21. Bezieht sich das Eintrittsrecht des Rechtsnachfolgers in den Proceß nach § 237 CPO. (des Erstehers in der Subhastation?) auch auf einen Negatorienstreit wegen Immissionen? XXIII. 191. —

22. Actio finium regundorum. Sind Häuser und Höfe praedia urbana? Klagänderung durch einen Vindicationsantrag. XXI. 97.

Hauptstück 3.

Dienstbarkeiten.

I. Allgemeines.

1. Möglichkeit der Begründung eines dinglichen Rechts durch Abschluß eines Pachtvertrags auf 99 Jahre. XXIV. 141. — 2. Über die Belastung eines Grundstücks mit der Beschränkung, daß keine Gastwirthschaft betrieben werden darf. XXIV. 171.

II. Grunddienstbarkeiten.

1. Heutige Anwendbarkeit der römischrechtlichen Grundsätze bei Bestellung von Grunddienstbarkeiten? XXI. 98. — 2. Umfang der Grunddienstbarkeit bei vermehrtem Bedürfniß des herrschenden Grundstücks. XXV. 68. — 3. Umfang eines Fahrtrechts bei wesentlicher Veränderung des herrschenden Grundstücks. XXII. 75. — 4. Gestaltung der Rechtsausübung bei einer Theilung des weideberechtigten Anwesens. XXII. 76. — 5. Stillschweigend bestellte Servitut auf Gewährung von Licht und Luft. XXIII. 10. — 6. Das Recht, die Wand des Nachbarhauses als eigene Wand zu benutzen, als Servitut. XXIII. 9. — 7. Verpflichtung des Servitutberechtigten, den zur Wasserableitung dienenden Graben in Stand zu erhalten. XXI. 12.

III. Persönliche Dienstbarkeiten.

1. Unzulässigkeit der Pflichttheilsergänzungsklage gegen den Nießbrauchslegatar. XXIII. 165. — 2. Sequestration eines Nachlasses wegen Mißwirthschaft des Nutznießers, auf Klage einzelner Miterben. Manifestationspflicht des Nutznießers. XXIII. 80. — 3. Kann der Nutznießer eines Familienfideicommisses dingliche Nutzungsrechte für seine Besitzzeit einräumen? XXIII. 21. —

4. Rechtliche Natur des Fischereirechts in öffentlichen Flüssen. Entschädigungsanspruch des Fischereiberechtigten wegen Flußcorrectionen? Rechtsweg. XXIII. 242.

IV. Erwerb der Dienstbarkeiten.

1. Stillschweigend bestellte Servitut auf Gewährung von Licht und Luft. XXIII. 10. — 2. Kann eine Realservitut dadurch bestellt werden, daß

von zwei Grundstücken desselben Eigenthümers das thatsächlich bis dahin herrschende subhastirt wird? XXIV. 76. — 3. Kann der Nutznießer eines Familienfideicommisses Nutzungsrechte mit dinglicher Wirkung für seine Besitzzeit einräumen? XXIII. 21. —

4. Ersitzung des Rechts, die Wand des Nachbarhauses als eigene Wand zu benutzen. XXIII. 9. — 5. Ersitzung des Rechts auf den Torfstich an einem der Realgemeinde gehörigen Torfmoor seitens der Abbauer und Häuslinge in der Gemeinde als einer Gesammtheit von Personen und der einzelnen für sich. XXII. 142. —

6. Nothweg; Erforderniß des fehlenden anderweitigen Zugangs. XXIII. 215. —

7. Bewirkt die Abweisung der Negatorienklage Rechtskraft zu Gunsten der Servitut? XXI. 227.

V. Rechtsmittel.

1. Ausschließliches Klagerecht der Gemeinde zur Geltendmachung von Gemeindedienstbarkeiten. XXV. 63. — 2. Entschädigungsanspruch des Fischereiberechtigten an einem öffentlichen Fluß wegen Flußcorrectionen? Rechtsweg. XXIII. 242.

Hauptstück 4.

Superficies.

Superficies auf Widerruf, oder Precarium? XXIII. 216.

Hauptstück 5.

Pfandrecht.

I. Allgemeines.

1. Sicherheitshypothek; Beweislast bezüglich des Umfangs der zu sichernden Ansprüche. XXIII. 11. — 2. Rechtliche Natur des sog. Baugeldervertrags; Rücktritt wegen veränderter Umstände. XXII. 79. — 3. Kann die Bestellung einer anderen Sicherheit verlangt werden, wenn die versprochene Sicherstellung sich als wirkungslos erwiesen hat, und muß dann der Kläger eine bestimmte Sicherheit fordern? XXI. 88. — 4. Rechtliche Natur des zur Abwendung eines Arrestes oder einer vorläufigen Zw.-Vollstr. hinterlegten Geldbetrags. XXI. 245. —

5. Aquilische Klage gegen den Verpfänder fremder Sachen, die dann vom Pfandgläubiger verkauft worden und dadurch dem Kläger verloren gegangen sind. XXIII. 225.

II. Erwerbung des Pfandrechts.

1. Bestellung eines Faustpfandes; Pfandbesitz durch Gewahrsam eines Dritten. XXIV. 7. —

2. Die Kenntniß von dem obligatorischen Recht eines Anderen auf Eintragung hindert nicht die Wirksamkeit einer Voreintragung. XXV. 8. —

3. Gesetzliches Pfandrecht des Vermiethers an dem Eingebrachten des Aftermiethers. XXI. 103. — 4. Pfändung gegen den Pächter; praedium ur-

banum oder rusticum? XXIV. 19. — 5. Für das gesetzliche Pfandrecht des Frachtführers ist der Ladeschein maßgebend. XXI. 282.

III. Rechtsverhältnisse des Pfandgläubigers.

1. Mora und purgatio morae bei einer Bringeschuld; treten Besonderheiten bei der Rückzahlung eines gekündigten Hypothekkapitals ein? XXI. 99. — 2. Directes Klagerecht des Hypothekengläubigers und seines Cessionars aus der Schuldübernahme? XXIV. 8. — 3. Der Ladeschein ist für die Rechtsverhältnisse zwischen Frachtführer und Empfänger, insbesondere auch für das gesetzliche Pfandrecht des Frachtführers, maßgebend. XXI. 282. —

4. Das Absonderungsrecht ist gegen den Conc.-Verwalter geltend zu machen. XXV. 189. — 5. Kein Absonderungsrecht, wenn das für die persönliche Forderung an den Gemeinschuldner verpfändete Grundstück nicht dem Gemeinschuldner gehört. XXV. 250. — 6. Kann der Absonderungsberechtigte nach Feststellung seiner Forderung und seines Absonderungsrechts in der Tabelle noch vor Beendigung des Conc.-Verfahrens behufs Erlangung eines vollstreckbaren Titels gegen den Conc.-Verwalter klagen? XXIV. 132. — 7. Über die Rechtsgültigkeit eines Vertrages, worin der Conc.-Verwalter sich den Hypothekengläubigern gegenüber verpflichtet, ihnen die Miethverträge des Pfandgrundstücks auch ohne deren Beschlagnahme für sie zukommen zu lassen. XXI. 165. — 8. Welche Wirkung hat die Anerkennung des Absonderungsrechts aus einer nichtigen Pfändung durch den Conc.-Verwalter? XXI. 160. — 9. Verzichtet der absonderungsberechtigte Gläubiger dadurch auf sein Absonderungsrecht, daß er über den Zwangsvergleich in vollem Betrage seiner Forderung mit abstimmt? XXII. 134. — 10. Hat die Conc.-Masse einer Act.-Gesellsch. Antheil an der für eine Prioritätsanleihe bestellten Sicherheit für die noch nicht begebenen Stücke der Inhaberobligationen? XXII. 77. — 11. Absonderungsrecht des Vermiethers; Begriff des laufenden und des rückständigen Zinses nach § 41 Ziff. 4 CO. XXI. 82. — 12. Absonderungsrecht des Vermiethers an Illaten, die bei Ausbruch des Concurses für einen Dritten gepfändet und fortgeschafft waren, später aber wieder aus der Pfandhaft entlassen worden sind. XXII. 67. — 13. Unterschied zwischen Pacht und Miethe für das Absonderungsrecht im Concurse, angewandt auf eine Kornmühle. XXIV. 72.

IV. Erlöschung des Pfandrechts.

1. Ist der ausschließliche dingliche Gerichtsstand begründet für eine Klage auf Löschung einer eingetragenen, angeblich ungültigen Cession? XXII. 46. — 2. Erstreckt sich der dingliche Gerichtsstand für Löschungsklagen auch auf die Klage des früheren Eigenthümers gegen den Gläubiger auf Erfüllung eines über die Löschung abgeschlossenen Vertrages? XXII. 45. — 3. Anfechtbarkeit einer vom Gemeinschuldner vor der Zahlungseinstellung bewilligten, aber erst nach derselben eingetragenen Hypothek. XXIII. 68. — 4. Eintragung in die Conc.-Tabelle als Vollstr.-Titel i. S. des Anf.-Ges.; Art der Rückgewähr bei Anfechtung einer Hypothek. XXI. 265.

V. Hypothekenbücher.

1. Bedarf es zum Zweck der Eintragung in das Grundbuch der Vorlage der Urschrift der beglaubigten Vollmacht, auf Grund deren der Bevollmächtigte die erforderliche Erklärung vor einem Notar abgegeben hat? XXV. 196. — 2. Eintragung einer Hypothek auf einem gütergemeinschaftlichen Grundstück, wenn die Gesammtgutseigenschaft aus dem Grundbuch nicht hervorgeht. XXV. 197.

Dritter Abschnitt.

Recht der Obligationen.

Hauptstück I.

Allgemeine Lehren.

I. Verschiedenheit der Obligationen.

A. Nach den Personen (Correal-, Solidar-Obligationen).

1. Ist eine vertragsmäßige Bestimmung, wonach die Erben des Schuldners für die contrahirte Schuld solidarisch haften sollen, rechtswirksam? XXII. 28. — 2. Solidarhaft mehrerer Thäter bei der aquilischen Klage. XXI. 263. — 3. Steht bei der solidarischen Verpflichtung Mehrerer aus einem Delict dem Zahlenden ein Regreß gegen seine Mitschuldigen zu, oder kann er die Abtretung des Klagerechts gegen sie verlangen? XXII. 7. — 4. Solidarische Haftung der off. Handelsgesellschafter für Verschulden. XXIV. 232. — 5. Solidarische Haftung auf Grund der Eintragung einer Gesellsch., die kein Handelsgewerbe betreibt, als off. Handelsgesellsch. ins Handelsregister. XXIII. 217. — 6. Solidarische Haftung mehrerer Ladungsempfänger für Liegegeld bei Verfrachtung eines Flußschiffs im Ganzen. XXIII. 243. — 7. Kein Anspruch des regreßberechtigten Mitverpflichteten neben dem Anspruch des Gläubigers auf Befriedigung aus der Conc.-Masse des Schuldners, mag auch das Verhältniß der Mitverpflichteten zu einander und zum Gläubiger verschleiert worden sein. XXIV. 134.

B. Nach ihrer Wirksamkeit (Naturalobligation).

1. Rechtliche Wirksamkeit der Anerkennung einer Naturalobligation. XXIII. 143. — 2. Zurückforderung einer unrechtmäßig erhobenen Kirchensteuer mit der condictio indebiti; natürliche Verbindlichkeit? XXIV. 24. — 3. Rechtliche Natur eines Zahlungsversprechens nach Abschluß eines Zwangsvergleichs. XXIII. 135.

II. Gegenstand der Obligationen.

A. Allgemeines.

1. Kann die Bestellung einer anderen Sicherheit verlangt werden, wenn die versprochene Sicherstellung sich als wirkungslos erwiesen hat, und muß dann der Kläger eine bestimmte Sicherheit fordern? XXI. 88. — 2. Wirkung der Vertragsbestimmung, daß die durch den Vertrag begründete Forderung der Cession

und der Pfändung nicht unterliegen solle. XXIV. 211. — 3. Veräußerung einer Kundschaft. XXII. 66. — 4. Gegenstand der Klage aus einem Eheversprechen bei bestimmt erklärter Weigerung des Beklagten, die Klägerin zu ehelichen. XXIII. 156. — 5. Klage aus einem Eheversprechen gegen die Erben des Selbstmörders. XXIII. 89.

B. Zinsen.

1. Bei der Compensation verzinslicher Forderungen erfolgt die Anrechnung zunächst auf das Kapital. XXI. 18. — 2. Clausel eines Darlehensscheins: „zu verzinsen nach Übereinkunft". XXIII. 220. — 3. Haftet der Darlehensbürge auch für Zinsen? XXI. 177. — 4. Aquilische Klage wegen Körperverletzung; Entschädigung in Kapital mit Berücksichtigung des Interusuriums, oder in Rente? XXI. 263. — 5. Vertheilung der laufenden Zinsen einer Stellschuld zwischen dem Interimswirth und dem die Stelle übernehmenden Anerben. XXI. 189. — 6. Art. 290 HGB.; die Verzinsung der Auslagen tritt ohne Verabredung und ohne Mahnung mit dem Zeitpuncte der Auslagenleistung ein; Zinsen für ausgelegte Zinsen sind nicht verboten. XXI. 121. —

7. In der vorbehaltlosen Annahme der Hauptschuld liegt kein Verzicht auf schon erwachsene Verzugszinsen. XXIV. 143. — 8. Zulässigkeit einer Nachforderung gesetzlicher Zinsen nach rechtskräftig erledigter Hauptsache. XXIV. 143. — 9. Höhe der Verzugszinsen nach dem 1. Januar 1900. XXV. 198. —

10. Zinswucher. Nothlage i. S. des Wuchergesetzes bei Aufnahme eines Darlehens zu productiven Zwecken. XXIII. 146. — 11. Durch seine Anerkennung der Wechselschuld verliert der Aussteller nicht die Einrede aus der dem Wechsel zu Grunde liegenden Bewucherung des Acceptanten durch den Wechselinhaber. XXIII. 224. — 12. Verlust des Rückforderungsrechts des Bewucherten durch Versäumung der Einrede des Wuchers im vorangegangenen Wechselverfahren. Neuer Wucher durch Abhaltung des Bewucherten von der Vorschützung der Einrede. XXIII. 87.

C. Interesse; Schadensersatz.

1. Entschädigung wegen Immissionen in Rente oder in Kapital? XXIV. 212. — 2. Kann der Beschädigte verlangen, daß der Verpflichtete den beschädigten Gegenstand gegen Zahlung des früheren Werthes annehme? XXI. 13. — 3. Ersatz des Interesse als Folge der unrichtigen Übermittelung einer telegraphischen, nicht eine rechtsgeschäftliche Willenserklärung enthaltenden, Mittheilung. XXIII. 144. — 4. Hat bei Meinungsverschiedenheiten über den Vertragsinhalt der Contrahent, welcher der Auffassung und Anforderung des anderen unter Protest nachkommt, Anspruch auf Ersatz des ihm dadurch entstandenen Schadens? XXI. 257. — 5. Zulässigkeit der Klage auf Erfüllung statt Schadensersatzes trotz deren subjectiver Unmöglichkeit. XXII. 150. — 6. Unzulässigkeit einer Klage auf Erfüllung bei nachfolgender Unmöglichkeit der Leistung. XXIV. 216. —

7. Haftet der Darlehnsbürge auch für Proceßkosten und Zinsen? XXI. 177. — 8. Folgen der Rescission eines Grundstückskaufs; negatives Vertragsinteresse. XXIV. 210. — 9. Schadensberechnung bei Nichtlieferung eines sog. Circa-Quantums. XXV. 69. — 10. Erfüllungsort bei Klagen auf das Interesse wegen Nichterfüllung der Verpflichtung zur Herstellung eines Werks mit bestimmter Leistungsfähigkeit. XXI. 15. — 11. Geltendmachung des Interesse aus der Person des Mandanten im Fall des Contrahirens in eigenem Namen für fremde Rechnung. XXIII. 222. — 12. Aquilische Klage wegen Körperverletzung; Entschädigung in Kapital mit Berücksichtigung des Interusuriums, oder in Rente? XXI. 263. — 13. Schadensersatz wegen Körperverletzung; keine Abrechnung der Unfallversicherung. XXV. 74. — 14. Kein Anspruch des Ehemannes wegen des ihm durch eine Körperverletzung seiner Ehefrau entstandenen Schadens Umfang der Schadensersatzpflicht wegen schuldvoller Körperverletzung. XXI. 107. — 15. Actio injuriarum, nicht mehr auf Privatstrafe, aber auf Schadensersatz. XXI. 179. — 16. Syndicatsklage gegen einen Gerichtsvollzieher wegen Proceßverlustes; Einrede des eigenen Verschuldens; kann der Kläger sich replicando auf seine Rechtsunkenntniß berufen? XXI. 91. — 17. Haftet der Staat für die gesetzliche Aufhebung wohlerworbener Rechte? XXII. 139. — 18. Kein privatrechtlicher Anspruch gegen den Staat auf Schadensersatz wegen Nichtgewährung polizeilichen Schutzes. XXV. 162. —

19. Interessenklage aus einem Eheversprechen? XXIII. 89. 156. — 20. Entschädigungsklage wegen Bruchs des Verlöbnisses; Geltendmachung eines dem Beklagten erst später bekannt gewordenen Rücktrittsgrundes; keine Compensation beiderseitiger Untreue. XXI. 29. — 21. Alimentationspflicht des als schuldigen Theils geschiedenen Ehemannes. XXI. 31. —

22. Entschädigungsanspruch des Fischereiberechtigten wegen Flußcorrectionen? Rechtsweg. XXIII. 242. — 23. Werthsberechnung der Entschädigung für einen entzogenen Kirchensitz. XXIII. 24. —

24. Findet der Anspruch auf Sackmiethe seine Grenze in dem Werth der Säcke? XXV. 88. — 25. Kann die Schadensersatzpflicht des Spediteurs für die von ihm verschuldete Nichtabnahme der Waare in der Zahlung des Facturapreises gegen Übernahme der Waare bestehen? XXII. 253. — 26. Begriff der wegen Patentverletzung zu gewährenden Entschädigung. XXIV. 173. — 27. Kann der Urheber Schadensersatz wegen Nachdrucks und in welcher Höhe verlangen, wenn der Nachdrucker zwar bereichert ist, er selbst aber keine Vermögensverminderung erfahren hat? XXI. 131. —

28. Voraussetzung für die Einklagung weiterer Schadensersatzansprüche nach erzielter Verurtheilung des Beklagten zu einem bestimmten Schadensersatze. XXII. 4. —

Im Übrigen vgl. die einzelnen Obligationen.

III. Erfüllung der Obligationen.

A. Subjecte.

1. Einrede, daß dem Schuldschein entsprechend gegen dessen Rückgabe an einen Dritten gezahlt sei. XXII. 10. — 2. Aussonderungsanspruch der

Ehefrau im Concurse des Mannes bezüglich einer in dotem gegebenen Forderung. XXI. 185. — 3. Darf die Eisenbahn das Frachtgut an Einen der beiden Adressaten des Frachtbriefs abliefern? XXIV. 238. — 4. Die Lebensversicherungspolice als Legitimationspapier. XXII. 42. —

5. Vertheilung der laufenden Zinsen einer Stellschuld zwischen dem Interimswirth und dem die Stelle übernehmenden Anerben. XXI. 189. — 6. Die Schuldübernahme gegenüber dem Schuldner giebt dem Gläubiger noch kein Klagerecht gegen den Übernehmer. XXIII. 218. — 7. Directes Klagerecht des Hyp.-Gläubigers und seines Cessionars aus der Schuldübernahme? XXIV. 8. — 8. Begründet die Übernahme des Handelsgeschäfts eines Einzelkaufmanns eine Haftung für frühere Geschäftsschulden? XXIII. 167. — 9. Übernahme einer Firma mit Activen und Passiven, jedoch mit Ausnahme bestimmter Schuldpöste; haftet der Übernehmer auch für diese? XXIII. 25.

B. Gegenstand.

1. Theilbarkeit von Lieferungsgeschäften. XXIII. 30. —

2. Hat bei Meinungsverschiedenheiten über den Vertragsinhalt, wenn der eine Theil der Auffassung und Anforderung des anderen unter Protest nachkommt, der erstere Anspruch auf Ersatz des ihm dadurch entstandenen Schadens? XXI. 257. — 3. Kann der Verkäufer den Preis durch Wechselziehung einfordern? XXII. 226. — 4. Über die Verpflichtung des Empfängers eines zahlunghalber empfangenen Wechsels, XXIV. 142. Umfang der Verpflichtung, für die Einziehung eines zahlunghalber empfangenen Wechsels zu sorgen. Im Zweifel zahlunghalber, XXIV. 9. — 5. Gepfändete Reichsbanknoten brauchen nicht versteigert zu werden. XXII. 25. — 6. Tritt die für unpünctliche Zinsenzahlung vereinbarte sofortige Fälligkeit des Kapitals ein, wenn nicht das Postbestellgeld mitgesandt wurde? XXIV. 87. — 7. Verpflichtung des Vaters zu Geldalimenten, wenn die Eltern getrennt leben und über den Aufenthalt des Kindes streiten? XXIII. 16.

C. Erfüllungsort.

1. Erfüllungsort für eine vor Gericht vorzunehmende Handlung, wenn da Gerichtsgebäude im Sprengel eines anderen Gerichts liegt. XXII. 47. — 2. Mora und purgatio morae bei einer Bringeschuld; treten Besonderheiten bei der Rückzahlung eines gekündigten Hypothekkapitals ein? XXI. 99. — 3. Ist der Wohnort des Schuldners beim Vertragschluß im Zweifel Erfüllungsort? XXIV. 77. — 4. Erfüllungsort für die Zahlung des Kaufpreisrestes, wenn der Preis im Übrigen bei Übergabe der Waare bezahlt worden war. XXI. 14. — 5. Erfüllungsort für die Verpflichtungen des Verkäufers bei der Wandlungsklage des Käufers. XXII. 148. XXIV. 80. — 6. Für die Zahlung der Pension eines Privatbeamten nach dem Tode des Dienstherrn. XXIII. 219. — 7. Erfüllungsort bei Klagen auf das Interesse wegen Nichterfüllung der Verpflichtung zur Herstellung eines Werkes mit bestimmter Leistungsfähigkeit. XXI. 15. — 8. Erfüllungsort für die Verpflichtungen des Mandanten

gegen den Mandatar. XXI. 16. — 9. Klage gegen den falsus procurator im Gerichtsstande des Vertrags. XXV. 104. —

10. Gerichtszuständigkeit nach § 29 CPO. für eine Klage auf Bezahlung eines Contocorrentsaldos, wenn für den geschäftlichen Verkehr vertragsmäßig ein bestimmter Erfüllungsort festgesetzt worden war. XXII. 114. — 11. Kann gegen den Commanditisten am Erfüllungsort der Gesellschaft geklagt werden? XXIII. 168. — 12. Der Art. 342 HGB. enthält keine Bestimmung über den Erfüllungsort. XXII. 97. — 13. Die Ablieferung i. S. des Art. 347 HGB., begrifflich zu unterscheiden vom Bestimmungsort. XXV. 23. 91. — 14. Gerichtsstand des Erfüllungsorts für die Abnahme des Kaufgegenstandes; Unterschied zwischen Lieferung und Ablieferung. XXV. 165. — 15. Verzicht auf Präsentation des Wechsels und dessen Folgen; Bringeschuld. XXII. 180.

D. Zeit der Erfüllung; Verzug.

1. Tritt die für unpünctliche Zinsenzahlung vereinbarte sofortige Fälligkeit des Kapitals ein, wenn nicht das Postbestellgeld mitgesandt wurde? XXIV. 87. — 2. Verfällt die auf die Nichterfüllung eines See-Frachtvertrages gesetzte Conventionalstrafe durch Verzögerung der Auslieferung der Ladung? XXII. 178. — 3. Begriff der Clarirung eines Schiffes. XXV. 221. — 4. Bedeutung der Clausel „Connossementsdaten maßgebend" in einem Kaufvertrage über eine in einem bestimmten Monat zu verschiffende Waare. XXV. 133. —

5. Mora und purgatio morae bei einer Bringeschuld; treten Besonderheiten bei der Rückzahlung eines gekündigten Hypothekkapitals ein? XXI. 99. — 6. Die lex commissoria eines Kaufvertrages beim Zahlungsverzuge wird nicht durch bloße Mahnung ausgeschlossen. XXII. 240. — 7. Lieferungskauf; kann der säumige Verkäufer unter allen Umständen eine Nachfrist verlangen? XXIII. 31. — 8. Unterschied zwischen Vertragsfrist und Nachfrist i. S. des Art. 356 HGB. XXIII. 32. — 9. Anwendung des Satzes dies interpellat pro homine auf Pachtforderungen? XXII. 194. — 10. In der vorbehaltlosen Annahme der Hauptschuld liegt kein Verzicht auf schon erwachsene Verzugszinsen. XXIV. 143. — 11. Höhe der Verzugszinsen nach dem 1. Januar 1900. XXV. 198. —

12. Annahmeverzug verneint, weil den Umständen nach eine Wiederholung des vergeblichen Zahlunganbietens erwartet werden durfte. XXIV. 78. — 13. Das Unterlassen des dem Käufer gestatteten Abrufens der Waare begründet noch keinen Empfangsverzug. XXI. 196. — 14. Kohlenlieferungsvertrag über ein bestimmtes Quantum für den Fördertag; Annahme- oder Lieferungsverzug, wenn der Käufer die Kohlen nicht regelmäßig abnimmt, und der Verkäufer sich weigert, sie auf Lager zu nehmen? XXI. 195. — 15. Wirkung des Annahmeverzugs des Käufers auf sein Recht, den Kaufpreis nur gegen hypothekenfreie Auflassung des Kaufobjects zu zahlen. XXIV. 16. — 16. Kann der im Annahmeverzuge befindliche Käufer gegen die Klage auf den Kaufpreis einwenden, daß Verkäufer die Waare weiter verkauft habe, wenn diese in ver-

tretbaren Gegenständen bestand? XXI. 174. — 17. Depositum irregulare von Getreide; Befugniß des Depositars, dasselbe beim Annahmeverzug des Deponenten zum Tagespreise zu übernehmen. XXII. 11. — 18. **Der Selbsthülfeverkauf** ist mit einer durch die Umstände des Falles gebotenen Beschleunigung vorzunehmen. XXI. 197. — 19. Hat der Verkäufer dem Käufer Ort und Zeit des öffentlichen Selbsthülfeverkaufs anzuzeigen? XXI. 124. — 20. Befugniß des Verkäufers beim Selbsthülfeverkauf, mitzubieten oder für sich bieten zu lassen. XXV. 90. — 21. Unzulässiger Selbsthülfeverkauf, wenn Ungewißheit über die dabei verkauften Waaren besteht. XXIII. 31. — 22. Unzulässige Bedingungen beim Selbsthülfeverkauf. XXII. 98. — 23. Beanstandung eines Selbsthülfeverkaufs, weil bessere Qualität als gekauft war zum Verkauf gebracht ist? Ort des Selbsthülfeverkaufs. XXIII. 100. — 24. Beim Selbsthülfeverkauf braucht nicht zugesichert zu werden, daß die Waare die dem früheren Käufer versprochenen Eigenschaften habe. XXI. 198.

E. Erfüllung durch Niederlegung.

1. Kann ein Gläubiger bei Unbekanntschaft seiner Mitberechtigten auf Hinterlegung klagen? XXV. 199. — 2. Befugniß des Drittschuldners zur Hinterlegung gemäß § 750 CPO. XXI. 163.

F. Beschränkungen der Erfüllungsverbindlichkeit.

Benef. compet. unter Ehegatten; Zeit der Geltendmachung. XXII. 227.

IV. Entstehung der Obligationen.

1. Allgemeine Grundsätze von Verträgen.

A. Abschluß und Perfection der Verträge.

1. Verhältniß des Vorvertrags zum Hauptvertrage. Verpflichtung des Schuldners zur Vollziehung einer verkehrsüblichen Urkunde über seine Schuld? XXI. 175. — 2. Nichtcessibilität des Anspruchs aus einem pactum de mutuo dando. XXIII. 99. —

3. Erklärung und Wille. XXII. 221. — 4. Folgen der unrichtigen Übermittelung einer telegraphischen, eine rechtsgeschäftliche Willenserklärung nicht enthaltenden, Mittheilung. XXIII. 144. — 5. Rechtsfolgen der fälschlichen Unterzeichnung einer Verpflichtungsurkunde mit einem fremden Namen. XXII. 144. — 6. Bedeutung der Mitunterschrift der Ehefrau unter einem Schuldschein des Ehemannes. XXII. 238. — 7. Über die Bedeutung des vom Verkäufer herausgegebenen Prospectes für den Inhalt des demnächst abgeschlossenen Kaufvertrags. XXI. 100. — 8. Sinn und rechtliche Bedeutung des „an die Hand geben". XXII. 149. — 9. Perfection eines Vertrags über die Erbauung eines Wohnhauses. XXIII. 14. — 10. Unverbindlichkeit einer an sich verbindlichen Schenkungserklärung, die beide Theile rechtsirrthümlich für unverbindlich hielten. XXII. 222. — 11. Stillschweigende Annahme eines Bürgschaftangebots. XXIV. 79. — 12. Rechtliche Bedeutung einer Bürgschaftsurkunde ohne Bezeichnung eines bestimmten Gläubigers; Willens- oder Vertrauenstheorie? XXI. 177. — 13. Zur Anwendung des Art. 319 HGB.; Begriff der rechtzeitigen

Absendung der Annahmeerklärung. XXIV. 30. — 14. Kann Sachmiethe gefordert werden auf Grund einer unbeanstandet gebliebenen Facturenclausel? XXII. 93. — 15. Anfechtung eines Lebensversicherungsvertrages wegen fehlender Willensübereinstimmung, wenn die Versicherung ohne Wissen des Versicherten zu einem höheren als dem beantragten tarifmäßigen Prämiensatze übernommen worden war. XXIII. 44.

B. Vertragschließende Personen. Handlungs- und Dispositionsfähigkeit.

1. Sind Minderjährige nach dem 14. Lebensjahre fähig, sich ohne Genehmigung ihres gesetzlichen Vertreters durch Vertrag zu verpflichten? XXII. 141. — 2. Entstehung eines particulären Gewohnheitsrechts über die Gültigkeit der Erbeinsetzungsverträge Minderjähriger. XXI. 187. — 3. Über die Handlungsfähigkeit geisteskranker Personen, XXIV. 2. XXV. 129. — Über die Proceßfähigkeit hat mangels einer Entmündigung das Proceßgericht zu entscheiden, XXI. 89. — 4. Inwieweit macht Geisteskrankheit ein Rechtsgeschäft, insbesondere eine Ehe, nichtig? XXIII. 2. — 5. Nicht wegen jeder vorübergehenden Geistesstörung und nicht wegen Gemeingefährlichkeit allein kann die Entmündigung ausgesprochen werden. XXII. 244. — 6. Vertragschließung durch Entmündigte; die Vorschrift in § 627 CPO. betr. die Bekanntmachung von Entmündigungsbeschlüssen bezieht sich nicht auf die civilrechtlichen Wirkungen der Bekanntmachung. XXIV. 144. — 7. Umfang der in § 51 Abs. 1 CPO. geregelten Proceßfähigkeit. XXIII. 47. —

8. Vertragschluß durch Stellvertretung s. S. 14 ff. —

9. Rechtliche Bedeutung einer Bürgschaftsurkunde ohne Bezeichnung eines bestimmten Gläubigers. XXI. 177.

C. Gegenstand und causa; insbesondere Verträge gegen gesetzliches Verbot und gute Sitte.

1. Kann die Bestellung einer anderen Sicherheit verlangt werden, wenn die versprochene Sicherstellung sich als wirkungslos erwiesen hat, und muß dann der Käufer eine bestimmte Sicherheit fordern? XXI. 88. — 2. Klagbarkeit einer als „Ehrenschuld“ übernommenen Nachzahlungsverpflichtung. Statutencollision. XXIII. 145. — 3. Rechtliche Wirkung der Erklärung eines Wechselbezogenen, der Wechsel gehe in Ordnung. XXIII. 177. —

4. Beiderseitige turpis causa; keine Rückforderung eines zur Erreichung eines unsittlichen Zweckes gegebenen Darlehns. XXIV. 213. — 5. Absolute Nichtigkeit wucherlicher Rechtsgeschäfte. XXI. 258. — 6. Nothlage i. S. des Wuchergesetzes bei Aufnahme eines Darlehns zu productiven Zwecken. XXIII. 146. — 7. Durch seine Anerkennung der Wechselschuld verliert der Aussteller nicht die Einrede aus der dem Wechsel zu Grunde liegenden Bewucherung des Acceptanten durch den Wechselinhaber. XXIII. 224. — 8. Verlust des Rückforderungsrechts des Bewucherten durch Versäumung der Einrede des Wuchers im vorangegangenen Wechselverfahren. Neuer Wucher durch Abhaltung des

Bewucherten von der Vorschützung der Einrede. XXIII. 87. — 9. Wucherischer Kauf; für das Mißverhältniß von Leistung und Gegenleistung ist nicht der Anschaffungspreis des Bewucherten maßgebend. XXIV. 10. —

10. Kann ein Forderungskauf wegen Mißverhältnisses der Valuta als unsittlich angefochten werden? XXI. 101. — 11. Kauf; Einrede: der Preis sei übermäßig, höher als er anderen Kunden berechnet und in den Preislisten des Verkäufers angegeben sei, Verkäufer habe des Käufers Angestellten Trinkgelder gegeben. XXII. 174. — 12. Unsittlichkeit eines Provisionsversprechens für die Vermittelung des Verkaufs eines Bordells. XXV. 70. — 13. Fortdauernde Klagbarkeit einer vor 1900 entstandenen Lohnforderung für eine Heirathsvermittelung. XXV. 201. — 14. Societät zum Erwerb eines Hauses mit Bordellbetrieb. XXI. 259. — 15. Ist der Vertrag über den Vertrieb von Lotterieloosen nach Staaten, die dies verbieten, wegen Unsittlichkeit ungültig? XXIV. 11. — 16. Vertragsmäßige Ausschließung eines Rechtsmittels; Einwand, daß der diese Vereinbarung enthaltende Vertrag ein Spielvertrag sei. XXI. 298. — 17. Ist der Vertrag unsittlich, durch den der Einsender eines beleidigenden Zeitungsartikels den Redacteur bestimmt, ihn nicht zu nennen, und dafür Erstattung von Strafe und Kosten verspricht? XXIV. 12. — 18. Sind Verträge über die Zurücknahme des Strafantrags bei einem sog. Antragsvergehen klagbar? XXV. 9. — 19. Ausbedingung eines sog. Schweigegeldes; ob wegen Unsittlichkeit ungültig? XXII. 8. —

20. Unsittlicher Vertrag; Gestattung des Beischlafs unter Verlobten gegen Sicherstellung wegen der Folgen. XXIII. 81. — 21. Verstößt die auf das Verlangen des Mannes seitens der Stiefmutter der Erwählten gemachte Zusage, für den Fall der Ehe dessen Schulden zu bezahlen, gegen die gute Sitte? XXII. 228. —

22. Begriff eines unsittlichen Vertrags (Lohnversprechen für die Bemühung des Gegenvormundes des Mitcontrahenten um das Zustandekommen des Vertrags). XXIII. 12. —

23. Unsittlichkeit eines Versprechens dafür, daß ein Dritter zur Errichtung einer letztwilligen Verfügung zu Gunsten des Versprechenden bestimmt werde. XXI. 260. — 24. Wird der Vertrag über den künftigen Nachlaß eines Wahnsinnigen durch die Zustimmung seines Vormundes gültig? XXIV. 30. —

25. Hat der Agent einer Firma sich unter allen Umständen der Vertretung von Concurrenzfirmen zu enthalten? XXII. 249. — 26. Pactum turpe, wenn ein Schiffsmann es übernimmt, am Bestimmungsort seines Schiffes mitgenommene Waaren entgegen den dort bestehenden Gesetzen einzuschwärzen. XXII. 9. —

27. Unklagbarkeit von Verabredungen zur Erzielung günstiger Arbeitsbedingungen. XXII. 41. — 28. Unklagbarkeit von Verabredungen Gewerbetreibender zur Vertheidigung der bisherigen Lohn- und Arbeitsbedingungen. XXIV. 241. — 29. Cartell von Gewerbtreibenden zur Erhaltung angemessener Preise. Können die Mitglieder entgegen den Satzungen beliebig ausscheiden? XXIII. 39. — 30. Veräußerung einer Kundschaft? XXII. 66. —

31. Zulässigkeit der Regelung der Beweislast in den Bedingungen von Versicherungsgesellschaften. XXI. 5. —

32. Die Nichtigkeit eines Abkommens beim Zwangsvergleich zur Bevorzugung einzelner Gläubiger setzt das Bewußtsein der Bevorzugung voraus. XXV. 60. — 33. Ungültigkeit eines Sonderabkommens, wodurch ein Gläubiger auf künftiges Vermögen des Gemeinschuldners verwiesen wird. XXIII. 70. — 34. Anfechtung eines Zwangsvergleichs wegen heimlicher Begünstigung einzelner Gläubiger, obgleich der Vergleich auch ohne die Zustimmung dieser Gläubiger zu Stande gekommen sein würde. XXIII. 142.

D. Willensact bei Verträgen.

a) Mängel der Willensbestimmung s. oben S. 11 ff.

b) Gewähr physischer Mängel und angerühmter Eigenschaften. 1. Klage auf Schadensersatz wegen Betrugs über die Miethertäge des gekauften Grundstücks. XXIV. 139. — 2. Haftung des Verkäufers eines Hauses aus dem Verschweigen von Schwamm, XXIII. 75; desgleichen von Rothfäule und Feuchtigkeit, XXIII. 76. — 3. Beweislast bezüglich des Vorhandenseins zugesicherter Eigenschaften beim Specieskauf. XXIV. 15. — 4. Zurückweisung der angedienten Waare, weil sie von besserer Qualität ist als vereinbart? XXIII. 101. — 5. Können Mängel der probemäßig gelieferten Waare gerügt werden? XXIV. 40. — 6. Darf der Käufer die Waare wegen Zuvielsendung ganz ablehnen? XXIV. 41. —

7. Kann neben der Preisminderung auch Schadensersatz wegen vertragswidriger Beschaffenheit der gekauften Waare beansprucht werden? XXIV. 14. —

8. Kann wegen Nichtbestehens einer zugesicherten Servitut redhibitorisch geklagt werden? XXIV. 145. — 9. Erfüllungsort für die Verpflichtungen des Verkäufers bei der Wandlungsklage des Käufers. XXII. 148. XXIV. 80. — 10. Im Fall einer Redhibition hat der Käufer das Verschulden der Personen, denen er die redhibirte Sache anvertraut hatte, zu vertreten. XXIV. 13. — 11. Verjährungseinrede gegenüber der Klage des Käufers auf Ersatz der Aufwendungen für einen redhibirten Gegenstand, wenn er das Retentionsrecht gegen Sicherheitsleistung aufgegeben hat. XXIII. 73. — 12. Unterbringung beanstandeter Thiere und Ersatz der Futterkosten bei der Redhibitorienklage. XXII. 229. — 13. Zur Auslegung der „Streitigkeiten wegen Viehmängel" nach § 23 GVG. XXII. 112. —

S. ferner unten im Handelsrecht „Vom Kauf" S. 82 ff.

c) Anfechtung der Verträge wegen Verletzung über die Hälfte. 1. Können Vergleiche wegen Verletzung über die Hälfte angefochten werden? XXII. 237. — 2. Unzulässigkeit der Einrede der laesio enormis bei Gutsüberlassungsverträgen; Verzicht auf dieselbe. Ausgleichung der Läsion. XXII. 248. — 3. Unstatthaftigkeit der Einrede der Verletzung über die Hälfte, wenn der Kauf auch nur auf Seiten des Verkäufers ein Handelsgeschäft ist. XXIII.

172. — 4. Die Bedeutung eines allgemeinen Verzichts gegenüber dem Anspruch wegen Verletzung über die Hälfte. XXII. 74.

d) Willenserklärung s. oben S. 14.

e) Stellvertretung; Form; Nebenbestimmungen; Auslegung s. oben S. 14 ff. unter A. B. C. E.

E. Wirkung der Verträge.

a) Unter den Contrahenten; periculum. 1. Einrede des nicht erfüllten Vertrags; nur Zurückbehaltung eines verhältnißmäßigen Theiles der Gegenleistung. XXIV. 214. — 2. Klage und Widerklage auf Erfüllung eines zweiseitigen Vertrags; beiderseitige Einrede des nicht erfüllten Vertrags. XXII. 78. — 3. Der Anspruch auf Rechnungsablage unterliegt nicht der Einrede des nicht erfüllten Vertrags. XXIV. 221. — 4. Wirkung des Annahmeverzugs des Käufers auf sein Recht, den Kaufpreis nur gegen hypothekenfreie Auflassung des Kaufobjects zu zahlen (Wegfall der Einrede des nicht erfüllten Vertrags). XXIV. 16. —

5. Übergang der Gefahr beim Kauf. Haftung für Schäden aus der Zeit zwischen dem Vertragschluß und der Übergabe; custodia des Verkäufers. XXIV. 17. — 6. Überlassung auszuschachtenden Kieses; Rechtsfolgen, wenn kein Kies in abbaufähigem Maße vorhanden ist. XXII. 151. — 7. Strikeclausel in einem Kohlenlieferungsvertrage. XXIII. 32. — 8. Connossementskauf; wer trägt die Gefahr einer nicht ordnungsmäßig erfolgten Abladung? XXIV. 215. — 9. Kommt dem Käufer die Frachtersparung zugut, welche durch die von ihm beorderte Versendung nach einem anderen Orte entsteht, wenn der Preis einschließlich der Fracht nach einem bestimmten Orte vereinbart worden war? XXII. 233. — 10. Versicherung gegen Quarantainegefahr; Einfluß des Umstandes, daß der versicherte Ablader die Verfügung der Quarantaine kannte. XXI. 44.

b) Einfluß der Verträge auf Dritte. 1. Verträge zu Gunsten Dritter. Rechtliche Natur der bäuerlichen Gutsüberlassungsverträge zwischen Eltern und Kindern und der darin festgesetzten Abfindungen der nicht zugezogenen Kinder; Unwiderruflichkeit der Abfindungen. XXII. 88. — 2. Inwieweit kann eine zu Gunsten eines Anderen genommene Lebensversicherung auf Grund des Anf.-Ges. angefochten werden? XXV. 13. — 3. Lebensversicherung zu Gunsten der gesetzlichen Erben; gehört die Versicherungssumme der Wittwe (in Gütergemeinschaft) oder den Kindern? XXIII. 160. —

4. Die Schuldübernahme gegenüber dem Schuldner giebt dem Gläubiger noch kein Klagerecht gegen den Übernehmer. XXIII. 218. — 5. Directes Klagerecht des Hypothekengläubigers und seines Cessionars aus der Schuldübernahme? XXIV. 8. — 6. Begründet die Übernahme des Handelsgeschäfts eines Einzelkaufmanns eine Haftung für frühere Geschäftsschulden? XXIII. 167. — 7. Übernahme einer Firma mit Activen und Passiven, jedoch mit Ausnahme bestimmter Schuldpöste; haftet der Übernehmer auch für diese? XXIII. 25.

F. Bestärkungsmittel der Verträge.

1. Tritt die für die unpünctliche Zinsenzahlung vereinbarte sofortige Fälligkeit des Kapitals ein, wenn nicht das Postbestellgeld mitgesandt wurde? XXIV. 87. —

2. Die Gültigkeit eines Strafversprechens setzt die Gültigkeit der zu sichernden Hauptobligation voraus. XXII. 230. — 3. Voraussetzungen der Verwirkung einer Conventionalstrafe. XXI. 17. — 4. Verlöbniß mit Conventionalstrafe für den Fall der Nichteingehung der Ehe; kann der Beklagte einwenden, daß sein Vater die Zustimmung verweigere? XXIV. 152. — 5. Verfällt die auf die Nichterfüllung eines Seefrachtvertrags gesetzte Conventionalstrafe durch Verzögerung der Auslieferung der Ladung? XXII. 178. — 6. Klagen auf eine Conventionalstrafe aus der Verletzung eines vertragsmäßigen Concurrenzverbots gehören nicht vor das Gewerbegericht. XXI. 208.

2. Allgemeine Grundsätze von Vergehen.

1. Steht bei der solidarischen Verpflichtung Mehrerer aus einem Delict dem Zahlenden ein Regreß gegen seine Mitschuldner zu, oder kann er die Abtretung des Klagerechts gegen sie verlangen? XXII. 7. — 2. Können während bestehender Ehe mit allgemeiner Gütergemeinschaft Delictsansprüche des einen Ehegatten gegen den anderen geltend gemacht werden? XXII. 26.

V. Erlöschung der Obligationen.

A. Erfüllung und Deposition.

1. Einrede, daß dem Schuldschein entsprechend gegen dessen Rückgabe an einen Dritten gezahlt sei. XXII. 10. — 2. Die Erklärung des Schuldners, welche von mehreren Schulden er bezahlen wolle, kann auch aus den Umständen entnommen werden. XXIV. 146. — 3. Der Wechselschuldner hat ein Recht auf Rückgabe des präjudicirten, erledigten Wechsels. XXIII. 246. —

4. Kann ein Gläubiger bei Unbekanntschaft seiner Mitberechtigten auf Hinterlegung klagen? XXV. 199. — 5. Befugniß des Drittschuldners zur Hinterlegung gemäß § 750 CPO. XXI. 163.

B. Unmöglichkeit der Erfüllung.

1. Unmöglichkeit der Erfüllung einer Obligation als Grund ihrer Aufhebung. XXIV. 81. — 2. Unzulässigkeit einer Klage auf Erfüllung bei nachfolgender Unmöglichkeit der Leistung. XXIV. 216. — 3. Zulässigkeit der Klage auf Erfüllung trotz deren subjectiver Unmöglichkeit. XXII. 150. — 4. Klage aus einem Eheversprechen gegen die Erben des Selbstmörders. XXIII. 89. — 5. Bedeutung einer Verurtheilung zur Zahlung eines Einschusses in eine von den Parteien zu gründende Handelsgesellschaft im Concurse des Klägers. XXII. 276. — 6. Fortbestehen des Frachtvertrags trotz Beschlagnahme des Frachtguts durch die Zollbehörde? XXII. 176. — 7. Zw.-Vollstr. aus § 774 CPO., wenn die an sich vom Willen des Schuldners abhängende Handlung unmöglich geworden ist? XXII. 279.

C. Compensation.

1. Bei der Compensation verzinslicher Forderungen erfolgt die Anrechnung zunächst auf das Kapital. XXI. 18. — 2. Kann der Giro-Creditgeber ältere Forderungen aufrechnen? XXV. 72. — 3. Interessenanspruch wegen verweigerter Erfüllung eines Urtheils auf Herausgabe von Sachen; Benutzung desselben zur Compensation, auch vor einem anderen als dem in § 778 Abs. 2 CPO. bezeichneten Gericht. XXI. 307. — 4. Überweisung einer gepfändeten Forderung zur Einziehung; kann der vom Pfändungsgläubiger belangte Drittschuldner gegen die spätere Klage des gepfändeten Schuldners mit einer nach der Pfändung erworbenen Forderung compensiren? Kann er damit compensiren gegen den Pfändungsgläubiger? XXIII. 133. — 5. Solange der Concurs der off. Handelsgesellsch. schwebt, darf der Privatschuldner eines Gesellschafters nicht mit seiner Forderung an die Gesellschaft compensiren. XXI. 118. —

6. Rückwirkende Kraft der Aufrechnungserklärung in Anwendung auf die Aufrechnung mit einer in einem Aufgebotsverfahren ausgeschlossenen Forderung. XXIV. 82. — 7. Unanfechtbarkeit der Aufrechnung mit einer Forderung aus einem nach § 23 Ziff. 2 CO. anfechtbaren Deckungsgeschäft. XXV. 252. —

8. Gegenaufrechnung; ist sie insbesondere mit Forderungen des Cedenten gestattet? XXIV. 217. — 9. Der klagende Theilcessionar darf die Aufrechnungseinrede nicht auf den beim Cedenten verbliebenen Theil der Klageforderung verweisen. XXIV. 83. —

10. Unzulässigkeit der Abweisung einer streitigen Klage auf Grund einer unstreitigen Aufrechnungseinrede. XXII. 56. XXIII. 55. XXIV. 61. 83. — 11. Darf eine nicht connexe Compensationseinrede noch, nachdem über sie verhandelt ist, zum getrennten Processe verwiesen werden? Darf die dann erlassene Verurtheilung auf die Klage ohne Sicherstellung vollstreckt werden? XXII. 117. — 12. Zwischenurtheil über den Grund eines Anspruchs, welcher theils zur Compensation, theils durch Widerklage geltend gemacht wird. XXI. 226. — 13. Rechtskräftige Abweisung der Widerklage, insoweit sie auf eine von mehreren zugleich compensando und widerklagend geltend gemachten Forderungen gestützt wird; Wirkung auf die Compensationseinrede. XXI. 68.

D. Andre Erlöschungsarten.

1. Beweislast betreffs der Kündigungsfrist bei einem Darlehen. XXV. 134. — 2. Kündigung eines Bierabnahmevertrags in Ermangelung einer Vereinbarung über die Dauer und über die Kündigung desselben. XXV. 71. — 3. Rechtzeitige Kündigung eines Versicherungsvertrags durch Telegramm, wenn dieses vor Ablauf der Kündigungsfrist entweder in der Privatwohnung des Directors der Versicherungsgesellschaft abgegeben oder während der Geschäftszeit in den Briefkasten des Geschäftsbureaus gelegt worden ist. XXI. 19. —

4. Widerruf einer Schenkung wegen Beleidigung des Schenkgebers, XXIV. 222. Wegen nachgeborener Kinder? XXII. 80. — 5. Ist der einem gewerbsmäßigen Auctionator ertheilte Auftrag zu einer Versteigerung frei widerruflich?

XXIII. 223. — 6. Widerruflichkeit des Speditionsauftrags auch bei Einigung über einen bestimmten Satz der Transportkosten. XXIV. 100. — 7. Können die Mitglieder eines Kartells von Gewerbtreibenden zur Erhaltung angemessener Preise entgegen den Satzungen beliebig ausscheiden? XXIII. 39. —

8. Einfluß veränderter Umstände auf ein Vertragsverhältniß. XXI. 104. — 9. Widerruf der Zusicherung einer Crediteinräumung wegen inzwischen bekannt gewordener Unsicherheit des Promissars. XXII. 3. — 10. Rechtliche Natur des sog. Baugeldervertrages. Rücktritt wegen veränderter Umstände. XXII. 79. — 11. Strikeclausel in einem Kohlenlieferungsvertrage. XXIII. 32. — 12. Alimente, welche statt der Ehescheidungsstrafe zuerkannt sind, unterliegen keiner Herabsetzung wegen veränderter Vermögenslage des Pflichtigen. XXI. 34. — 13. Feuerversicherung; Einfluß einer Veränderung des in der Police angegebenen Aufbewahrungsorts der versicherten Gegenstände. XXI. 212. —

14. Rückwirkende Kraft der Aufrechnungserklärung in Anwendung auf die Aufrechnung mit einer in einem Aufgebotsverfahren ausgeschlossenen Forderung. XXIV. 82.

VI. Cession der Forderungen.

1. Nichtcessibilität des Anspruchs aus einem pactum de mutuo dando. XXIII. 99. — 2. Kann die Bürgschaftsforderung ohne die Hauptforderung wirksam cedirt werden? XXIII. 149. — 3. Bürgschaft für eine dem Aussteller gegen den Acceptanten zustehende Wechselforderung und Cession der Bürgschaftsforderung vom Aussteller an einen den Wechsel bei Verfall einlösenden Indossatar. XXII. 239. — 4. Societät zur Verwerthung eines gemeinsam erworbenen Patents; Cessibilität der daraus erwachsenen Ansprüche, insbesondere des Anspruchs auf Rechnungsablage. XXIV. 221. — 5. Cessibilität der nach § 54 CO. bevorrechtigten Conc.-Forderungen, angewandt auf creditirte Zuckersteuerbeträge. XXIII. 139. — 6. Wirkung der Vertragsbestimmung, daß die durch den Vertrag begründete Forderung der Cession und der Pfändung nicht unterliegen solle. XXIV. 211. — 7. Über die Wirkungen der Cession einer rechtshängigen Forderung. XXIII. 256. —

8. Kann der Cedent den Forderungsverkauf wegen Mißverhältnisses der Valuta als unsittlich anfechten? XXI. 101. — 9. Darf der eine Rechtshandlung seines Schuldners anfechtende Gläubiger den Anfechtungsproceß noch nach Abtretung seines Hauptanspruchs fortsetzen? XXIII. 190. — 10. Der Cedent kann am Ausgange des Rechtsstreits zwischen dem Cessionar und dem Schuldner unmittelbar betheiligt sein. XXV. 118. — 11. Der klagende Theilcessionar darf die Aufrechnungseinrede nicht auf den beim Cedenten verbliebenen Theil der Klageforderung verweisen. XXIV. 83. — 12. Versagung des Armenrechts an eine durch Cession nur vorgeschobene Person. XXI. 137. —

13. Cession der Eigenthumsklage; Rechtswirkung der Denunciation. XXIII. 82. —

14. Kann der debitor cessus gegen die Klage des Cessionars die Simulation der Cession einwenden? XXI. 102. — 15. Einrede des debitor cessus,

er habe sich in Unkenntniß einer älteren Cession dem späteren Cessionar zur Zahlung verpflichtet. XXIV. 18. — 16. Benef. cedend. act.; Einrede des (selbstschuldnerischen) Bürgen, daß der Gläubiger auf ein Pfandrecht verzichtet habe. XXII. 154. — 17. Ist eine Gegenaufrechnung, insbesondere mit Forderungen des Cedenten gestattet? XXIV. 217.

Hauptstück 2.

Einzelne Obligationen.

I. Obligationen aus Verträgen.

A. Darlehen. 1. Nichtcessibilität des Anspruchs aus einem pactum de mutuo dando. XXIII. 99. — 2. Widerruf der Zusicherung einer Crediteinräumung wegen inzwischen bekannt gewordener Unsicherheit des Promissars. XXII. 3. — 3. Rechtliche Natur des sog. Baugeldervertrags; Rücktritt wegen veränderter Umstände. XXII. 79. —

4. Darlehen in Werthpapieren. XXIV. 218. — 5. Kann der Giro-Creditgeber ältere Forderungen aufrechnen? XXV. 72. — 6. Clausel eines Darlehensscheins: „zu verzinsen nach Übereinkunft". XXIII. 220. — 7. Haftet der Darlehensbürge auch für Zinsen und Proceßkosten? XXI. 177. —

8. Beweislast bei einem Streit über die Kündigungsfrist für die Rückzahlung eines Darlehens. XXV. 134. — 9. Einrede, daß dem Schuldschein entsprechend gegen dessen Rückgabe an einen Dritten gezahlt sei. XXII. 10. — 10. Nothlage i. S. des Wuchergesetzes durch Aufnahme eines Darlehens zu productiven Zwecken. XXIII. 146. — 11. Beiderseitige turpis causa; keine Rückforderung eines zur Erreichung eines unsittlichen Zweckes gegebenen Darlehens. XXIV. 213. —

12. Ist das sct. Macedonianum anwendbar, wenn ein volljähriges Kind nach Ableben des Vaters hinter dem Rücken der Mutter ein Gelddarlehen aufnimmt? XXII. 141.

B. Precarium. 1. Precarium als Grundlage eines constitut. possessor. XXII. 223. — 2. Superficies auf Widerruf; oder Precarium? XXIII. 216.

C. Depositum. 1. Depositum regulare oder irregulare? XXII. 231. — 2. Depositum irregulare von Getreide; Befugniß des Depositars, dasselbe beim Annahmeverzuge des Deponenten zum Tagespreise zu übernehmen. XXII. 11. — 3. Kann ein Gläubiger bei Unbekanntschaft seiner Mitberechtigten auf Hinterlegung klagen? XXV. 199. — 4. Befugniß des Drittschuldners zur Hinterlegung gemäß § 750 CPO. XXI. 163.

D. Faustpfand. 1. Bestellung eines Faustpfandes, Pfandbesitz durch Gewahrsam eines Dritten. XXIV. 7.

E. Kauf. 1. Sinn und rechtliche Bedeutung des „an die Hand geben". XXII. 149. — 2. Über die Bedeutung des vom Verkäufer herausgegebenen Prospectes für den Inhalt des demnächst abgeschlossenen Kaufvertrags. XXI. 100. — 3. Die Simulation des Verkaufs kann gegen den gutgläubigen Dritterwerber der Sache nicht geltend gemacht werden. XXI. 92. —

4. Irrthum des Verkäufers im Beweggrunde bei Forderung eines zu niedrigen Kaufpreises in Folge unrichtiger Auffassung der Preisliste. XXIV. 4. — 5. Einrede des Käufers: der Preis sei übermäßig, höher als er anderen Kunden berechnet und in den Preislisten des Verkäufers angegeben sei, Verkäufer habe des Käufers Angestellten Trinkgelder gegeben. XXII. 174. — 6. Erfüllungsort für die Zahlung des Kaufpreisrestes, wenn der Preis im Übrigen bei Übergabe der Waare bezahlt worden war. XXI. 14. —

7. Unstatthaftigkeit der Einrede der Verletzung über die Hälfte, wenn der Kauf auch nur auf Seiten des Verkäufers ein Handelsgeschäft ist. XXIII. 172. — 8. Haftung des Verkäufers dafür, daß der Käufer nicht durch Patentrechte Dritter an dem Gebrauch der gekauften Sache verhindert wird. XXII. 232. — 9. Haftung des Verkäufers eines Hauses aus dem Verschweigen von Schwamm, XXIII. 75; desgleichen von Rothfäule und Feuchtigkeit; Fassung des Eides über das Vorhandensein dieser Mängel, XXIII. 76. — 10. Einrede der Arglist; Unzulässigkeit der Replik, daß der Käufer den Irrthum hätte vermeiden können. XXIII. 213. — 11. Klage auf Schadensersatz wegen Betrugs über die Miethverträge des gekauften Grundstücks. XXIV. 139. — 12. Der Käufer braucht die Auflassung nicht anzunehmen, wenn das Grundstück vertragswidrig belastet ist. XXV. 10. — 13. Folgen der Rescission eines Grundstückskaufs wegen Arglist des Verkäufers; negatives Vertragsinteresse. XXIV. 210. — 14. Verpflichtung des dolosen Verkäufers zur Entgegennahme der Rückauflassung des verkauften Grundstücks nach Aufhebung des Vertrags. XXIII. 77. —

15. Species- oder Genuskauf? Lieferung eines aliud. XXIII. 103. — 16. Beweislast bezüglich des Vorhandenseins zugesicherter Eigenschaften beim Specieskauf. XXIV. 15. — 17. Zurückweisung der angedienten Waare, weil sie von besserer Qualität ist als vereinbart? XXIII. 101. — 18. Können Mängel der probemäßig gelieferten Waare gerügt werden? XXIV. 40. — 19. Darf der Käufer die Waare wegen Zuvielsendung ganz ablehnen? XXIV. 41 — 20. Kann neben der Preisminderung auch Schadensersatz wegen vertragswidriger Beschaffenheit der gekauften Waare beansprucht werden? XXIV. 14. — 21. Kann wegen Nichtbestehens einer zugesicherten Servitut redhibitorisch geklagt werden? XXIV. 145. — 22. Erfüllungsort für die Verpflichtungen des Verkäufers bei der Wandlungsklage des Käufers. XXII. 148. XXIV. 80. — 23. Im Fall einer Redhibition hat der Käufer das Verschulden der Personen, denen er die redhibirte Sache anvertraut hatte, zu vertreten. XXIV. 13. — 24. Verjährungseinrede gegenüber der Klage des Käufers auf Ersatz der Aufwendungen für einen redhibirten Gegenstand, wenn er das Retentionsrecht gegen Sicherheitsleistung aufgegeben hat. XXIII. 73. — 25. Unterbringung beanstandeter Thiere und Ersatz der Futterkosten bei der Redhibitorienklage. XXII. 229. — 26. Zur Auslegung der „Streitigkeiten wegen Viehmängel" nach § 23 GVG. XXII. 112. —

27. Übergang der Gefahr beim Kauf; Haftung für Schäden aus der Zeit zwischen dem Vertragschluß und der Übergabe; custodia des Verkäufers.

XXIV. 17. — 28. Überlassung auszuschachtenden Kieses; Rechtsfolgen, wenn kein Kies in abbaufähigem Maße vorhanden ist. XXII. 151. — 29. Strikeclausel in einem Kohlenlieferungsvertrage. XXIII. 32. — 30. Connossementskauf; wer trägt die Gefahr einer nicht ordnungsmäßig erfolgten Abladung? XXIV. 215. — 31. Kann der Käufer, wenn der Preis einschließlich der Fracht nach einem bestimmten Orte festgestellt war, die Frachtersparung für sich beanspruchen, die aus der von ihm beorderten Versendung nach einem anderen Orte entsteht? XXII. 233. —

32. Darf bei einem Kauf nach Probe der Käufer die ihm behändigte Probe vermindern? Beweislast bezüglich der unveränderten Beschaffenheit der Probe. XXI. 123. — 33. Relative Übereinstimmung der Waare mit der Probe, Beweislast bezüglich der Identität der Probe. XXII. 250. — 34. Können Mängel der probemäßig gelieferten Waare gerügt werden? XXIV. 40. —

35. Inhalt des Vorkaufsrechts. XXII. 17. —

Vgl. ferner S. 82. 83 Handelskauf.

F. Sachenmiethe und Pacht. 1. Schleppvertrag; Werkverdingung oder Sach- und Dienstmiethe? XXIV. 20. — 2. Übertragung der Gewinnung von Mineralien als Pachtvertrag. XXIII. 13. — 3. Möglichkeit der Begründung eines dinglichen] Rechts durch Abschluß eines Pachtvertrags auf 99 Jahre. XXIV. 141. — 4. Vollstreckung eines auf Abschluß eines Pachtvertrags lautenden Urtheils. XXI. 164. — 5. Einrede der Arglist; Unzulässigkeit der Replik, daß Pächter den Irrthum hätte vermeiden können. XXIII. 213. — 6. Gehören Fernsprechanlagen zu den Telegraphenanlagen, deren Herrichtung der Vermiether ines Hauses den Miether (dem Postfiscus) gestattet hatte? XXIII. 147. — 7. Anspruch des Pächters auf Ersatz nützlicher Verwendungen. (Anlage von Spargelfeldern?) XXII. 234. — 8. Anwendung des Satzes dies interpellat pro homine auf Pachtforderungen? XXII. 194. —

9. Das Verbot einer Afterverpachtung schließt auch die Übertragung der Pacht durch sog. erfrühte Erbfolge aus. XXII. 152. — 10. Pfandrecht des Vermiethers an dem Eingebrachten des Aftermiethers. XXI. 103. —

11. Umfang des Pfandrechts des Verpächters; praedium urbanum oder rusticum? XXIV. 19. — 12. Unterschied zwischen Pacht und Miethe für das Absonderungsrecht im Concurse; angewandt auf eine Kornmühle. XXIV. 72. — 13. Absonderungsrecht des Vermiethers an Illaten, die bei Ausbruch des Concurses für einen Dritten gepfändet und fortgeschafft waren, später aber wieder aus der Pfandhaft entlassen worden sind. XXII. 67. — 14. Absonderungsrecht des Vermiethers; Begriff des laufenden und des rückständigen Zinses nach § 41 Ziff. 4 CO. XXI. 82. —

15. Sackmiethe; Zeitpunct ihrer Beendigung in Ansehung verloren gegangener Säcke. XXIV. 161.

G. Dienstmiethe. 1. Bedeutung einer Anstellung auf Probe. XXIII. 148. — 2. Ist der Posthalter als Frachtführer zu behandeln? XXV. 218. —

3. Unzulässige Klagänderung, wenn statt eines bedingten, ein unbedingtes Honorarversprechen behauptet wird. XXI. 223. — 4. Erfüllungsort für die Zahlung der Pension eines Privatbeamten nach dem Tode des Dienstherrn. XXIII. 219. — 5. Übernahme der Fuhren für eine Fabrik. Vorrecht des Fuhrlohns aus § 54 Ziff. 1 CO. XXIII. 208. —

6. Haftung eines Kassirers für Diebstahl? Custodia. XXI. 94. — 7. Haftet der Hamburger Eigenthümer eines Flußschiffs als Dienstherr für Collisionsschäden in einem Gebiet, wo solche Haftung nicht eingeführt ist? Rechtsgrund jener Haftung. XXII. 70. —

8. Entschädigungsanspruch des vor Ablauf der Vertragszeit widerrechtlich entlassenen Agenten. XXIV. 35. — 9. Kündigung eines Dienstverhältnisses durch den Conc.-Verwalter; der Dienende kann seinen Lohnanspruch für die spätere Zeit als Conc.-Forderung geltend machen. XXI. 308. —

Vgl. ferner unten im Handelsrecht S. 76. 77 und im Gewerberecht S. 94.

H. Werkverdingung. 1. Schleppvertrag; Werkverdingung oder Sach- und Dienstmiethe? XXIV. 20. — 2. Perfection eines Vertrags über die Erbauung eines Wohnhauses. XXIII. 14. —

3. Hat der Adressat eines Geldbriefs einen pfändbaren Anspruch auf Auslieferung gegen die Postanstalt? XXV. 135. — 4. Verpflichtung des Fahrgastes einer Straßenbahn, dem controlirenden Beamten den gelösten Fahrschein vorzulegen. XXII. 235. — 5. Erfüllungsort bei Klagen auf das Interesse wegen Nichterfüllung der Verpflichtung zur Herstellung eines Werkes mit bestimmter Leistungsfähigkeit. XXI. 15. — 6. Beweislast bei der Behauptung des Bestellers eines Werkes, daß der Unternehmer einen bestimmten Erfolg zugesagt habe. XXIV. 219. —

7. Klage auf angemessenen Preis, Einrede der Verabredung eines bestimmten Preises, Beweislast. XXV. 73. — 8. Werkverdingung nach einem Anschlage; Nebenarbeiten. XXII. 12. — 9. Gebührt dem Bauherrn oder dem Bauunternehmer der Vortheil, daß der Bauunternehmer die Baustoffe unter dem Anschlagspreise anschafft? XXV. 200. — 10. Über die Ansprüche des Unternehmers bei ungerechtfertigtem Rücktritt des Bauherrn. XXI. 20.

J. Forderungen aus anderen nicht unentgeltlichen Dienstleistungen. 1. Zulässigkeit des Rechtswegs für die Ansprüche des Arztes gegen die Krankenkasse. XXV. 230. — 2. Fällt unter den Begriff des Gewerbebetriebs nach § 3 des Reichsges. wegen Beseitigung der Doppelbesteuerung vom 13. Mai 1870 die Ausübung der ärztlichen Praxis und der Praxis eines Rechtsanwalts? XXIII. 88. — 3. Hat der Apothekerlehrling Anspruch auf ein Zeugniß? XXIII. 83. —

4. Die zur vertragsmäßigen Kündigung eines Redacteurs benutzten Dienstentlassungsgründe können nicht zur Rechtfertigung einer nachträglichen Entlassung dienen. XXII. 153. —

5. Voraussetzungen des Anspruchs auf Maklerlohn. XXII. 13. — 6. Kann der Makler Provision beanspruchen, wenn der Auftraggeber nicht

wußte, daß der Käufer durch den Makler zugeführt worden sei? XXIV. 147. — 7. Die Provisionsforderung des Maklers ist bedingt durch das Zustandekommen des zu vermittelnden Geschäfts; hat er event. Anspruch auf Vergütung der aufgewandten Mühen und Auslagen? XXI. 21. — 8. Fortdauernde Klagbarkeit einer vor 1900 entstandenen Lohnforderung für eine Heirathsvermittelung. XXV. 201. — 9. Unsittlichkeit eines Provisionsversprechens für die Vermittelung des Verkaufs eines Bordells. XXV. 70. —

10. Rechtliche Natur des einem gewerbsmäßigen Auctionator ertheilten Auftrags zu einer Versteigerung; ist der Auftrag frei widerruflich? XXIII. 223. —

11. Agent ist nicht der Verkäufer für eigene Rechnung. XXV. 214. — 12. Hat der Agent einer Firma sich unter allen Umständen der Vertretung von Concurrenzfirmen zu enthalten? XXII. 249. — 13. Darf der Agent die ihm übergebene Mustercollection retiniren? XXI. 122. — 14. Entschädigungsanspruch des vor Ablauf der Vertragszeit widerrechtlich entlassenen Agenten. XXIV. 35. — 15. Welche Auskunft kann der Handlungsagent von dem Geschäftsherrn fordern, um seine Provision zu ermitteln? XXIV. 159. — 16. Über die Haftung der Versicherungsgesellschaften für Handlungen ihrer Agenten. XXI. 52. XXIV. 243. — 17. Clausel bei der Unfallversicherung, daß mündliche Angaben an den Agenten nicht gelten. XXI. 53. — 18. Vertragsmäßige Ausschließung der Haftung des Unfall-Versicherers für wahrheitswidrige Ausfüllung des Versicherungsantrags durch seinen Agenten. XXIII. 121. — 19. Zum Begriff der beim Ausgange des Rechtsstreits unmittelbar betheiligten Personen (Versicherungsagenten). XXII. 59. — 20. Findet das Lohnbeschlagnahme-Ges. Anwendung auf den Generalagenten einer Lebensversich.-Gesellsch.? XXV. 126.

K. Gehaltsansprüche der Beamten. 1. Ruhegehalt der Reichsbeamten; Anrechnung der Urlaubszeiten auf die Dienstzeit. XXIV. 84. — 2. Wartegeld; über die staatsrechtliche Stellung der Beamten in den deutschen Schutzgebieten. XXII. 236. — 3. Feststellungsklage eines Beamten über die Pensionsberechtigung seiner Wittwe. XXV. 109. — 4. Hat der zu Unrecht entlassene Staatsbeamte auf seinen Gehaltsanspruch sich das anrechnen zu lassen, was er in Folge der Entlassung anderweitig verdienen konnte und verdient hat? XXII. 14. —

5. Erfüllungsort für die Zahlung der Pension eines Privatbeamten nach dem Tode des Dienstherrn. XXIII. 219. — 6. Anspruch des Pfarrers, welcher für eine Amtshandlung das Dimissoriale ertheilt hat, auf die Stolgebühr. XXI. 299. —

Über Rechtsanwälte s. S. 101. 102.

L. Mandat. 1. Rechtliche Natur des einem gewerbsmäßigen Auctionator ertheilten Auftrags zu einer Versteigerung; ist der Auftrag frei widerruflich? XXIII. 223. — 2. Mandatum post mortem, gerichtet auf Ausführung einer formlosen letztwilligen Verfügung. XXIV. 85. — 3. Haftung des Bankiers gegenüber seinem Kunden für die Empfehlung von Werthpapieren. XXV. 26. — 4. Unrichtige Mittheilungen des Bankiers über die Sicherheit von ihm empfohlener Werthpapiere. XXIV. 237. —

5. Ist bei Eintragungen im Grundbuch die Urschrift der Vollmacht des Stellvertreters vorzulegen? XXV. 196. — 6. Auslegung einer Handlungsvollmacht, insbesondere nach der thatsächlichen Geschäftsführung. XXIV. 95. — 7. Stimmrecht in der Gen.-Vers. einer Act.-Gesellsch.; kann die Beglaubigung der Vollmacht eines erschienenen Vertreters verlangt werden? XXIII. 170. — 8. Zu wessen Besten unterschlägt der Ger.-Vollzieher den Pfanderlös, nachdem der pfändende Gläubiger das bessere Befriedigungsrecht eines Dritten anerkannt hatte? XXV. 248. — 9. Kann der Ger.-Vollzieher mit dem dritten Besitzer zu pfändender Sachen für seinen Auftraggeber rechtswirksam abmachen, daß die Sachen wieder freizugeben seien, wenn der Dritte ein besonderes Recht an denselben nachweise? XXIII. 132. —

10. Erfüllungsort für die Verpflichtungen des Mandanten gegen den Mandatar. XXI. 16. — 11. Ist der Vollmachtgeber dem Bevollmächtigten gegenüber, der in Überschreitung seiner Vollmacht einen Vertrag geschlossen hat, zur Ausführung des Vertrags verpflichtet, um Schadensansprüche abzuwenden? XXI. 22. — 12. Über die Haftung des Mandatars bei unterlassener Einziehung sicherer und sicher gebliebener Ausstände. XXIII. 221. — 13. Ist der Empfänger eines Gefälligkeitsaccepts zu einer neuen Begebung desselben berechtigt, wenn er es begeben und eingelöst hat? XXII. 15. — 14. Ist ein Kunsthändler befugt, die ihm zur Ausstellung und zum eventuellen Verkauf übergebenen Kunstwerke auch anderen Kunsthändlern oder Kunstinstituten zu gleichem Zwecke zu überlassen? Gewohnheitsrecht, Übung, Handelssitte. XXI. 41. — 15. Rechtsverhältniß zwischen dem Rechtsanwalt, insbesondere dem Armenanwalt, und seiner Partei. XXI. 290. S. im Übrigen unten S. 101. 102.

16. Intervention (Condiction) des Verkaufsmandanten gegen die Pfändung der aus dem Verkauf erlösten Banknoten beim Mandatar. XXII. 25. — 17. Geltendmachung des Interesse aus der Person des Mandanten im Fall des Contrahirens in eigenem Namen für fremde Rechnung. XXIII. 222. —

18. Haftung des Vollmachtgebers für den Betrug des Bevollmächtigten. XXIV. 139. — 19. Haftung des Principals für eine wissentlich unrichtige Auskunftertheilung des Procuristen. XXV. 83. — 20. Verpflichtung des Principals aus einem von seinem Handlungsgehülfen in Überschreitung der ihm ertheilten Vollmacht abgeschlossenen Rechtsgeschäft. XXI. 275. — 21. Über die Haftung der Versicherungsgesellschaften für Handlungen ihrer Agenten. XXI. 52. XXIII. 121. XXIV. 243. — 22. Verschiedener Einfluß des bösen Glaubens des pfändenden Gerichtsvollziehers auf den Rechtserwerb und auf die Anfechtbarkeit. XXII. 23. XXIII. 5. —

23. Klage gegen den falsus procurator im Gerichtsstande des Vertrags. XXV. 104.

M. Negotiorum gestio und versio in rem. 1. Fortgesetzte Geschäftsführung ohne Auftrag; Verjährung des Anspruchs auf Ersatz der Auslagen. XXII. 217. — 2. Irrthümliche Zahlung einer fremden vermeintlichen Darlehensschuld aus Mitteln und ohne Genehmigung des vermeintlichen Schuldners; cond. indeb. des Vertretenen neben der cond. sine causa. XXI. 267. — 3. Zulässigkeit des Rechtswegs für Ansprüche Dritter gegen einen Armenverband auf Ersatz von Aufwendungen für einen Armen. XXV. 38. — 4. Anspruch der Mutter auf Ersatz ausgelegter Alimente gegen den außerehelichen Vater; Statutencollision. XXIV. 207. — 5. Über die Haftung einer off. Handelsgesellsch. aus Rechtsgeschäften, die ein Theilhaber vor Beginn des Geschäftsbetriebs für sich abgeschlossen hatte. XXI. 42. — 6. Kein Anspruch gegen den Rheder auf höhere als die im Heimschaffungsges. v. 27. Dec. 1872 normirten Beträge wegen nützlicher Geschäftsführung oder Verwendung. XXIII. 245. —

7. Voraussetzungen der actio de in rem verso. XXIII. 84.

N. Verbindlichkeit zur Rechnungsablage. 1. Manifestationspflicht des Nutznießers. XXIII. 80. — 2. Welche Auskunft kann der Handlungsagent von dem Geschäftsherrn fordern, um seine Provision zu ermitteln? XXIV. 159. — 3. Manifestationspflicht des Erbschaftsbesitzers, XXIII. 19. Ferner der Hausgenossen des Erblassers, XXII. 167. XXV. 17. Des Erbeserben? XXI. 114. Des Fiduciarerben? XXI. 271. —

4. Der Anspruch auf Rechnungsablage unterliegt nicht der Einrede des nicht erfüllten Vertrags. XXIV. 221. —

5. Zulässige Erweiterung des Klagantrags auf Rechnungslegung zu dem auf Zahlung. XXIII. 258. — 6. Der Inventarieneid soll nicht durch Beweisbeschluß angeordnet werden. XXIII. 240. — 7. Vollstreckung eines Urtheils auf Rechnungslegung, wenn Rechnung gelegt ist, der Gläubiger aber behauptet, daß sie ungenügend sei. XXII. 278. — 8. Unstatthaftigkeit des sog. Defectenbeweises gegen ein beeidigtes Nachlaßinventar. XXIII. 18.

O. Rechtsgemeinschaft.

a) Societät. 1. Innominatvertrag oder Gesellschaft? Einfluß veränderter Umstände auf ein Vertragsverhältniß. XXI. 104. — 2. Rechtsverhältnisse aus der Zeichnung zu einem Garantiefonds für ein (Ausstellungs-) Unternehmen. XXV. 136. — 3. Klage aus einer Vereinigung zu reinen Differenzgeschäften für gemeinschaftliche Rechnung. Rückforderung gezahlter Spielschulden? XXIV. 149. — 4. Societät zur Verwerthung eines gemeinsam erworbenen Patents; Cessibilität der daraus erwachsenen Ansprüche, insbesondere des Anspruchs auf Rechnungsablage. XXIV. 221. — 5. Gemeinschaftlicher Geschäftsbetrieb mehrerer Patentanwälte unter einem Collectivnamen. XXII. 16. —

6. Verein zu Kunstzwecken; Anfechtung eines ordnungswidrigen Beschlusses auch ohne ein Vermögensinteresse des Klägers. XXV. 193. — 7. Pensionsverein; Unwirksamkeit von Statutenänderungen, wodurch die Rechte der Pensionisten geschmälert werden. XXI. 167. — 8. Über die Zulässig-

keit einer gerichtlichen Anfechtung des Ausschlusses aus einem Verein. XXI. 168. 169. —

9. Haftung der Mitglieder eines Personenvereins ohne Cooporationsrechte nach Auflösung des Vereins für Vertragsverbindlichkeiten. XXI. 176. — 10. Haftung aus Geschäften für eine einzutragende, dann aber nicht eingetragene Genossenschaft. XXIII. 179. — 11. Solidarische Haftung auf Grund der Eintragung einer Gesellsch., die kein Handelsgewerbe betreibt, als off. Handelsgesellsch. ins Handelsregister. XXIII. 217. — 12. Voraussetzungen der aquilischen Haftung des Socius. XXII. 157. —

13. Voraussetzungen des Anspruchs auf Rückzahlung einer Einlage im Fall der Auflösung einer Societät. XXI. 261. — 14. Wechselregreßklage des einen den Wechsel einlösenden Socius gegen den anderen; exc. doli auf Grund des Societätsverhältnisses. XXI. 130. — 15. Voraussetzungen des Absonderungsrechts im Concurse auf Grund eines gesellschaftlichen Verhältnisses; insbesondere auf Grund einer Societät zur Verwerthung von Grundstücken. XXI. 83.

b) Communio incidens und Theilungsklagen. 1. Miteigenthum; actio communi dividundo zur Regelung der streitigen Art der Benutzung. XXIII. 7. — 2. Actio finium regundorum. Sind Häuser und Höfe praedia urbana? Klagänderung durch einen Vindicationsantrag. XXI. 97.

P. Schenkung. 1. Unverbindlichkeit einer an sich verbindlichen Schenkungserklärung, wenn beide Theile, sei es auch rechtsirrthümlich, sie für unverbindlich hielten. XXII. 222. — 2. Der Fiduciarerbe, dem die Veräußerung von Erbschaftsbestandtheilen auch unter Lebenden untersagt ist, darf nicht remuneratorisch schenken. Voraussetzung der remuneratorischen Schenkung. XXI. 272. —

3. Schenkung unter Ehegatten; Begriff der gebräuchlichen Gelegenheitsgeschenke. XXII. 242. — 4. Anwendung der falcidischen Quart auf Schenkungen unter Ehegatten. XXIII. 94. —

5. Gleichzeitige Schenkung an mehrere Personen; ob für die Frage der Insinuation zusammenzurechnen? XXII. 80. —

6. Widerruf einer Schenkung wegen Beleidigung des Schenkgebers. XXIV. 222. — 7. Darf die Schenkung wegen nachgeborener Kinder widerrufen werden? XXII. 80.

Q. Gewagte Verträge.

1. Überlassung auszuschachtenden Kieses; Rechtsfolgen, wenn kein Kies in abbaufähigem Maß vorhanden ist. XXII. 151. —

2. Vertragsmäßige Ausschließung eines Rechtsmittels; Einwand, daß der diese Vereinbarung enthaltende Vertrag ein Spielvertrag sei. XXI. 298. — 3. Können gezahlte Spielschulden, insbesondere aus Differenzgeschäften, zurückgefordert werden? XXIII. 85. XXIV. 149. — 4. Reines Differenzgeschäft; Unabhängigkeit von einer amtlichen Preisnotirung. XXIV. 148. — 5. Klage aus einer Vereinigung zu reinen Differenzgeschäften? XXIV. 149.

R. Ungenannte Verträge.

1. Innominatvertrag oder Gesellschaft? Einfluß veränderter Umstände auf ein Vertragsverhältniß. XXI. 104. —

2. Rechtliche Natur des einem gewerbsmäßigen Auctionator ertheilten Auftrags zu einer Versteigerung; ist der Auftrag frei widerruflich? XXIII. 223. — 3. Sind Verträge über die Zurücknahme des Strafantrags bei einem sog. Antragsvergehen klagbar? XXV. 9.

S. Verträge zur Schlichtung zweifelhafter Rechtsverhältnisse.

a) Vergleich. 1. Anfechtung eines Vergleichs wegen Irrthums über das Streitige. XXI. 105. — 2. Können Vergleiche wegen Verletzung über die Hälfte angefochten werden? XXII. 237. — 3. Kann ein gerichtlich abgeschlossener Proceßvergleich wegen Nichtigkeit des verglichenen Anspruchs angefochten werden? XXII. 127. —

4. Kann die Mitwirkung des Gerichts zur Abnahme eines durch Vergleich festgesetzten Eides in Anspruch genommen werden? XXI. 262. — 5. Ein außergerichtlicher Vergleich hindert nicht die Ertheilung der Vollstreckungsclausel des Urtheils. XXI. 159. — 6. Klage auf Ernennung eines Schiedsrichters (§ 855 CPO.); über die präjudicielle Einrede des Vergleichs hat das ordentliche Gericht zu entscheiden. XXIII. 136.

b) Compromiß. 1. Die Einrede des Schiedsvertrags ist materiellrechtlicher Natur und fällt nicht unter § 509 Ziff. 1 CPO. XXI. 153. — 2. Materiellrechtliche (nicht processuale) Wirksamkeit der vertragsmäßigen Ausschließung eines Rechtsmittels; Einwand, daß der diese Vereinbarung enthaltene Vertrag ein Spielvertrag sei. XXI. 298. —

3. Für welches Verschulden haftet der Schiedsrichter? XXIV. 86. — 4. Fähigkeit der Mitglieder einer eingeschriebenen Hülfskasse, in deren Angelegenheiten als Schiedsrichter mitzuwirken. XXIV. 21. —

3. Klage auf Ernennung eines Schiedsrichters (§ 855 CPO.); über die präjudicielle Einrede des Vergleichs hat das ordentliche Gericht zu entscheiden. XXIII. 136. — 4. Folgen der Säumniß einer Partei in der Ernennung eines Schiedsrichters. XXI. 23. — 5. Wegfall des Rechts der Gegenpartei auf Ernennung eines Schiedsrichters mit dem Ablauf der ihr dafür nach § 855 CPO. gesetzten Frist. XXI. 80. XXV. 188. — 6. Verfahren bei der Bestimmung eines Schiedsrichters durch das Gericht nach § 855 Abs. 2 CPO. XXI. 79. — 7. Setzt die „Bestellung" eines Schiedsrichters (§ 857) voraus, daß der Ernannte zur Übernahme des schiedsrichterlichen Amtes bereit ist? XXIII. 206. — 8. Wegfall des Rechts zur Ernennung eines anderen Schiedsrichters, wenn die Partei selbst den ernannten Schiedsrichter zum Rücktritt veranlaßt hat. XXV. 55. —

9. Die Ablehnung eines Schiedsrichters ist ausgeschlossen, wenn die Partei bei ihm Anträge gestellt hat. XXV. 128. —

10. Findet der § 859 CPO. auch auf den Fall Anwendung, daß der von einem Dritten zu ernennende Schiedsrichter wegfällt oder sich weigert? XXIII. 67. — 11. Inwieweit kann ein schiedsrichterliches Verfahren wegen Abweichung der Schiedsrichter von dem von ihnen selbst festgesetzten Verfahren angefochten werden? XXIII. 265. —

12. Rechtsfolgen, wenn ein Schiedsrichter seine fernere Mitwirkung erst nach Unterzeichnung des Schiedsspruchs verweigert. XXII. 282. — 13. Welches Gericht ist für die Niederlegung des Schiedsspruchs zuständig? XXIV. 202. — 14. Stellung des Rev.-Ger. zur Auslegung eines Schiedsspruchs. XXIII. 261. —

15. Keine Anfechtung des Schiedsspruchs, weil der Schiedsrichter abgelehnt werden konnte. XXV. 128. — 16. Kann ein Schiedsspruch wegen Nichtbestehens eines Schiedsvertrags angefochten werden, wenn der Anfechtende vorher die Abweisung der gerichtlichen Klage gegen ihn mit der Einrede des Schiedsvertrags erzielt hatte? XXIII. 266. — 17. Über die Begründung eines Schiedsspruchs. Auch der Schiedsrichter ist an den Klaganspruch gebunden. XXI. 81. —

18. Zulässigkeit theilweiser Anfechtung und theilweiser Vollstreckbarkeitserklärung von Schiedssprüchen. XXIII. 137. — 19. Zulässigkeit einer Klage auf Erfüllung eines ausländischen Schiedsspruchs. XXI. 106.

T. Bürgschaft.

1. Stillschweigende Annahme eines Bürgschaftangebots. XXIV. 79. — 2. Rechtliche Bedeutung einer Bürgschaftsurkunde ohne Bezeichnung eines bestimmten Gläubigers. XXI. 177. — 3. Bedeutung der Mitunterschrift der Ehefrau unter einem vom Ehemann ausgestellten Darlehnsschuldschein. XXII. 238. — 4. Bürgschaft für eine dem Aussteller gegen den Acceptanten zustehende Wechselforderung und Cession der Bürgschaftsforderung vom Aussteller an einen, den Wechsel bei Verfall einlösenden Indossatar. XXII. 239. — 5. Kann die Bürgschaftsforderung ohne Cession der Hauptforderung wirksam cedirt werden? XXIII. 149. —

6. Der zahlende Bürge kann die Abtretung von Klagen nur verlangen, soweit sie dem Gläubiger nicht nachtheilig wird. XXIV. 150. — 7. Einrede des (selbstschuldnerischen) Bürgen, daß der Gläubiger auf ein Pfandrecht verzichtet habe. XXII. 154. — 8. Ausfallbürgschaft für eine durch Pfand gesicherte Forderung; Verpflichtung des Gläubigers zur Diligenz. Beweislast bezüglich des Ausfalls und Form seiner Feststellung. XXI. 178.

U. Constitutum debiti und Anerkennung.

1. Rechtliche Wirksamkeit der Anerkennung einer Naturalobligation. XXIII. 143. — 2. Einrede des Cessus, er habe sich in Unkenntniß einer älteren Cession dem späteren Cessionar zur Zahlung verpflichtet. XXIV. 18. — 3. Bedeutung der Anerkennung der Vaterschaft für die Legitimation durch nachfolgende Ehe; Gegenbeweis dagegen. XXI. 35. — 4. Unentschuldbarkeit der irrthümlichen Quittirung der Vormundschaftsrechnung, wenn sie ohne Prüfung der Rechnung

erfolgte. XXI. 171. — 5. Anerkennung einer Rechnung i. S. des Art. 294 HGB. XXI. 278. — 6. Zahlungsversprechen in Bezug auf einen präjudicirten Wechsel; Anerkennungsvertrag? XXI. 24. — 7. Rechtliche Wirkung der Erklärung eines Wechselbezogenen, der Wechsel gehe in Ordnung. XXIII. 177. — 8. Zweck und Bedeutung der vom Drittschuldner in Gemäßheit des § 739 Ziff. 1 CPO. abgegebenen Erklärung. XXII. 65. XXIV. 127. — 9. Rechtliche Natur eines Zahlungsversprechens nach Abschluß eines Zwangsvergleichs. XXIII. 135. —

10. Unterbrechung der Verjährung des Anspruchs der Vermächtnißnehmer durch Anerkennungsacte gegenüber dem Testamentsvollstrecker. XXIII. 17. — 11. Durch seine Anerkennung der Wechselschuld verliert der Aussteller nicht die Einrede aus der dem Wechsel zu Grunde liegenden Bewucherung des Acceptanten durch den Wechselinhaber. XXIII. 224.

V. Modificirende Nebenverträge.

1. Die lex commissoria eines Kaufvertrags beim Zahlungsverzuge wird nicht durch bloße Mahnung ausgeschlossen. XXII. 240. — 2. Tritt die für unpünctliche Zinsenzahlung vereinbarte sofortige Fälligkeit des Kapitals ein, wenn nicht das Postbestellgeld mitgesandt wurde? XXIV. 87. —

3. Inhalt des Vorkaufsrechts. XXII. 17. —

4. Wirkung eines privaten, im Grundbuch eingetragenen Veräußerungsverbots. XXIII. 22. —

5. Statutencollision, die Rechtsbeständigkeit eines Eigenthumsvorbehalts betreffend. XXI. 1. — 6. Rechtswirkung des Eigenthumsvorbehalts an dem noch stehenden Holze bei Veräußerung eines Waldes. XXI. 2.

II. Obligationen aus Vergehen und anderen unerlaubten Handlungen.

A. Damnum injuria datum. 1. Die Haftung für außervertraglichen Schaden kann nicht durch einseitige Willenserklärung des Beschädigers ausgeschlossen werden. XXV. 137. —

2. Über die aquilische Haftung 14jähriger Minderjähriger. XXII. 5. XXIV. 138. — 3. Aquilisches Verschulden eines Unmündigen und Mithaftung seines Vaters. XXIII. 226. — 4. Grenzen der Haftung einer juristischen Person für außercontractliches Verschulden ihrer Angestellten. XXIV. 209. — 5. Über die Haftung juristischer Personen bei Nichtbefolgung eines auf Schadensverhütung abzielenden Polizeigesetzes. XXII. 220. — 6. Haftung einer Stadtgemeinde für gehörige Instandhaltung ihrer Gemeindewege. XXII. 20. — 7. Haftung der juristischen Person (des Staates) für die Übertretung sicherheitspolizeilicher Vorschriften durch ihre Beamte. XXIII. 74. — 8. Über die Haftung eines Turnvereins für Körperverletzung durch einen Schleuderball, der über den Turnplatz hinausgeflogen war. XXIII. 227. — 9. Voraussetzungen der aquilischen Haftung des Socius. XXII. 157. — 10. Aquilische Haftung der Gesellschafter einer off. Handelsgesellsch. für eine von deren Werkleuten begangene Übertretung einer polizeigesetzlichen Vorschrift. XXII. 31. —

11. Klage auf Schadensersatz wegen Erhöhung des benachbarten Grundstücks; Erforderniß eines Verschuldens. XXI. 7. — 12. Aquilische Haftung des Nachbars wegen ungewöhnlicher Vertiefung seines Grundstücks; Begründung des Verschuldens. XXIII. 150. — 13. Klage auf Ersatz des durch einen Neubau auf der Grenze dem Nachbarhause zugefügten Schadens? XXI. 8. — 14. Kann auf Schadensersatz wegen der durch Veranstaltungen auf dem Nachbargrundstück bewirkten Versiegung von Brunnen geklagt werden? XXII. 6. — 15. Haftet die Stadtgemeinde für die aus einer Änderung des Straßennetzes eingetretene Werthverringerung von Häusern? XXIV. 25. — 16. Klagerecht des anliegenden Hausbesitzers wegen Veränderung eines öffentlichen Weges? XXI. 28. — 17. Ist eine obrigkeitlich genehmigte Straßenbahn-Unternehmung ersatzpflichtig für eine Beschädigung von Pferden durch Hängenbleiben in der Schienenanlage auf einer öffentlichen Straße? XXII. 19. — 18. Prima facie-Beweis für das Verschulden einer Person der Schiffsbesatzung nach § 3 des Binnenschiffahrts-Gesetzes. XXIII. 78. — 19. Über Ansprüche aus Schiffcollisionen ferner XXII. 7. 18. 38. XXV. 152. 219. — 20. Haftet der Hamburger Eigenthümer eines Flußschiffs für Collisionsschäden in einem Gebiet, wo solche Haftung nicht eingeführt ist? Rechtsgrund jener Haftung. XXII. 70. —

21. Schadensersatzklage gegen den Hauseigenthümer wegen mangelhafter Beleuchtung der Treppe vom Wohnhause zum Hofraum? XXV. 202. — 22. Haftung für den auf die Übertretung einer polizeilichen Verordnung mittelbar zurückzuführenden Schaden? XXII. 18. 220. XXIII. 74. — 23. Aquilische Klage beim Unterlassen der in § 367 Ziff. 11 StGB. vorgeschriebenen Aufsicht über bösartige Thiere, angewandt auf Hunde. XXII. 155. — 24. Wie weit geht die Verpflichtung des Straßeneigenthümers zur Verwahrung der Straßengräben? XXII. 20. 156. — 25. Haftung auf Schadensersatz aus § 367 Ziff. 12 StGB.; Orte, an welchen Menschen verkehren. XXV. 138. —

26. Aquilische Klage wegen Ansteckung mit einer ansteckenden Krankheit. XXIII. 86. — 27. Aquilische Klage gegen den Verpfänder fremder Sachen, die dann vom Pfandgläubiger verkauft worden und dadurch dem Kläger verloren gegangen sind. XXIII. 225. — 28. Aquilische Klage auf Schadensersatz wegen Erhöhung der Deichlasten in Folge von staatlichen Stromcorrectionen? XXII. 143. — 29. Kann der Jagdberechtigte vom Fiscus Entschädigung für Jagdschäden aus militärischen Übungen fordern? XXIII. 233. —

30. Haftung des Bankiers gegenüber seinem Kunden für die Empfehlung von Werthpapieren. XXV. 26. — 31. Unrichtige Mittheilungen des Bankiers über die Sicherheit von ihm empfohlener Werthpapiere. XXIV. 237. —

32. Ursächlicher Zusammenhang im Rechtssinn und im natürlichen Sinn. XXII. 18. — 33. Eigenes Verschulden des Beschädigten. XXII. 20. XXV. 202. —

34. Solidarhaft mehrerer Thäter; Entschädigung in Kapital mit Berücksichtigung des Interusuriums, oder in Rente? XXI. 263. —

35. Steht den alimentationsbedürftigen Eltern eines getödteten Kindes ein Ersatzanspruch gegen den Schuldigen zu? XXII. 81. — 36. Kein Anspruch des Ehemannes wegen des ihm durch eine Körperverletzung seiner Ehefrau entstandenen Schadens; Umfang der Schadensersatzpflicht wegen schuldvoller Körperverletzung. XXI. 107. — 37. Schadensersatz wegen Körperverletzung, keine Abrechnung der Unfallversicherung. XXV. 74. — 38. Schadensersatz wegen Körperverletzung; Klage zuerst auf Gehaltszahlung, dann auf Rente; keine Einrede der Rechtskraft. XXIV. 60.

B. Injuria. Actio injuriarum, nicht mehr auf Privatstrafe, aber auf Schadensersatz, XXI. 179.

C. Operis novi nuntiatio. Begründung des interdictum demolitorium. XXI. 25.

D. Actio aquae pluviae arcendae. Kann durch unvordenkliche Verjährung ein Recht auf Überschwemmung durch einen Fluß bei Hochwasser erworben und gegen die Beseitigung solcher Überschwemmungen mit der actio aquae pluv. arcendae geklagt werden? XXI. 173.

E. Interdicte zum Schutz des Gebrauchs öffentlicher Sachen. 1. Klagerecht des anliegenden Hauseigenthümers wegen Veränderung eines öffentlichen Weges? XXI. 28. — 2. Interd. ne quid in flum. publ., interd. de ripa munienda und aquilische Klage auf Schadensersatz wegen Erhöhung der Deichlasten in Folge von staatlichen Stromcorrectionen? XXII. 143.

F. Actio quod metus causa. 1. Bezahlung erpreßter Wechsel gewährt nicht die actio quod metus causa. XXI. 182. — 2. Actio quod metus causa einer Versicherungsgesellschaft wegen Erzwingung eines Vergleichs durch Drohung mit Discreditirung in öffentlichen Blättern und Anzeige bei der Staatsanwaltschaft. XXII. 21.

G. Dolose Handlungen.

a) Actio doli. 1. Subsidiäre Natur. XXI. 57. — 2. Wegfall der Subsidiarität bei schwierigerer Durchführbarkeit der anderen Klage. XXI. 26. — 3. Zum Begriff der die zweijährige Verjährung der actio doli ausschließenden Bereicherung des Beklagten (fr. 28 de dolo malo 4. 3). XXI. 27.

b) Unlauterer Wettbewerb (Ges. v. 27. Mai 1896). 1. Verhältniß des § 1 des Ges. v. 1896 betr. den unlauteren Wettbewerb zum § 16 des Ges. v. 1894 betr. den Schutz der Waarenbezeichnungen. XXIII. 151. — 2. Begriff der Angaben thatsächlicher Art, geeignet, den Anschein eines besonders günstigen Angebots hervorzurufen nach § 1 Ges. v. 27. Mai 1896. XXIII. 228. — 3. Unlauterer Wettbewerb durch unrichtige Bezeichnung einer Waare als aus einer bestimmten Fabrik herrührend, jedoch mit Zustimmung des Inhabers dieser Fabrik. XXIII. 151. — 4. Unlauterer Wettbewerb durch falsche Werthangaben für die Waaren im Schaufenster. XXIV. 22. — 5. Durch öffentliche unwahre Ankündigung eines Totalausverkaufs. XXV. 139. — 6. Durch unwahre Ankündigung von billigen Ausnahmetagen. XXV. 201. 7. Durch Beilegung des von einem amerikanischen Schwindelinstitut erworbenen Doctortitels. XXV. 203. — 8. Begriff der Behauptungen thatsächlicher Art über die gewerblichen Leistungen eines Anderen (§ 6). XXV. 205. — 9. Ist der § 6 auf die Behauptung einer Patentverletzung anwendbar? XXV. 75. — 10. Firmenschutz nach dem HGB. und dem Wettbewerbsgesetz; Voraussetzung einer Verwechselungsgefahr. (§ 8.) XXV. 147. — 11. Anspruch des Zeicheninhabers gegen den verantwortlichen Redacteur einer Zeitung auf Unterlassung der Aufnahme? XXIII. 120.

H. Verkürzung der Gläubiger.

a) Anfechtung aus dem Ges. v. 21. Juli 1879. 1. Es genügt ein erst nach der Klagerhebung erlangter vollstreckbarer Titel. XXIII. 229. — 2. Eintragung in die Conc.-Tabelle als Vollstr.-Titel i. S. des Anf.-Ges.; Gesetzesauslegung. XXI. 264. 265. — 3. Begriff der Zahlungsunfähigkeit. XXII. 22. XXIV. 223. —

4. § 3 Ziff. 1. Kann ein Scheingeschäft auf Grund des Anf.-Ges. angefochten werden? XXV. 11. — 5. Anfechtung der Bezahlung einer fälligen Schuld wegen Verkürzung der Gläubiger. XXII. 158. — 6. Inwieweit kann eine zu Gunsten eines Anderen genommene Lebensversicherung angefochten werden? XXV. 13. — 7. Passives Verhalten des Schuldners im Processe reicht zur Anfechtung aus § 3 Ziff. 1 des Anf.-Ges. regelmäßig nicht aus, wenn der Gläubiger zu dem processualen Vorgehen gesetzlich berechtigt war. XXI. 266. — 8. Einrede aus Zahlungen, die der Anf.-Beklagte zur Befriedigung anderer Anfechtungsansprüche geleistet hat. XXII. 159. — 9. Anfechtung eines mit einer off. Handelsgesellsch. abgeschlossenen Rechtsgeschäfts nach § 3 Ziff. 2 bei Verwandtschaft mit nur Einem Theilhaber der Gesellschaft. XXV. 140. — 10. Für die Fristberechnung nach § 3 Ziff. 2. 3 bewirkt eine negative Feststellungswiderklage des Anf.-Beklagten keine Rechtshängigkeit. XXIII. 230. — 11. Der § 3 Ziff. 4 bezieht sich nicht auf unentgeltliche Verfügungen vor der Ehe. XXV. 141. —

12. Begriff der Zahlungsunfähigkeit nach § 4. XXII. 22. XXV. 142. — 13. Die Anfechtung und die Anzeige von der beabsichtigten Anfechtung nach § 4 geschehen nur zu Gunsten einer bestimmten Forderung des Anfechtenden. XXIII. 152. —

14. § 6. Anfechtung der Pfändung eines Gegenstandes, welcher schon vorher, ebenfalls anfechtbar, vom Schuldner an einen Dritten veräußert worden war. XXI. 180. — 15. Anfechtbarkeit der Pfändung auf Grund der Kenntniß des Gerichtsvollziehers von der Zahlungseinstellung? XXII. 23; vgl. XXIII. 5. — 16. Anfechtung der nach Fälligkeit des Wechsels erwirkten Sicherheit wegen Unsicherheit des Acceptanten. XXIII. 111. —

17. Anfechtung der auf Anweisung des Schuldners geschehenen Auflassung eines Grundstücks an einen Dritten; was ist zurückzugewähren? XXV. 12. — 18. Der Anf.-Anspruch gewährt kein Aussonderungsrecht im Concurse des Anf.-Gegners. XXIII. 231. —

19. Darf der eine Rechtshandlung seines Schuldners anfechtende Gläubiger den Anfechtungsproceß noch nach Abtretung seines Hauptanspruchs fortsetzen? XXIII. 190. — 20. Kann über eine Klage aus dem Anf.-Ges. zunächst dem Grunde nach erkannt werden? XXIV. 254.

b) nach der Concursordnung. 1. Unzulässigkeit der Einrede, daß der Concurs zu Unrecht eröffnet sei. XXV. 190. —

2. Zum Begriff der Zahlungseinstellung nach § 23 CO. XXIV. 204. — 3. Begriff der Kenntniß der Zahlungseinstellung, XXV. 56. Zum Begriff der Zahlungseinstellung und der Benachtheiligungsabsicht bei einem Deckungsgeschäft, XXV. 251. — 4. Anfechtbarkeit einer vom Gemeinschuldner vor der Zahlungseinstellung bewilligten, aber erst nach derselben eingetragenen Hypothek. XXIII. 68. — 5. Unanfechtbarkeit der Aufrechnung mit einer Forderung aus einem nach § 23 Ziff. 2 anfechtbaren Deckungsgeschäft. XXV. 252. — 6. Anfechtung der Pfändung eines Gegenstandes, welcher schon vorher, ebenfalls anfechtbar, vom Schuldner an einen Dritten veräußert worden war. XXI. 180. — 7. Die Vorpfändung einer Forderung bleibt wirksam auch bei einer concursmäßigen Anfechtung der nachgefolgten gerichtlichen Pfändung. XXV. 51. — 8. Anfechtung der nach Fälligkeit des Wechsels erwirkten Sicherstellung wegen Unsicherheit des Acceptanten. XXIII. 111. — 9. Kann die Verpfändung einer fremden Sache, die als solche mit Einwilligung des Eigenthümers verpfändet worden ist, vom Conc.-Verwalter angefochten werden? XXII. 135. —

10. Berechtigung des Conc.-Verwalters zur Geltendmachung des Anfechtungsrechts Absonderungsberechtigten gegenüber. XXII. 215. —

11. Art der Rückgewähr bei Anfechtung einer Hypothek. XXI. 265. —

12. Streitwerth für die Anfechtungsklage des Conc.-Verwalters gegen den Verkauf eines mit Hypotheken beschwerten Grundstücks. XXI. 215.

J. Versehen der Beamten.

1. Unzulässigkeit der Syndicatsklage gegen ein Beamtencollegium; Mangel der Rechtssubjectivität eines solchen. XXIV. 224. —

2. Über das Verschulden bei der Syndicatsklage gegen einen Spruchrichter. Fällt sie unter § 70 Abs. 3 GVG. und § 509 Ziff. 2 CPO.? XXIII. 232. —

3. Syndicatsklage gegen einen Gerichtsvollzieher, der die rechtzeitige Prolongirung gepfändeter Pfandscheine versäumt hatte. XXII. 160. — 4. Syndicatsklage gegen einen Gerichtsvollzieher wegen Proceßverlustes; Einrede des eigenen Verschuldens; kann der Kläger sich replicando auf seine Rechtsunkenntniß berufen? XXI. 91.

III. Vermischte Fälle der Obligationen.

A. Obligationen aus der unehelichen Vaterschaft.

1. Anspruch der Mutter auf Ersatz ausgelegter Alimente gegen den außerehelichen Vater; Statutencollision. XXIV. 207. — 2. Kann eine Ehefrau auf Alimente für ihr uneheliches Kind klagen? XXIV. 23.

B. Gesetzliche Alimentationspflicht der Verwandten und des Ehemannes.

1. Verpflichtung des Vaters zu Geldalimenten, wenn die Eltern getrennt leben und über den Aufenthalt des Kindes streiten? XXIII. 16. — 2. Voraussetzung und Umfang der Unterhaltspflicht der Kinder; Beweislast. XXV. 16. — 3. Steht den alimentationsbedürftigen Eltern eines getödteten Kindes ein Ersatzanspruch gegen den Schuldigen zu? XXII. 81. —

4. Einstweil. Verfügung auf Alimentirung der Frau während des Scheidungsprocesses. XXI. 248. — 5. Rückständige Alimente der Ehefrau können mit der Alimentenklage nicht beansprucht werden. XXII. 161. — 6. Alimentationspflicht des als schuldigen Theils geschiedenen Ehemannes, XXI. 31. Statutencollision, XXII. 138. — 7. Alimente, welche statt der Ehescheidungsstrafe zuerkannt sind, unterliegen keiner Herabsetzung wegen veränderter Umstände. XXI. 34. — 8. Streitwerth bei einer Alimentenforderung für die unbestimmte Dauer einer Trennung von Tisch und Bett. XXII. 43. — 9. Hat die geschiedene Frau einen eigenen Anspruch gegen den Mann auf Alimente für die ihr überwiesenen Kinder? XXV. 145. — 10. Hat der Ehemann nach neuem Recht die Kosten des Scheidungsprocesses der Frau vorzuschießen? XXV. 209. — 11. Der im Eheproceß obsiegende Mann kann die der Frau geleisteten Kostenvorschüsse nicht unter den Proceßkosten liquidiren. XXIV. 51. —

12. Unzulässigkeit der Zw.-Vollstr. aus einer vor dem 1. Januar 1900 ergangenen rechtskräftigen Verurtheilung zu gesetzlichem Unterhalt von Geschwistern. XXV. 206.

C. Obligationen aus dem RHPfl.-Ges. v. 7. Juni 1871.

1. § 1. Verletzung eines Passagiers auf dem Perron durch herabfallendes Glas. Höhere Gewalt? XXII. 24. — 2. Keine Haftpflicht der Eisenbahn für Gesundheitsbeschädigung eines Passagiers durch Zugluft. XXIV. 88. — 3. Haftung des Unternehmers einer elektrischen Straßenbahn für die mit dem Unternehmen verbundenen unvermeidlichen Gefahren. XXV. 76. — 4. Verbotwidriges Verhalten allein begründet noch kein eigenes Verschulden des Verletzten. XXV. 77. — 5. Beweislast bei concurrirendem Verschulden nach § 1. XXIII. 154. —

6. § 3. Der § 95 Unf.-Vers.-Ges. v. 6. Juli 1884 trifft nicht den Anspruch des unehelichen Kindes, auch des z. Z. noch nicht geborenen, aus der Tödtung seines Vaters gegen den Betriebsunternehmer. XXIV. 151. —

7. Zu § 7 Abs. 2; Auslegung eines Vergleichs. XXIV. 225.

D. Beschädigung durch Sachen.

a) Cautio damni infecti. Es genügt nicht die bloß subjective Besorgniß eines Schadens, die Gefahr ist glaubhaft zu machen. XXI. 181.

b) Pauperies. Actio de pauperie nach dem Sachsenspiegel; zum § 4 II. 40. XXI. 108.

E. Obligationen auf Vorzeigung von Sachen.

a) Actio ad exhibendum. 1. Ist der Proceßgegner des Beweisführers verpflichtet, sich körperlich untersuchen zu lassen? XXIII. 127. — 2. Kann die

Augenscheinseinnahme auf einem Grundstück des Gegners wider dessen Willen durchgeführt werden? XXIII. 197. — 3. Manifestationspflicht des Nutznießers. XXIII. 80. — 4. Manifestationspflicht des Erbschaftsbesitzers, XXIII. 19; ferner der Hausgenossen des Erblassers, XXII. 167. XXV. 17. Des Erbeserben? XXI. 114. Des Fiduciarerben? XXI. 271. — 5. Welche Auskunft kann der tantièmeberechtigte Agent von seinem Geschäftsherrn fordern? XXIV. 159.

b. Urkundenedition. 1. Über die Verpflichtung zur Vorlegung von Handelsbüchern. XXIII. 26. — 2. Ist derjenige, welcher im Proceß auf den Inhalt eines vertraulichen Auskunftschreibens Bezug genommen hat, zur Edition desselben gemäß CPO. § 388 verpflichtet? XXI. 149. — 3. Der Editionseid bezweckt nicht, den Besitz der Urkunde zu beweisen. XXV. 120.

F. Obligationen aus ungerechtfertigter Bereicherung.

1. Irrthümliche Zahlung einer fremden vermeintlichen Darlehnsschuld aus Mitteln und ohne Genehmigung des vermeintlichen Schuldners; condictio indebiti des Vertretenen neben der condictio sine causa. XXI. 267. — 2. Zurückforderung einer unrechtmäßig erworbenen Kirchensteuer mit der condictio indebiti. Zum Begriff der Bereicherung. XXIV. 24. — 3. Versicherung auf behaltene Ankunft mit taxirtem Interesse; kann die bezahlte Versicherungssumme auf Grund der Behauptung condicirt werden, daß kein Interesse in der angenommenen Höhe vorgelegen habe? XXIII. 108. —

4. Condictio ob causam datorum. Kann der Käufer, wenn der Preis einschließlich der Fracht nach einem bestimmten Orte festgestellt war, die Frachtersparung für sich beanspruchen, die aus der von ihm beorderten Versendung nach einem anderen Orte entsteht? XXII. 233. —

5. Condictio ob injustam causam. Anspruch wegen unbefugter Photographirung einer Leiche; Subject und rechtliche Natur dieses Anspruchs. Geltendmachung desselben im Concurse des Verpflichteten als Aussonderungsanspruch. XXV. 143. — 6. Verlust des Rückforderungsrechts des Bewucherten durch Versäumung der Einrede des Wuchers im vorangegangenen Wechselverfahren. XXIII. 87. — 7. Bezahlung erpreßter Wechsel: condictio ex injusta causa (nicht actio quod metus causa), soweit nicht die Zahlung auf Grund rechtskräftigen Urtheils erfolgt ist. XXI. 182. — 8. Beiderseitige turpis causa, XXI. 183. Keine Rückforderung eines zur Erreichung eines unsittlichen Zwecks gegebenen Darlehns, XXIV. 213. —

9. Condictio sine causa. Bereicherungsklage gegen den Wechselaussteller nach Art. 83 WO., obgleich der wechselmäßige Anspruch gegen den Acceptanten noch nicht erloschen ist? Substantiirung der Bereicherung. XXI. 206. — 10. Die Erstattung der Leistung aus einem vorläufig vollstreckbaren, dann aufgehobenen Urtheil kann in einem selbständigen Proceß verfolgt werden. XXIV. 196. — 11. Pfändung fremden Geldes (fremder Banknoten); Klage auf Herausgabe gegen den pfändenden Gläubiger. XXIV. 199. — 12. Intervention (Condiction) des Verkaufsmandanten gegen die Pfändung der aus dem Verkauf

erlösten Banknoten beim Mandatar. XXII. 25. — 13. Der dem Vertheilungsplane nicht widersprechende Gläubiger kann sein besseres Recht klagend verfolgen. XXIV. 128.

G. Obligationen aus Enteignungen und Straßenbauten.

1. Rayonbeschränkungen; die Entschädigung ist nach der Sachlage z. Z. des Urtheils zu bemessen. XXIII. 155. — 2. Darf die während des Processes erfolgte Ermäßigung einer Rayonsbeschränkung bei Bemessung der Entschädigung berücksichtigt werden, und bis zu welcher Grenze? XXIV. 89. —

3. Haftet die Stadtgemeinde für die aus einer Änderung des Straßennetzes eingetretene Werthverringerung von Häusern? XXIV. 25. — 4. Klagerecht des anliegenden Hauseigenthümers wegen Veränderung eines öffentlichen Weges? XXI. 28.

H. Obligationen aus Staatsverhältnissen.

1. Über die staatsrechtliche Stellung der Beamten in den deutschen Schutzgebieten. XXII. 236.

2. Beschränkung der Polizeiverbote auf Gegenstände des öffentlichen Interesse. XXIII. 234. — 3. Zum Begriff der wohlerworbenen Rechte; haftet der Staat für ihre Aufhebung durch die Gesetzgebung? XXII. 139. — 4. Über die Verpflichtung des Staates zur Entschädigung wegen Eingriffs in obligatorische Privatrechte bei der Ausübung von Hoheitsrechten. XXIV. 26. — 5. Haftung des Staates für Eingriffe in ein Privatrecht (Fischereirecht) durch Verwaltungsmaßregeln. XXV. 14. — 6. Rechtliche Natur des Fischereirechts in öffentlichen Flüssen, Entschädigungsanspruch des Fischereiberechtigten wegen Flußcorrectionen? Rechtsweg. XXIII. 242. — 7. Schadensersatz für die Erhöhung der Deichlasten in Folge staatlicher Stromcorrectionen? XXII. 143. — 8. Kann der Jagdberechtigte vom Fiscus Entschädigung für Jagdschäden aus militärischen Übungen fordern? XXIII. 233. — 9. Unzulässigkeit einer gerichtlichen Klage gegen die Einziehung festgesetzter Gerichtskosten durch die Gerichtskasse. XXI. 132. —

10. Doppelbesteuerung; Berücksichtigung des steuerfreien Einkommens für die Bestimmung des Procentsatzes, nach welchem das steuerpflichtige Einkommen zu versteuern ist. XXV. 207. — 11. Fällt unter den Begriff des Gewerbebetriebs nach § 3 des Reichsges. wegen Beseitigung der Doppelbesteuerung v. 13. Mai 1870 die Ausübung der ärztlichen Praxis und der Praxis eines Rechtsanwalts? XXIII. 88. — 12. Cessibilität der nach § 54 CO. bevorrechteten Conc.-Forderungen, angewandt auf creditirte Zuckersteuerbeträge. XXIII. 139. — 13. Begriff der „Anschaffung" i. S. des Reichsstempelges. vom 27. April 1894. XXIV. 27.

Vierter Abschnitt.

Familienrecht.

Hauptstück I.

Ehe.

I. Verlöbniß; Ehenichtigkeit; Ehehindernisse.

1. Durch das Personenstandsges. von 1875 §§ 29. 39 werden die landesrechtlichen Vorschriften über die Einwilligung der Eltern zum Verlöbniß nicht berührt. XXIII. 89. — 2. Verstößt die auf das Verlangen des Mannes seitens der Stiefmutter der Erwählten gemachte Zusage, für den Fall der Ehe dessen Schulden zu bezahlen, gegen die gute Sitte? XXII. 228. — 3. Unsittlicher Vertrag; Gestattung des Beischlafs unter Verlobten gegen Sicherstellung wegen der Folgen. XXIII. 81. — 4. Fortdauernde Klagbarkeit einer vor 1900 entstandenen Lohnforderung für eine Heirathsvermittelung. XXV. 201. — 5. Entschädigungsklage wegen Bruchs des Verlöbnisses; Geltendmachung eines dem Beklagten erst später bekannt gewordenen Rücktrittsgrundes. Keine Compensation beiderseitiger Untreue. XXI. 29. — 6. Verlöbniß mit Conventionalstrafe für den Fall der Nichteingehung der Ehe; kann der Beklagte einwenden, daß sein Vater die Zustimmung verweigere? XXIV. 152. — 7. Gegenstand der Klage aus einem Eheversprechen bei bestimmt erklärter Weigerung des Beklagten, die Klägerin zu ehelichen. XXIII. 156. — 8. Klage aus einem Eheversprechen gegen die Erben des Selbstmörders. XXIII. 89. — 9. Welche Umstände sind bei Bemessung der Entschädigung wegen Verlöbnißbruchs zu berücksichtigen? XXIV. 90. —

10. Simulation einer Ehe. XXIII. 90. — 11. Die impotentia coeundi wirkt als Ehehinderniß jetzt nur im Fall des Irrthums; Verzicht auf dasselbe. XXI. 109. — 12. Mangel der Jungfräulichkeit als Eheanfechtungsgrund. XXV. 144. — 13. Anfechtung der Ehe wegen Schwangerschaft von einem Dritten nur wenn diese gewiß ist, XXIV. 153. Klage des Mannes auf Ungültigkeitserklärung der Ehe, weil er irrthümlich angenommen hatte, daß die Schwangerschaft der Braut von ihm herrühre, XXI. 110. —

14. Anfechtung der Ehe wegen mangelnder Jungfräulichkeit unter Umständen auch trotz vorehelichen Geschlechtsverkehrs mit dem Kläger. XXIV. 153. — 15. Ist nach gemeinem Recht jede Ehe zwischen einem wegen Ehebruchs Geschiedenen und seinem Mitschuldigen nichtig? XXII. 241. — 16. Das Eheverbot des Ehebruchs bezieht sich nicht auf die Ehe zwischen einem wegen grober Verletzung der ehelichen Treue Geschiedenen und seinem Mitschuldigen. XXIII. 235. — 17. Inwieweit macht Geisteskrankheit eine Ehe nichtig? XXIII. 2. — 18. Wirksamkeit einer bedingten Verzeihung des Eheanfechtungsgrundes. XXV. 78.

II. Ehescheidung.

A. Eigentliche Ehescheidung.

1. Welches Recht ist auf gemischte Ehen anwendbar? XXIV. 226. —

2. Begriff des Ehebruchs als Ehescheidungsgrund. XXII. 162. — 3. Scheidungsklage wegen Ehebruchs; wie ist die Einrede zu begründen, daß der andere Theil dem Ehebruch zugestimmt habe? XXIV. 91. — 4. Ehescheidungsklage auf Grund eines neuen Ehebruchs des Beklagten nach den in 1. Instanz compensirten beiderseitigen Ehebrüchen. XXI. 30. — 5. Das Eheverbot des Ehebruchs bezieht sich nicht auf die Ehe zwischen einem wegen grober Verletzung der ehelichen Treue Geschiedenen und seinen Mitschuldigen. XXIII. 235. — 6. Zum Begriff der böslichen Verlassung, XXIII. 157. Kommt es auf den guten Glauben des verklagten Gatten an? XXIII. 91. — 7. Kann die Ehescheidung wegen Verweigerung der ehelichen Pflicht durch das Verhalten des verklagten Theils während des Processes abgewandt werden? XXIII. 15. — 8. Ehescheidung nach protestantischem Recht wegen unüberwindlicher Abneigung; keine Compensation beiderseitiger Abneigung; die Abneigung muß von dem anderen Theil verschuldet sein. XXIII. 158. — 9. Bildet unheilbarer Wahnsinn einen protestantischen Ehescheidungsgrund? Kann derselbe zur Begründung unüberwindlicher Abneigung verwerthet werden? XXIII. 236. — 10. Ehescheidungsklage nach § 1568 BGB.; Berücksichtigung des Verhaltens des klagenden Theils. XXV. 208. —

11. Können geschiedene Eheleute das Recht zur Erziehung und zum Verkehr mit den Kindern durch Vertrag regeln? Einfluß des Interesses der Kinder und der Wiederverheirathung der Mutter. XXII. 165. — 12. Streit zwischen geschiedenen Eheleuten über die Erziehung der Kinder; Berücksichtigung des Wohls der Kinder. XXI. 111. — 13. Hat die geschiedene Ehefrau, der die Erziehung der Kinder zugesprochen ist, gegen den geschiedenen Mann einen eigenen Anspruch auf den Unterhalt der Kinder? XXV. 145. — 14. Erziehung der Kinder nach geschiedener Ehe; altes und neues Recht; Eingreifen des Vormundschaftsgerichts. XXV. 146. —

15. Die wegen ihres Verschuldens geschiedene Frau verliert das Recht auf Führung des Namens ihres geschiedenen Mannes, Zulässigkeit des Rechtswegs. XXIII. 159. — 16. Alimentationspflicht des als schuldigen Theils geschiedenen Ehemannes, XXI. 31. Statutencollision bezüglich der Frage ob der

geschiedene Ehemann seine geschiedene Ehefrau zu alimentiren habe. XXII. 138. — 17. Einstw. Verfügung der Reichung von Alimenten auf Grund des streitigen Alimentationsanspruchs der Ehefrau während des Scheidungsprocesses. XXI. 248. — 19. Einstw. Verfügung im Eheproceß auf Ausschließung des Rechts des Mannes, die Einwilligung in den Handelsbetrieb seiner Ehefrau zu widerrufen. XXI. 116. — 18. Ist der Ehemann nach neuem Recht verpflichtet, aus eigenen Mitteln der Frau die Kosten des Scheidungsprocesses vorzuschießen? XXV. 209. —

20. Sind bei Scheidung wegen Ehebruchs im Urtheil die Personen zu bezeichnen, mit welchen der Ehebruch begangen ist? XXV. 15. —

Im Übrigen s. im Civilproceß S. 130. 131 Verfahren in Ehesachen.

B. Trennung von Tisch und Bett.

1. Trennung von Tisch und Bett in Fällen, wo Ehescheidung dem Bande nach verlangt werden könnte. XXI. 184. — 2. Richterliches Ermessen bei der Klage auf Trennung von Tisch und Bett, auch bei beiderseitigem Verschulden der Ehegatten. XXII. 163. — 3. Berufung gegen ein auf Antrag des Ver.-Klägers erlassenes Urtheil auf Trennung von Tisch und Bett, um Scheidung vom Bande wegen einer nach Verkündung des Urtheils erfolgten böslichen Verlassung zu erzielen. XXII. 272. — 4. Streitwerth bei einer Alimentenforderung für die unbestimmte Dauer einer Trennung von Tisch und Bett. XXII. 43.

III. Persönliche Rechtsverhältnisse der Ehegatten.

1. Über das Verfahren bei Rückkehrbefehlen in Ehesachen. XXIII. 92. — 2. Klage einer Ehefrau gegen ihren Ehemann auf Entfernung einer Concubine aus seiner Wohnung. XXIV. 28. — 3. Einstw. Verfügung im Eheproceß auf Ausschließung des Rechts des Mannes, die Einwilligung in den Handelsbetrieb seiner Ehefrau zu widerrufen. XXI. 116. — 4. Die wegen ihres Verschuldens geschiedene Frau verliert das Recht auf Führung des Namens ihres geschiedenen Mannes; Zulässigkeit des Rechtswegs. XXIII. 159. — 5. Benef. compet. unter Ehegatten, Zeit der Geltendmachung. XXII. 227. —

6. Einstw. Verfügung auf Alimentirung der Frau während des Scheidungsprocesses. XXI. 248. — 7. Rückständige Alimente der Ehefrau können mit der Alimentenklage nicht beansprucht werden. XXII. 161. — 8. Alimentationspflicht des als schuldigen Theils geschiedenen Ehemannes, XXI. 31. Statutencollision, XXII. 138. — 9. Alimente, welche statt der Ehescheidungsstrafe zuerkannt sind, unterliegen keiner Herabsetzung wegen veränderter Umstände. XXI. 34. — 10. Streitwerth bei einer Alimentenforderung für die unbestimmte Dauer einer Trennung von Tisch und Bett. XXII. 43. — 11. Hat die geschiedene Frau einen eigenen Anspruch gegen den Mann auf Alimente für die ihr überwiesenen Kinder? XXV. 145. — 12. Hat der Ehemann nach neuem Recht die Kosten des Scheidungsprocesses der Frau vorzuschießen? XXV. 209. — 13. Der im Eheproceß obsiegende Mann kann die der Frau geleisteten Kostenvorschüsse nicht unter den Proceßkosten liquidiren. XXIV. 51.

IV. Eheliche Vermögensrechte.

A. Allgemeines. 1. Benef. compet. unter Ehegatten; Zeit der Geltendmachung. XXII. 227. — 2. Ist der Ehemann nach neuem Recht verpflichtet, aus eigenen Mitteln der Frau die Kosten des Scheidungsprocesses vorzuschießen? XXV. 209.

B. Dos. 1. Begriff der Dotaleigenschaft. XXIV. 227. — 2. Nur der Ehemann ist zur Einklagung der dos promissa legitimirt. XXI. 32. — 3. Eheerwerb nach römischem Recht; praesumtio Muciana. Schicksal der dos bei Verarmung des Mannes. XXI. 33. — 4. Aussonderungsanspruch der Ehefrau im Concurse des Mannes bezüglich einer in dotem gegebenen Forderung. XXI. 185. — 5. Ausnahme von dem Veräußerungsverbot bezüglich der nach Verarmung des Mannes an die Ehefrau zurückgefallenen Dotalsachen. XXII. 164.

C. Deutschrechtliche eheliche Güterverhältnisse. 1. Können während bestehender Ehe mit allgemeiner Gütergemeinschaft Delictsansprüche des einen Ehegatten gegen den anderen geltend gemacht werden? XXII. 26. — 2. Kann die aus einer Bürgschaft für ihren Ehemann belangte Frau in allgemeiner Gütergemeinschaft sich auf den Zwangsvergleich im Concurse des Ehemannes berufen? XXII. 137. — 3. Eintragung einer Hypothek auf einem gütergemeinschaftlichen Grundstück, wenn die Gesammtgutseigenschaft aus dem Grundbuch nicht hervorgeht. XXV. 197. — 4. Eheliche Gütergemeinschaft zu Gesammteigenthum; steht die Versicherungssumme aus einem „zu Gunsten der gesetzlichen Erben" geschlossenen Lebensversicherungsvertrage der Wittwe oder den Kindern zu? XXIII. 160. —

5. Ist das sct. Macedonianum anwendbar, wenn ein volljähriges Kind nach dem Ableben des Vaters hinter dem Rücken der Mutter ein Gelddarlehen aufnimmt? XXII. 141. —

6. Verwaltungsgemeinschaft. Genehmigung eines Wechsels der Ehefrau durch das Accept des Mannes? XXV. 79. — 7. Spolienklage des Ehemannes gegen seine Ehefrau, welche ihn unter Mitnahme von Sachen verlassen hat. Besitz der Frau an Sachen im Hause des Mannes? XXI. 95. — 8. Zw.-Vollstr. gegen eine Ehefrau in deren Vermögen; Widerspruchsrecht des Mannes auf Grund seines Nießbrauchs- und Verwaltungsrechts, wenn er nicht in die Verpflichtung der Frau eingewilligt hatte. XXIII. 161. — 9. Können die Gläubiger des Mannes Eigenthum der Frau auf Grund des Veräußerungsrechts des Mannes pfänden? XXIV. 29. — 10. Zulässigkeit einer Pfändung des in der ehelichen Wohnung vorhandenen Mobiliars für eine Schuld des Mannes. XXV. 125. —

11. Höchst persönliche Natur des Rechts einer Beisitzwittwe, ihre Kinder abzuschichten. Zur Auslegung des § 14 CO. XXIII. 162.

D. Vermögensnachtheile bei der Ehescheidung. 1. Alimente, welche statt der Ehescheidungsstrafe zuerkannt sind, unterliegen keiner Herabsetzung wegen veränderter Vermögenslage des Pflichtigen. XXI. 34. — 2. Ali=

mentationspflicht des als schuldigen Theils geschiedenen Ehemannes. XXI. 31. — 3. Statutencollision bezüglich der Frage, ob der geschiedene Ehemann seine geschiedene Ehefrau zu alimentiren habe. XXII. 138.

E. Nachtheile der zweiten Ehe. Die Vermögensnachtheile zweiter Ehe können vom erstversterbenden Ehegatten nicht letztwillig erlassen werden. XXI. 268.

F. Schenkungen unter Ehegatten. 1. Begriff der gebräuchlichen Gelegenheitsgeschenke. XXII. 242. —

2. Anwendung der falcidischen Quart auf Schenkungen unter Ehegatten. XXIII. 94.

Hauptstück 2.

Rechtsverhältnisse zwischen Eltern und Kindern.

I. Alimentationsverhältnisse.

1. Verpflichtung des Vaters zu Geldalimenten, wenn die Eltern getrennt leben und über den Aufenthalt des Kindes streiten? XXIII. 16. — 2. Hat die geschiedene Ehefrau, der die Erziehung der Kinder zugesprochen ist, gegen den geschiedenen Mann einen eigenen Anspruch auf den Unterhalt der Kinder? XXV. 145. — 3. Abänderung rechtskräftig zuerkannter Unterhaltsbeträge nur auf Klage. XXV. 242. — 4. Für Ansprüche der Kinder auf Unterhalt nach 1900 ist das BGB. maßgebend. XXV. 210. —

5. Voraussetzung und Umfang der Unterhaltspflicht der Kinder; Beweislast. XXV. 16. — 6. Steht den unterhaltsbedürftigen Eltern eines getödteten Kindes ein Ersatzanspruch gegen den Schuldigen zu? XXII. 81.

II. Erziehung.

1. Einrede der Mutter gegen die Klage des Vaters auf Herausgabe der Kinder, daß der Kläger verurtheilt sei, die Ehe fortzusetzen. XXIV. 228. — 2. Klage der ehelichen Mutter auf Herausgabe des Kindes gegen einen Dritten. XXIV. 229. — 3. Entziehung des Erziehungs- und Verwaltungsrechts des Vaters durch Beschluß des Vormundschaftsgerichts. XXIV. 230. — 4. Steht den Kindern ein Klagerecht gegen den Vater zu auf Aberkennung des Erziehungsrechts? XXIII. 93. — 5. Können geschiedene Eheleute das Recht zur Erziehung und zum Verkehr mit ihren Kindern durch Vertrag regeln? Einfluß eines überwiegenden Interesses der Kinder und einer Wiederverheirathung der Mutter. XXII. 165. — 6. Streit zwischen geschiedenen Eheleuten über die Erziehung der Kinder; Berücksichtigung des Wohles der Kinder. XXI. 111. — 7. Erziehung der Kinder nach geschiedener Ehe, altes und neues Recht; Eingreifen des Vormundschaftsgerichts. XXV. 146.

III. Väterliche Gewalt.

1. Gegenbeweis gegen die Präsumtion pater est quem etc. XXIV. 1. 23. — 2. Bedeutung der Anerkennung der Vaterschaft für die Legitimation durch nachfolgende Ehe; Gegenbeweis dagegen. XXI. 35. — 3. Nichtigkeit einer

Arrogationserklärung, die erst nach dem Tode des Erklärenden angenommen worden ist. XXII. 243. — 4. Wird der Adel durch Adoption übertragen? XXII. 219. —

5. Klage der ehelichen Mutter auf Herausgabe des Kindes gegen einen Dritten. XXIV. 229. —

6. Die Nichtigkeit der Veräußerung von Adventizgut kann auch vor Beendigung des Nutzungsrechts des Vaters geltend gemacht werden. XXII. 82. — 7. Das Vorrecht der Kinder und Pflegebefohlenen besteht auch dann, wenn dem Gemeinschuldner die ihm gesetzlich zustehende Verwaltung auch noch freiwillig übertragen worden war. XXV. 58. — 8. Kann eine Ehefrau auf Alimente für ihr uneheliches Kind klagen? XXIV. 23. — 9. Verwaltungsrecht des Vaters an vorher erworbenem Vermögen der Kinder nach dem 1. Januar 1900. XXV. 211. —

10. Sind Minderjährige nach zurückgelegtem 14. Lebensjahre fähig, sich ohne Genehmigung ihres gesetzlichen Vertreters durch Vertrag zu verpflichten? XXII. 141. — 11. Mithaftung des Vaters bei einem aquilischen Verschulden des unmündigen Sohnes? XXIII. 226.

Hauptstück 3.

Vormundschaft.

1. Klagerecht des Vormundes auf Auslieferung des Mündels; keine Beschränkung des Auslieferungsrechts durch Verträge. XXII. 84. — 2. Ist die Veräußerung von Mündelgut ohne obervormundschaftliche Genehmigung nichtig oder nur anfechtbar? XXII. 83. — 3. Lohnversprechen für die Bemühung des Gegenvormundes des Mitcontrahenten um das Zustandekommen des Vertrags; unsittlicher Vertrag. XXIII. 12. — 4. Unentschuldbarkeit der irrthümlichen Quittirung der Vormundschaftsrechnung, wenn sie ohne Prüfung der Rechnung erfolgte. XXI. 171. — 5. Bezieht sich das Vorzugsrecht von Forderungen der Pflegebefohlenen nach § 54 Ziff. 5 CO. auch auf einen Pflichttheilsanspruch gegen den Gemeinschuldner? XXIII. 140. —

6. Entziehung des Erziehungs- und Verwaltungsrechts des Vaters durch Beschluß des Vormundschaftsgerichts. XXIV. 230. — 7. Erziehung der Kinder nach geschiedener Ehe, altes und neues Recht; Eingreifen des Vormundschaftsgerichts. XXV. 146. —

8. Voraussetzungen der Entmündigung wegen Geisteskrankheit. XXIV. 2. — 9. Nicht wegen jeder vorübergehenden Geistesstörung und nicht wegen Gemeingefährlichkeit allein kann die Entmündigung ausgesprochen werden. XXII. 244. — 10. Über die Handlungsfähigkeit geisteskranker Personen. Über die Proceßfähigkeit hat mangels einer Entmündigung das Proceßgericht zu entscheiden. XXI. 89. — 11. Wohnsitz eines Geisteskranken, der von seinem Vormund in einer Anstalt untergebracht worden ist. XXV. 64. — 12. Wird der Vertrag über den künftigen Nachlaß eines Wahnsinnigen durch die Zustimmung seines Vormundes gültig? XXIV. 30. — 13. Proceßfähigkeit des Entmündigten in dem Verfahren

behufs Anfechtung des Entmündigungsbeschlusses. XXI. 157. — 14. Anfechtung des Entmündigungsbeschlusses durch einen von dem wegen Geisteskrankheit Entmündigten selbst bestellten Proceßbevollmächtigten. XXI. 72. —

15. Anwendung des § 433 CPO., wenn der Schwurpflichtige wegen Abwesenheit unter Vormundschaft gestellt wird. XXI. 70. — 16. Unzulässigkeit der öffentlichen Zustellung, wenn ein Abwesenheitspfleger bestellt ist. XXIII. 188. —

17. Entmündigung wegen Verschwendung; Aufhebung des von dem Sohne gegen die Mutter beantragten Verfahrens durch Wiederverehelichung der Mutter. XXI. 301. — 18. Ist, wenn die Entmündigung wegen Verschwendung auf den Antrag mehrerer Personen ausgesprochen ist, die Aufhebungsklage gegen diese sämmtlich zu richten? XXI. 73. —

19. Die Vorschrift in § 627 CPO. betr. die Bekanntmachung von Entmündigungsbeschlüssen bezieht sich nicht auf die civilrechtlichen Wirkungen der Bekanntmachung. XXIV. 144. —

20. Kann der Beklagte sich selbst als Pfleger eines Dritten den Streit verkünden und so eine laudatio auctoris vornehmen? Darf das Proceßgericht die Zulässigkeit der Pflegschaft nachprüfen? XXI. 57. —

21. Über das Entmündigungsverfahren s. im Civilproceß S. 131. —

22. Kann gegen den Nachlaßpfleger ein Vermächtniß eingeklagt werden? XXIV. 154. — 23. Massekosten aus der Verwaltung des Conc.-Verwalters zwischen dem Eröffnungsbeschluß und dessen Aufhebung; persönliche Haftung des Conc.-Verwalters wegen ihrer vernachlässigten Befriedigung, XXI. 252. Über den Concursverwalter s. im Übrigen im Concurse S. 144 ff.

Fünfter Abschnitt.
Erbrecht.

Hauptstück I.
Delation der Erbschaft.

I. Allgemeines.

1. Erbvertrag und späteres Testament. XXIV. 32. — 2. Kein Erbrecht des eingesetzten Erben bei Lebzeiten des Erblassers. XXIV. 31.

II. Testament.

1. Beweislast über die Zurechnungsfähigkeit des Testators. XXI. 186. — 2. Unsittlichkeit eines Versprechens dafür, daß ein Dritter zur Errichtung einer letztwilligen Verfügung zu Gunsten des Versprechenden bestimmt werde. XXI. 260. — 3. Erbvertrag und späteres Testament. XXIV. 32. —

4. Nascituri, die beim Tode des Erblassers noch nicht concipirt waren, können nicht zu Erben eingesetzt werden. XXII. 85. —

5. Statutencollision in Betreff der Testamentsform, insbesondere wenn der Testator ohne Domicil war. XXIV. 135. — 6. Stillschweigende Rogation der Testamentszeugen. XXI. 186. — 7. Rogation der Testamentszeugen. Müssen sie die Dispositionen des Testators verstanden haben? XXI. 269. — 8. Mündliche Testamentserrichtung; Umfang der eigenen Rede des Testators dabei. XXI. 112. — 9. Mündliches Testament; Willenserklärung des Testators durch Hinweisung auf den Erben und durch Beantwortung von Fragen. XXIII. 237. — 10. Aufrechterhaltung eines formlosen testam. parentum inter liberos als divisio; Form der divisio, genügt eine Unterkreuzung? XXI. 270. —

11. Bedeutung des Ausdrucks „sämmtliche nächsten Verwandten“, wenn diese in einem Testament zu Erben eingesetzt sind. XXII. 245. — 12. Erbtheile bei der Erbeinsetzung mehrerer im Testament unter einer Collectivbezeichnung angeführter, neben anderen einzeln namhaft gemachter Personen. XXII. 246. — 13. Hat der heres ex re certa ein Anwachsungsrecht beim Wegfall eines der übrigen Erben? XXIV. 92. — 14. Ist in der Vulgarsubstitution auch die Quasi-Pupillarsubstitution enthalten? XXII. 86. — 15. Auflage an einen Honorirten, eine ihm anderweitig in Aussicht stehende Erbschaft einem Dritten zu-

kommen zu lassen. XXI. 37. — 16. Verwandlung einer nichtigen Erbeinsetzung in Folge der Codicillarclausel in ein Universalfideicommiß. XXIII. 19. —

17. Über den Zeitpunct der Eröffnung eines gemeinschaftlichen Testaments; können die Testatoren ihn bestimmen? XXIV. 32. —

18. Der Testamentsvollstrecker ist nicht passiv legitimirt für die Klage eines Legatars auf Auszahlung des der Größe und Fälligkeit nach bestrittenen Legats. XXII. 166. — 19. Unterbrechung der Verjährung des Anspruchs der Vermächtnißnehmer durch Anerkennungsacte gegenüber dem Testamentsvollstrecker. XXIII. 17.

III. Intestaterbfolge.

1. Erbrecht der armen Wittwe; Begriff der Armuth und Berechnung des Erbtheils. XXIII. 238. —

2. Aufrechterhaltung eines formlosen testam. parentum inter liberos als divisio; Form der divisio, genügt eine Unterkreuzung? XXI. 270. — 3. Errichtung eines Familienfideicommisses durch divisio parentum inter liberos, XXIII. 20, ohne öffentliche Bekanntmachung und ohne Anordnung einer bestimmten Erbfolge XXI. 274. —

4. Steht die Versicherungssumme aus einem „zu Gunsten der gesetzlichen Erben" geschlossenen Lebensversicherungsvertrage der Wittwe in Gütergemeinschaft oder den Kindern zu? XXIII. 160.

IV. Erbfolge aus Verträgen.

1. Schenkung auf den Todesfall oder Erbvertrag? Erbvertrag zu Gunsten eines Dritten. XXI. 113. — 2. Entstehung eines particulären Gewohnheitsrechts über Gültigkeit der Erbeinsetzungsverträge Minderjähriger. XXI. 187. — 3. Liegt ein Erbvertrag darin, daß der Testator dem Bedachten von dem Inhalt des Testaments Mittheilung macht und dieser sich damit einverstanden erklärt? XXIII. 239. — 4. Erbvertrag und späteres Testament. XXIV. 32.

Hauptstück 2.

Erwerb und Verlust der Erbschaft und Erbschaftsklagen.

1. Über das Recht, die Bestimmung einer Deliberationsfrist für den Erbschaftsantritt zu beantragen. XXII. 87. — 2. Liegt ein Erbschaftsantritt darin, daß ein Miterbe Nachlaßforderungen einzieht, den Nachlaßgläubigern Vergleichsvorschläge macht, sich mit der Weiterführung des hinterlassenen Geschäfts befaßt, und in einen vom Erblasser geschlossenen Kaufvertrag eintritt? XXIII. 163. —

3. Beweislast bei der Klage gegen Erbschaftsschuldner über das alleinige Erbrecht des Klägers. XXII. 27. — 4. Ist eine vertragsmäßige Bestimmung, wonach die Erben des Schuldners für die contrahirte Schuld solidarisch haften sollen, rechtswirksam? XXII. 28. — 5. Es genügt der Vorbehalt der Rechtswohlthat des Inventars im Urtheil, auch wenn darüber schon verhandelt ist. XXIV. 125. — 6. Klage aus einem Eheversprechen gegen die Erben des Selbst-

mörders. XXIII. 89. — 7. Kann gegen den Nachlaßpfleger ein Vermächtniß eingeklagt werden? XXIV. 154. —

8. Hered. petitio; Behandlung der Einrede der Schenkung. XXIV. 33. — 9. Erbschaftsklage; Beweislast über die Fortdauer der Bereicherung. XXI. 36. —

10. Natur der Anfechtungsklage aus nov. 115 und Vererbung derselben; daneben Anspruch auf ein eidliches Nachlaßinventar. Verzicht auf die Klage. XXIII. 19. — 11. Manifestationspflicht, insbesondere von Hausgenossen des Erblassers. XXII. 167. XXV. 17. — 12. Inwieweit ist der Erbeserbe zur Herausgabe eines Erbschaftsinventars verpflichtet? XXI. 114. — 13. Verpflichtung des Fiduciarerben zur Manifestation des Nachlasses; kann der Testator sie erlassen? XXI. 271. — 14. Die Leistung des Inventarieneides soll nicht durch Beweisbeschluß angeordnet werden. XXIII. 240. — 15. Statthaftigkeit des sog. Defectenbeweises gegen ein beeidigtes Nachlaßinventar. XXIII. 18. —

16. Wird der Vertrag über den künftigen Nachlaß eines Wahnsinnigen durch die Zustimmung seines Vormundes gültig? XXIV. 30. —

17. Sequestration eines Nachlasses wegen Mißwirthschaft des Nutznießers auf Klage einzelner Miterben. XXIII. 80. — 18. Gerichtsstand der Erbschaft für eine Klage gegen den Ehemann auf Ertheilung seines Consenses zu der Erklärung seiner Ehefrau in einer Nachlaßsache. XXII. 260. — 19. Form der Erbtheilung. XXI. 270. — 20. Kann der Collationsanspruch durch besondere Klage verfolgt werden? XXI. 188. —

21. Die Wirkung der Erbunwürdigkeit ist unabhängig von einer Willenserklärung des Eripienten. XXIV. 155.

Hauptstück 3.

Von den übrigen Arten der Succession von Todeswegen.

1. Vermächtniß einer dem Testator nicht allein zugehörigen Sache. XXII. 168. — 2. Auflage an einen Honorirten, eine ihm anderweitig in Aussicht stehende Erbschaft einem Dritten zukommen zu lassen. XXI. 37. —

3. Anwendung der falcidischen Quart auf Schenkungen unter Ehegatten XXIII. 94. —

4. Wirksamkeit der Codicillarclausel gegenüber dem präterirten Notherben, auch einem nachgeborenen. XXI. 273. — 5. Mandatum post mortem, gerichtet auf Ausführung einer formlosen letztwilligen Verfügung. XXIV. 85. —

6. Kann der Vermächtnißnehmer auf Entrichtung des Vermächtnisses gegen den klagen, dem der onerirte Erbe den Nachlaß herausgegeben hat? XXIII. 164. — 7. Kann gegen den Nachlaßpfleger ein Vermächtniß eingeklagt werden? XXIV. 154. — 8. Sequestration eines Nachlasses wegen Mißwirthschaft des Nutznießers, auf Klage einzelner Miterben. Manifestationspflicht des Nutznießers. XXIII. 80. —

9. Aufhebung eines Geldvermächtnisses durch Zuwendungen, welche der Testator in dieser Absicht bei Lebzeiten an den Honorirten gemacht hat. XXIII. 95. — 10. Verwandlung einer nichtigen Erbeinsetzung in Folge der Codicillarclausel in ein Universalfideicommiß. XXIII. 19. — 11. Verpflichtung des Fiduciarerben zur Manifestation des Nachlasses; kann der Testator sie erlassen? XXI. 271. — 12. Höhe der Trebellianischen Quart neben dem Pflichttheil. XXIII. 19. — 13. Der Fiduciarerbe, dem die Veräußerung von Erbschaftsbestandtheilen auch unter Lebenden untersagt ist, darf nicht remuneratorisch schenken; Voraussetzungen der remuneratorischen Schenkung. XXI. 272. —

14. Schenkung auf den Todesfall oder Erbvertrag? Erbvertrag zu Gunsten eines Dritten. XXI. 113.

Hauptstück 4.

Notherbenrecht.

1. Wirksamkeit der Codicillarclausel gegenüber dem präterirten Notherben, auch einem nachgeborenen. XXI. 273. — 2. Natur der Anfechtungsklage aus nov. 115 und Vererbung derselben; daneben Anspruch auf ein eidliches Nachlaßinventar. Verzicht auf die Klage. XXIII. 19. — 3. Inofficiositätsquerel wegen Einsetzung einer turpis persona zur Erbin. XXII. 169. — 4. Beginn der Verjährung gegenüber der querela inoff. donationis. XXII. 247. — 5. Unzulässigkeit der Pflichttheilsergänzungsklage gegen den Nießbrauchslegatar. XXIII. 165. — 6. Höhe der Trebellianischen Quart neben dem Pflichttheil. XXIII. 19. — 7. Bezieht sich das Vorzugsrecht von Forderungen der Pflegebefohlenen nach § 54 Ziff. 5 CO. auch auf einen Pflichttheilsanspruch gegen den Gemeinschuldner? XXIII. 140.

Sechster Abschnitt.

Von besonderen deutschrechtlichen Güterverhältnissen.

I. Von den verschiedenen Arten der Güter.

1. Ausgezahlte, jedoch noch nicht wieder verbaute Brandversicherungsgelder gehören zum Lehnsvermögen, nicht zum Allodialvermögen. XXIII. 241. —

2. Über das den mediatisirten Häusern zustehende Recht der Autonomie. XXII. 69. —

3. Errichtung eines Familienfideicommisses durch divisio parentum inter liberos, ohne öffentliche Bekanntmachung und ohne Anordnung einer bestimmten Erbfolge, XXI. 274. Ohne Gebrauch des Wortes Fideicommiß und ohne wörtliche Anordnung der Unveräußerlichkeit, XXIII. 20. — 4. Trifft der vom Stifter angeordnete Ausschließungsgrund einer unebenbürtigen Ehe auch die Abkömmlinge des Ausgeschlossenen? XXIV. 93. — 5. Kann der Nutznießer eines Familienfideicommisses Nutzungsrechte mit dinglicher Wirkung für seine Besitzzeit einräumen? XXIII. 21. — 6. Ausgezahlte, jedoch noch nicht wieder verbaute Brandversicherungsgelder gehören zum Fideicommiß-, nicht zum Allodialvermögen. XXIII. 241. —

7. Haftet nach Meierrecht der Hof der Ehefrau für die von dem aufgeheiratheten Ehemanne contrahirte hypothekarische Wirthschaftsschuld nur subsidiär? XXII. 170. — 8. Wirksamkeit einer unberechtigten Veräußerung der Meierstelle durch den aufgeheiratheten Wirth. XXIII. 22. — 9. Steht nach Meierrecht dem aufgeheiratheten Wirth für seine zweite Ehefrau ein Anspruch auf eine Leibzucht zu? XXII. 171. —

10. Möglichkeit der Begründung eines dinglichen Rechts durch Abschluß eines Pachtvertrags über ein ländliches Grundstück auf 99 Jahre. XXIV. 141. —

11. Befugniß des Altentheilers, seine Ehefrau und Kinder an dem Altentheil theilnehmen zu lassen. XXI. 115. —

12. Rechtliche Natur der bäuerlichen Gutsüberlassungsverträge zwischen Eltern und Kindern und der darin festgesetzten Abfindungen der nicht zugezogenen Kinder; Unwiderruflichkeit der Abfindungen. XXII. 88. — 13. Unzulässigkeit der Einrede der laesio enormis bei Gutsüberlassungsverträgen; Verzicht auf dieselbe. Ausgleichung der Läsion. XXII. 248. — 14. Das Verbot einer Afterverpachtung schließt auch die Übertragung der Pacht durch sog. erfrühte Erbfolge aus. XXII. 152. —

15. Vertheilung der laufenden Zinsen einer Stellschuld zwischen dem Interimswirth und dem die Stelle übernehmenden Anerben. XXI. 189.

II. Von besonderen dinglichen Rechten, Lasten und Eigenthumsbeschränkungen.

1. Verleihung der Realgerechtsame zum Betrieb einer Apotheke gegen eine jährliche Abgabe vom Grundstück. XXIII. 40. — 2. Erwerb des Rechts auf Marktstandsgeld durch örtliches Gewohnheitsrecht oder durch unvordenkliche Verjährung? XXV. 228. — 3. Reallast des Zuchtstierhaltens in einer Gemeinde; Activlegitimation zu deren Geltendmachung. XXII. 89. — 4. Befugniß des Altentheilers, seine Ehefrau und Kinder an dem Altentheil theilnehmen zu lassen. XXI. 115. — 5. Erlöschung der Reallast, insbesondere der mit dem Patronat verbundenen Kirchenbaulast, in Folge der Klagenverjährung bezüglich einer einzelnen Leistung. XXIII. 96. —

6. Kann der Jagdberechtigte vom Fiscus Entschädigung für Jagdschäden aus militärischen Übungen fordern? XXIII. 233. —

7. Aquilische Klage auf Schadensersatz wegen Erhöhung der Deichlasten in Folge von Stromcorrectionen? XXII. 143. —

8. Rechtliche Natur des Fischereirechts in öffentlichen Flüssen. Entschädigungsanspruch des Fischereiberechtigten wegen Flußcorrectionen? Rechtsweg. XXIII. 242. — 9. Haftung des Staates für Eingriffe in das Fischereirecht durch Verwaltungsmaßregeln. XXV. 14. —

10. Über die rechtlichen Eigenschaften des Leinpfades. XXII. 90. —

11. Über den Inhalt des gemeinrechtlichen Bergregals, insbesondere die Bedeutung der Feldesreservation. XXIII. 23. — 12. Inhalt des Schürfrechts nach dem preuß. Allg. Berggesetz. XXIV. 231. — 13. Ausschließung der Haftung des Bergwerksbesitzers für Schäden aus dem Bergwerksbetriebe auch durch ein Verschulden des Vorbesitzers des Beschädigten. XXI. 38. — 14. Fortexistenz einer Gewerkschaft zum Zweck der Liquidation nach ihrer Auflösung. Rechtliche Bedeutung der Kuxe. XXI. 39. — 15. Gerichtsstand der Gewerkschaft, namentlich in Rücksicht auf den Stein- und Kalisalzbergbau in der Provinz Hannover. XXIV. 245. —

16. Verhältniß von Mutterkirche zur Tochterkirche. XXI. 40. —

17. Erlöschung der Reallast, insbesondere der mit dem Patronat verbundenen Kirchenbaulast, in Folge der Klagenverjährung bezüglich einer einzelnen Leistung. XXIII. 96. — 18. Erstreckt sich die Pfarrhausbaulast des Zehntherrn auch auf die durch eine Theilung der Kirchengemeinde nothwendig gewordenen Bauten? XXV. 212. — 19. Entschädigung für einen entzogenen Kirchensitz; Werthsberechnung. XXIII. 24. — 20. Kirchenpfründe; über das Präsentationsrecht des Kirchenpatrons. XXIV. 156. — 21. Ist die kirchliche Gebühr für eine Taufe eine „öffentliche Abgabe“ i. S. des § 70 Abs. 3 GVG.? Anspruch des Pfarrers, welcher für eine Amtshandlung das Dimissoriale ertheilt hat, auf die Stolgebühr. XXI. 299.

Siebenter Abschnitt.

Handels-, Wechsel-, Genossenschafts-, Gewerbe-, Urheber- und Verlags-, Versicherungsrecht; Papiere auf Inhaber.

Hauptstück I.

Handelsrecht.

I. Allgemeine Bestimmungen (HGB. Art. 1—3).

1. Handelssitte im Gegensatze zum Handelsgebrauch. XXIV. 160. — 2. Maßgeblichkeit eines am Erfüllungsorte bestehenden Handelsgebrauchs für den auswärtigen Vertragsbetheiligten. XXII. 94. — 3. Unverbindlichkeit eines Handelsgebrauchs, das Maß einer Waare nach einer unrichtigen Methode zu ermitteln. XXI. 194. — 4. Ist ein Kunsthändler befugt, die ihm zur Ausstellung und zum eventuellen Verkauf übergebenen Kunstwerke auch anderen Kunsthändlern oder Kunstinstituten zu gleichem Zwecke zu überlassen? Gewohnheitsrecht, Übung, Handelssitte. XXI. 41. — 5. Wem gebührt die durch den Wegfall eines Maschinisten während der Reise ersparte Heuer? Gewohnheitsrecht? XXIII. 105.

II. Vom Handelsstande.

A. Von Kaufleuten (Art. 4—11). 1. Ist der Inhaber einer Hengsthalterei wegen des Weiterverkaufs der Hengste als Kaufmann anzusehen? XXIV. 94. — 2. Ist der Correspondentrheder oder der Mitrheder als Kaufmann anzusehen? XXV. 27. —

3. Einstweil. Verfügung im Eheproceß auf Ausschließung des Rechts des Mannes, die Einwilligung in den Handelsbetrieb seiner Ehefrau zu widerrufen. XXI. 116. — 4. Vollkaufmann oder Minderkaufmann? XXIII. 166.

B. Handelsregister (Art. 12—14). 1. Solidarische Haftung auf Grund der Eintragung einer Gesellschaft, die kein Handelsgewerbe betreibt, als off. Handelsgesellsch. ins Handelsregister. XXIII. 217. — 2. Gemeinschaftlicher Geschäftsbetrieb mehrerer Patentanwälte unter einem Collectivnamen. Einfluß des Umstandes, daß sie sich als off. Handelsgesellsch. in das Handelsregister haben eintragen lassen und neben der Anwaltschaft auch Handelsgeschäfte betreiben, auf ihr Verhältniß zu ihren Clienten. XXII. 16.

C. Handelsfirmen (Art. 15—27). 1. Darf eine Firma X., deren Inhaber anders heißt, im Wechsel als Herr X. bezeichnet werden, und gegen wen ist der Protest aufzunehmen, wenn ein Herr X. an dem Orte wohnt? XXI. 127. — 2. Gemeinschaftlicher Geschäftsbetrieb mehrerer Patent-Anwälte unter einem Collectivnamen. XXII. 16. — 3. Klagerecht der Firma ohne Nennung des Inhabers. XXV. 213. — 4. Urkundenproceß; muß der Kläger schon mit der Klage urkundlich nachweisen, daß er Inhaber der klagenden Firma sei? XXIV. 195. —

5. Zum Begriff der Zweigniederlassung. XXV. 18. — 6. Eine eintragungsfähige Zweigniederlassung kann nicht am Orte des Hauptgeschäfts gegründet werden. XXV. 81. —

7. Begründet die Übernahme des Handelsgeschäfts eines Einzelkaufmanns eine Haftung für frühere Geschäftsschulden? XXIII. 167. — 8. Übernahme einer Firma mit Activen und Passiven, jedoch mit Ausnahme bestimmter Schuldposte; haftet der Übernehmer auch für diese? XXIII. 25. —

9. Der ausscheidende Gesellschafter (oder dessen Erbe) kann dem Verbleib seines Namens in der Firma nicht widersprechen, wenn die Firma den Namen schon vor seinem Eintritt enthielt. XXV. 82. — 10. Firmenschutz nach dem HGB. und dem Wettbewerbsgesetze; Voraussetzung einer Verwechselungsgefahr. XXV. 147.

D. Handelsbücher (Art. 28—40). 1. Bedeutung der Vorschrift in Art. 30, daß die Bilanz von dem Kaufmann zu unterzeichnen ist. XXIV. 34. — 2. Über die Verpflichtung zur Vorlegung von Handelsbüchern. XXIII. 26.

E. Procuristen und Handlungsbevollmächtigte (Art. 41—56). 1. Haftung des Principals für eine wissentlich unrichtige Auskunftertheilung des Procuristen. XXV. 83. —

2. Auslegung des Umfangs einer Handlungsvollmacht, insbesondere nach der thatsächlichen Geschäftsführung. XXIV. 95. — 3. Verpflichtung des Principals aus einem von seinem Handlungsgehülfen in Überschreitung der ihm ertheilten Vollmacht abgeschlossenen Rechtsgeschäft. XXI. 275. — 4. Über die Befugniß des Handlungsreisenden zur Entgegennahme von Mängelrügen und zur Anerkennung der Mängel. XXI. 117. — 5. Eigenthumserwerb an dem auf einen Creditbrief von dem Handlungsreisenden einkassirten Gelde. XXII. 225. — 6. Über den Anspruch des Handlungsreisenden auf eine bestimmte Reisezeit und auf eine Vergütung für die entzogenen Reisen. XXII. 29. XXIV. 157. — 7. Darf ein Handlungsreisender oder Agent die ihm übergebene Mustercollection retiniren? XXI. 122. — 8. Unfähigkeit des Reisenden als Entlassungsgrund; Täuschung über das bisher bezogene Gehalt und den erzielten Umsatz. XXIII. 98. —

9. Kann der Principal die Herausgabe von Zuwendungen beanspruchen, welche sein Angestellter von Geschäftsfreunden erhalten hat? XXV. 84.

F. Handlungsgehülfen (Art. 57—65). 1. Geschäftsführer in einer Schankwirthschaft, ob Handlungsgehülfe? XXV. 215. — 2. Anspruch des am Gewinn betheiligten Handlungsgehülfen, welcher im Laufe des Geschäftsjahrs freiwillig ausscheidet, auf einen verhältnißmäßigen Antheil am Gewinn dieses Jahres. XXIII. 97. — 3. Über den Anspruch der Handlungsgehülfen auf ein Zeugniß über Leistungen und Führung. XXI. 190. — 4. Kann der Principal die Herausgabe von Zuwendungen beanspruchen, welche sein Handlungsgehülfe von Geschäftsfreunden erhalten hat? XXV. 84. —

5. Hat die Bestimmung des § 67 Abs. 4 des neuen HGB. rückwirkende Kraft? XXIV. 96. — 6. Unfähigkeit des Handlungsgehülfen (Reisenden) als Entlassungsgrund. Anfechtung des Engagementsvertrags wegen Täuschung über das bisher bezogene Gehalt und den erzielten Umsatz. XXIII. 98. — 7. Die zur vertragsmäßigen Kündigung benutzten Dienstentlassungsgründe können nicht zur Rechtfertigung einer nachträglichen Entlassung dienen. XXII. 153. — 8. Unzulässigkeit einer nachträglichen Entlassung nach der vertragsmäßigen Auflösung des Dienstverhältnisses. XXV. 148. —

9. Rückwirkende Kraft des § 74 des neuen HGB.? XXIV. 158.

G. Handlungsagenten. 1. Agent ist nicht der Verkäufer für eigene Rechnung. XXV. 214. — 2. Hat der Agent einer Firma sich unter allen Umständen der Vertretung von Concurrenzfirmen zu enthalten? XXII. 249. — 3. Darf der Agent die ihm übergebene Mustercollection retiniren? XXI. 122. — 4. Entschädigungsanspruch des vor Ablauf der Vertragszeit widerrechtlich entlassenen Agenten. XXIV. 35. — 5. Welche Auskunft kann der Handlungsagent von dem Geschäftsherrn fordern, um seine Provision zu ermitteln? XXIV. 159. —

6. Über die Haftung der Versicherungsgesellschaften für Handlungen ihrer Agenten. XXI. 52. XXIV. 243. — 7. Clausel bei der Unfallversicherung, daß mündliche Angaben an den Agenten nicht gelten. XXI. 53. — 8. Vertragsmäßige Ausschließung der Haftung des Unfall-Versicherers für wahrheitswidrige Ausfüllung des Versicherungsantrags durch seinen Agenten. XXIII. 121. — 9. Zum Begriff der beim Ausgange des Rechtsstreits unmittelbar betheiligten Personen (Versicherungsagenten). XXII. 59. — 10. Findet das Lohnbeschlagnahme-Ges. Anwendung auf den Generalagenten einer Lebensversich.-Gesellsch.? XXV. 126.

III. Von den Handelsgesellschaften.

A. Offene Handelsgesellschaft (Art. 85—149).

1. Rechtliche Natur der off. Handelsgesellsch. XXIV. 97. — 2. Eine off. Handelsgesellsch. kann nicht Mitglied einer anderen off. Handelsgesellsch. sein. XXI. 276. — 3. Eine Act.-Gesellsch. kann nicht Mitglied einer off. Handelsgesellsch. sein. XXV. 85. — 4. Solidarische Haftung auf Grund der Eintragung einer Gesellschaft, die kein Handelsgewerbe betreibt, als off. Handelsgesellsch. ins Handelsregister. XXIII. 217. — 5. Gemeinschaftlicher Geschäftsbetrieb mehrerer Patent-Anwälte unter einem Collectivnamen, Einfluß des Umstandes, daß sie sich als off. Handelsgesellsch. in das Handelsregister haben eintragen lassen und neben der Anwaltschaft auch Handelsgeschäfte betreiben, auf ihr Verhältniß zu ihren Clienten. XXII. 16. —

6. Die thatsächliche Existenz einer off. Handelsgesellsch. genügt zur Übernahme von Verbindlichkeiten für sie. XXII. 30. — 7. Über die Haftung einer off. Handelsgesellsch. aus Rechtsgeschäften, die ein Theilhaber vor Beginn des Geschäftsbetriebs für sie abgeschlossen hatte. XXI. 42. — 8. Solidarische Haftung der off. Handelsgesellschafter für Verschulden. XXIV. 232. — 9. Aquilische Haftung der Gesellschafter einer off. Handelsgesellsch. für eine von deren Werkleuten begangene Übertretung einer polizeigesetzlichen Vorschrift. XXII. 31. — 10. Anfechtung eines mit einer off. Handelsgesellsch. abgeschlossenen Rechtsgeschäfts nach § 3 Ziff. 2 Anf.-Ges. bei Verwandtschaft mit nur Einem Theilhaber der Gesellschaft. XXV. 140. — 11. Unzulässige Klagänderung, wenn der persönlich verklagte Kaufmann noch als Handelsgesellschafter in Anspruch genommen wird. XXII. 32. — 12. Eintritt in eine bestehende Handelsgesellsch., wenn statt des von zwei Theilhabern austretenden einen Theilhabers ein neuer eintritt. XXIV. 233. — 13. Haftung des neu eintretenden Gesellschafters für die Schulden, auch wenn er betrüglich zum Eintritt veranlaßt worden war. XXIV. 234. —

14. Eidesleistung einer off. Handelsgesellsch. nur durch die nicht von der Geschäftsführung ausgeschlossenen Gesellschafter. XXIII. 260. —

15. Wird durch den Concurs einer off. Handelsgesellsch. die Rechtsverfolgung gegen die einzelnen Gesellschafter suspendirt? XXI. 43. — 16. Solange der Concurs der off. Handelsgesellsch. schwebt, darf der Privatschuldner eines Gesellschafters nicht mit seiner Forderung an die Gesellschaft compensiren. XXI. 118. — 17. Kann auch der ausgeschiedene Gesellschafter während des Concurses der off. Handelsgesellsch. seine Haftung ablehnen, obgleich er selbst sich nicht im Concurse befindet? XXI. 191. — 18. Der Zwangsvergleich im Concurse einer off. Handelsgesellsch. berührt nicht die Haftung der ausgeschiedenen Gesellschafter. XXIII. 71. —

19. Auflösung einer off. Handelsgesellsch. durch Erklärung eines Theilhabers oder erst durch das diese Erklärung anerkennende Urtheil? XXV. 19. — 20. Kann im Gesellschaftsvertrage bestimmt werden, daß ein Gesellschafter durch einstimmigen Beschluß der übrigen aus der Gesellschaft ausgeschlossen werden könne? XXIII. 27. — 21. Auflösung der off. Handelsgesellsch. wegen eingetretener Handlungsunfähigkeit eines Gesellschafters, oder Ausschließung dieses Gesellschafters? XXII. 33. — 22. Bedeutung einer Verurtheilung zur Zahlung eines Einschusses in eine von den Parteien zu gründende Handelsgesellschaft im Concurse des Klägers. XXII. 276. — 23. Ist eine Übertragungsabgabe für den Eigenthumsübergang von der aufgelösten Gesellschaft auf ein bisheriges Mitglied zu entrichten? XXIV. 97. —

24. Findet die Verjährung aus Art. 146 HGB. auch bei Auflösung der Gesellschaft durch Concurs statt? XXI. 192.

B. Commanditgesellschaft.

a) Im Allgemeinen (Art. 150—172). 1. Kann einer Commanditgesellschaft das Armenrecht ertheilt werden? XXIV. 53. — 2. Kann der Commanditist während der Liquidation die letzte Jahresbilanz anfechten und geschäftliche Aufklärungen verlangen? XXII. 91. — 3. Kann der Gläubiger der Commanditgesellschaft gegen den Commanditisten im Gerichtsstande des Erfüllungsorts der Gesellschaft klagen? XXIII. 168.

b) Commanditgesellschaft auf Actien (Art. 173—206). 1. Anfechtung eines Beschlusses der Gen.-Vers.; kann die Legitimation des Klägers wegen Simulation seines Actienerwerbs (Namenactien) bestritten werden? XXIII. 169. — 2. Stimmrecht in der Gen.-Vers., kann die Beglaubigung der Vollmacht eines erschienenen Vertreters verlangt werden? XXIII. 170. — 3. Anfechtungsrecht des in der Gen.-Vers. widersprechenden Actionärs gegen den Beschluß, auch wenn er kein Stimmrecht hatte. XXIII. 28. — 4. Dispositiver Charakter des Verbots für den Vorstand, ein Handelsgewerbe zu betreiben. XXV. 216. —

Im Übrigen vgl. unten bei Actiengesellschaft.

C. Actiengesellschaft (Art. 207—249).

1. Eine Act.-Gesellsch. kann nicht Mitglied einer off. Handelsgesellsch. sein. XXV. 85. —

2. Dem Vorsitzenden der Gen.-Vers. kann nicht bei Stimmengleichheit die entscheidende Stimme eingeräumt werden. XXV. 86. —

3. Über den Sitz einer Act.-Gesellsch. XXIV. 36. — 4. Hat die Conc.-Masse einer Act.-Gesellsch. Antheil an der für eine Prioritätsanleihe bestellten Sicherheit für die noch nicht begebenen Stücke der Inhaberobligationen? XXII. 77. —

5. Können durch Beschlüsse der Generalversammlungen sämmtlicher Actionäre und der Vorzugsactionäre die letzteren unter dem Präjudiz des Verlustes ihres Vorzugsrechts oder des Verlustes anderer Mitgliederrechte zur Gewährung eines Darlehens angehalten werden? XXV. 21. —

6. Ungültigkeit der Übernahme eines event. Beitrags der Actionäre zum Garantiefonds als Gesellschaftsbeitrag. XXI. 119. — 7. Anfechtung eines Gen.-Vers.-Beschlusses; kann die Legitimation des klagenden Actionärs wegen Simulation seines Actienerwerbs (Namenactien) bestritten werden? XXIII. 169. — 8. Die Übertragung von vinculirten Namenactien ohne Einwilligung der Gesellschaft ist nichtig. XXIV. 98. — 9. Stimmrecht in der Gen.-Vers.; kann die Beglaubigung der Vollmacht eines erschienenen Vertreters verlangt werden? XXIII. 170. — 10. Anfechtungsrecht des in der Gen.-Vers. widersprechenden Actionärs gegen den Beschluß, auch wenn er kein Stimmrecht hatte. XXIII. 28. — 11. Anfechtungsklage eines in der Gen.-Vers. erschienenen Actionärs gegen den Beschluß; wie viele Actien sind von ihm zu hinterlegen? XXII. 172. — 12. Anfechtung eines Beschlusses der Gen.-Vers.; kann die zu leistende Sicherheit mit den zu hinterlegenden Actien bestellt werden? XXII. 173. — 13. Unzulässigkeit der Berufung gegen ein Zwischenurtheil auf Bestellung einer dem Beklagten nicht genügend erscheinenden Sicherheit. XXIV. 253. —

14. Über die Vertretungsbefugniß des Aufsichtsraths. XXIII. 29. — 15. Ersatzanspruch der Gläubiger einer Act.-Gesellsch. gegen die Mitglieder des Aufsichtsraths; Beseitigung desselben durch einen Vergleich des Conc.-Verwalters der Act.-Gesellsch. mit den Mitgliedern des Aufsichtsraths. XXIII. 171. —

16. Dispositiver Charakter des Verbots für den Vorstand, ein Handelsgewerbe zu betreiben. XXV. 216. —

17. Legitimation des Actionärs in der Gen.-Vers., wenn weder Actien noch Interimsscheine ausgegeben sind. Beschlußfähigkeit der Gen.-Vers. bei Anwesenheit eines einzigen Actionärs. XXI. 120. — 18. Darf die Gen.-Vers. bei Vertagung der Beschlußfassung über die Bilanz dem Vorstand Entlastung ertheilen? XXV. 87. —

19. Zusammenlegung von Actien; kann die Gen.-Vers. den Verlust des Actienrechts ohne Entschädigung für die nicht rechtzeitig eingelieferten Actien beschließen? XXII. 92. — 20. Über die Anfechtbarkeit eines Beschlusses der Gen.-Vers., das Grundkapital durch Zusammenlegung der Actien herabzusetzen. XXI. 277. — 21. Rechtsfolgen der Herabsetzung des Grundkapitals für die ausgegebenen Actien. XXI. 193.

D. Gesellschaft mit beschränkter Haftung (Reichsges. v. 20. April 1892).

1. Ungültigkeit eines formlosen Versprechens der Betheiligung sowie eines formlosen Versprechens, einem Gesellschafter einen Theil seines Geschäftsantheils abzunehmen. XXV. 33. — 2. Muß die Einzahlung der Geldeinlage baar erfolgen? XXIV. 47. — 3. Der Gesellschafter kann die Einzahlung seiner Einlage nicht deshalb verweigern, weil er von den Gründern betrüglich zum Eintritt verleitet worden sei. XXIV. 240. — 4. Kann bei vorgeschriebener Collectivvertretung die Willenserklärung eines einzelnen Vertreters Rechte für die vertretene Gesellschaft begründen? XXIV. 74. — 5. Kann im Gesellschaftsvertrage bestimmt werden, daß der Geschäftsführer in Verhinderungsfällen durch ein Mitglied des Aufsichtsraths vertreten werde? XXV. 217. — 6. Form des Widerrufs einer Bestellung zum Geschäftsführer; Ausschluß der Widerruflichkeit im Gesellschaftsvertrage. XXV. 80. — 7. Einfluß der Veräußerung des Gesellschaftsantheils auf den Fortbestand der übernommenen Verpflichtung zur Enthaltung von Concurrenzgeschäften. XXV. 20. — 8. Das Mitglied einer Gesellschaft m. b. H. ist an dem Ausgang ihrer Processe nicht unmittelbar betheiligt. XXV. 119.

IV. Von den Handelsgeschäften.

A. Im Allgemeinen.

a) Begriff der Handelsgeschäfte (Art. 271—277). 1. Ist der Inhaber einer Hengsthalterei wegen des Weiterverkaufs der Hengste als Kaufmann anzusehen? XXIV. 94. — 2. Vermittelung eines hypothekarischen Darlehns für einen Kaufmann, ob Handelsgeschäft? XXIV. 37. — 3. Unstatthaftigkeit der Einrede der Verletzung über die Hälfte, wenn der Kauf auch nur auf Seiten des Verkäufers ein Handelsgeschäft ist. XXIII. 172.

b) Allgemeine Bestimmungen (Art. 278—316). 1. Handelssitte im Gegensatz zum Handelsgebrauch. XXIV. 160. — 2. Maßgeblichkeit eines am Erfüllungsorte bestehenden Handelsgebrauchs für den auswärtigen Vertragsbetheiligten. XXII. 94. — 3. Unverbindlichkeit eines Handelsgebrauchs, das Maß einer Waare nach einer unrichtigen Methode zu ermitteln. XXI. 194. — 4. Ist ein Kunsthändler befugt, die ihm zur Ausstellung und zum event. Verkauf übergebenen Kunstwerke auch anderen Kunsthändlern ꝛc. zu gleichem Zwecke zu überlassen? XXI. 41. — 5. Schadensberechnung bei Nichtlieferung eines sog. Circa-Quantums. XXV. 69. —

6. Ist es Verletzung der Sorgfalt, wenn ein Kaufmann ein ihm nicht genügendes Wechselaccept uneingeschrieben durch die Post zurückschickt? XXII. 95. —

7. Erfüllungsort für die Verpflichtung des Mandanten gegen den Mandatar zur Provisionszahlung. XXI. 16. — 8. Kann Sackmiethe gefordert werden auf Grund einer unbeanstandet gebliebenen Facturenclausel? XXII. 93. — 9. Findet der Anspruch auf Sackmiethe seine Grenze in dem Werth der Säcke? XXV. 88. — 10. Zeitpunct der Beendigung der Sackmiethe in Ansehung verloren gegangener Säcke. XXIV. 161. — 11. Art. 290; die Verzinsung der Auslagen tritt ohne Verabredung und ohne Mahnung mit dem Zeitpunct der Auslagenleistung ein. Zinsen für ausgelegte Zinsen sind nicht verboten. XXI. 121. — 12. Bezieht sich die Verjährungsfrist aus Art. 349 Abs. 2 HGB. auch auf Forderungen aus Art. 290? XXII. 251. —

13. Widerruf der Zusicherung einer Crediteinräumung wegen inzwischen bekannt gewordener Unsicherheit des Promissars. XXII. 3. — 14. Gerichtszuständigkeit nach § 29 CPO. für eine Klage auf Bezahlung eines Contocorrentsaldos, wenn für den geschäftlichen Verkehr vertragsmäßig ein bestimmter Erfüllungsort festgesetzt worden war. XXII. 114. — 15. Anerkennung einer Rechnung i. S. des Art. 294. XXI. 278. —

16. Rechtliche Natur des Checks. XXIII. 99. —

17. Bedeutung eines auf dem Connossement befindlichen dem letzten Blancoindossament folgenden, nicht unterzeichneten Vermerks „nur zur Spedition durch Herrn X an Y". XXV. 222. — 18. Procuraindossament bei Connossementen. XXIV. 43. —

19. Über die Redlichkeit des Erwerbs eines Inhaberpapiers. XXV. 89. — 20. Redlicher Erwerb eines außer Cours gesetzten Inhaberpapiers, auf welchem der Außercourssetzungsvermerk durch Rasur getilgt war. XXII. 186. — 21. Erwerb eines gestohlenen Inhaberpapiers durch einen Bankier ohne Berücksichtigung der Bekanntmachung des Diebstahls. Einfluß der Umstände, daß längere Zeit seit dem Diebstahl verflossen, daß das Papier von einem achtbaren Bankhause erworben war, daß einer der Vormänner es redlich erworben hatte. XXII. 96. — 22. Kann gegen die Vindication einer beweglichen Sache der Lösungsanspruch des verklagten gutgläubigen Erwerbers auch im Herrschaftsgebiet eines Rechts geltend gemacht werden, das einen solchen Anspruch nicht anerkennt? XXIII. 212. —

23. Das kaufmännische Zurückbehaltungsrecht erlischt nicht dadurch, daß der Berechtigte betrüglich zur Mitwirkung bei der Eigenthumsübertragung auf einen Dritten veranlaßt worden ist. XXV. 22. — 24. Unzulässigkeit einer Retention auf Grund von Forderungen, die erst während des Processes über die Rückgabe fällig werden. XXI. 87. — 25. Darf ein Reisender oder Agent die ihm übergebene Mustercollection retiniren? XXI. 122.

c) Abschließung der Handelsgeschäfte (Art. 317—323). 1. Welche Bedeutung haben die bei kaufmännischen Geschäften üblichen Bestätigungsschreiben? XXIV. 38. — 2. Zur Anwendung des Art. 319; Begriff der rechtzeitigen Absendung der Annahmeerklärung. XXIV. 39.

B. Kauf (Art. 337—359). 1. Einrede: der Preis sei übermäßig, höher als er anderen Kunden berechnet und in den Preislisten des Verkäufers angegeben sei, Verkäufer habe des Käufers Angestellten Trinkgelder gegeben. XXII. 174. — 2. Kann Sackmiethe gefordert werden auf Grund einer unbeanstandet gebliebenen Facturenclausel? XXII. 93. —

3. Successive zu erfüllender Lieferungskauf des Gemeinschuldners; Stellung des Conc.-Verwalters dazu, wenn theilweise geliefert worden war. XXIII. 138. — 4. Strikeclausel in einem Kohlenlieferungsvertrage. XXIII. 32. —

5. Kauf nach Probe; können Mängel der probemäßig gelieferten Waare gerügt werden? XXIV. 40. — 6. Relative Übereinstimmung der Waare mit der Probe. Beweislast bezüglich der Identität der Probe. XXII. 250. — 7. Darf bei einem Kauf nach Probe der Käufer die ihm behändigte Probe vermindern? Beweislast bezüglich der unveränderten Beschaffenheit der Probe. XXI. 123. —

8. Der Art. 342 enthält keine Bestimmung über den Erfüllungsort. XXII. 97. — 9. Erfüllungsort für die Abnahme der Waare; Unterschied zwischen Lieferung und Ablieferung. XXV. 165. — 10. Kann der Käufer, wenn der Preis einschließlich der Fracht nach einem bestimmten Orte festgestellt war, die Frachtersparung für sich beanspruchen, die aus der von ihm beorderten Versendung nach einem anderen Orte entsteht? XXII. 233. —

11. Kohlenlieferungsvertrag über ein bestimmtes Quantum für den Förderttag; Annahme- oder Lieferungs-Verzug, wenn der Käufer die Kohlen nicht regelmäßig abnimmt, und der Verkäufer sich weigert, sie auf Lager zu nehmen? XXI. 195. — 12. Das Unterlassen des dem Käufer gestatteten Abrufens der Waare begründet noch keinen Empfangsverzug. XXI. 196. — 13. Begriff der Empfangnahme der Waare nach Art. 343. XXIV. 235. — 14. Der Selbsthülfeverkauf ist mit einer durch die Umstände des Falles gebotenen Beschleunigung vorzunehmen, XXI. 197. Ist er zeitlich beschränkt? XXII. 34. — 15. Hat der Verkäufer dem Käufer Ort und Zeit des öffentlichen Selbsthülfeverkaufs anzuzeigen? XXI. 124. — 16. Befugniß des Verkäufers beim Selbsthülfeverkauf, mitzubieten oder für sich bieten zu lassen. XXV. 90. — 17. Unzulässiger Selbsthülfeverkauf, wenn Ungewißheit über die dabei verkauften Waaren besteht. XXIII. 31. —

18. Unzulässige Bedingungen beim Selbsthülfeverkauf. XXII. 98. — 19. Beanstandung eines Selbsthülfeverkaufs, weil bessere Qualität als gekauft war zum Verkauf gebracht ist? Ort des Selbsthülfeverkaufs. XXIII. 100. — 20. Beim Selbsthülfeverkauf braucht nicht zugesichert zu werden, daß die Waare die dem früheren Käufer versprochenen Eigenschaften habe. XXI. 198. —

21. Verpflichtung des Verkäufers oder event. des Spediteurs, die dem Käufer zu übersendende Waare mit Merkzeichen zu versehen? XXII. 175. —

22. Theilbarkeit von Lieferungsgeschäften. XXIII. 30. — 22. Können Mängel der probemäßig gelieferten Waare gerügt werden? XXIV. 40. — 24. Darf der Käufer die Waare wegen Zuvielsendung ganz ablehnen? XXIV. 41. — 25. Zurückweisung der angedienten Waare, weil sie von besserer Qualität ist als vereinbart? XXIII. 101. —

26. Zum Begriff des Distanzgeschäfts nach Art. 347 HGB. XXI. 279. — 27. Ablieferung und Ablieferungsort i. S. des Art. 347, XXV. 91. 165. Ablieferungsort begrifflich zu unterscheiden vom Bestimmungsort, XXV. 23. — 28. Das Präjudiz der Genehmigung der Waare aus Art. 347 tritt nicht ein, wenn der Käufer die Waare, sei es auch unberechtigter Weise, nicht entgegengenommen hat. XXI. 201. — 29. Ordnungsmäßigkeit der Untersuchung, wenn nur ein Theil der Waare (Wolle in Säcken) untersucht ist. XXV. 149. — 30. Bedeutung und Wirkung der Clausel: „Behufs Prüfung darf eine Kiste geöffnet werden". XXV. 150. — 31. Rechtzeitigkeit der Prüfung und Mängelanzeige bei einer durch Schuld des Käufers verzögerten Ablieferung der Waare. XXII. 99. — 32. Einfluß der Weitersendung der Waare in der Originalverpackung auf die Frist zur Mängelanzeige. XXI. 200. — 33. Die Mängelanzeige kann telegraphisch erfolgen müssen. XXV. 151. — 34. Statutencollision bezüglich der Rechtzeitigkeit einer Mängelanzeige und der Folgen ihrer Versäumung. XXI. 86. XXV. 61. — 35. Wird die Rügepflicht des Käufers durch Vereinbarung einer Garantiefrist beseitigt? XXIII. 102. — 36. Anerkennung der Factura als Verzicht auf Mängelrüge. XXV. 24. — 37. Über die Befugniß des Handlungsreisenden zur Entgegennahme von Mängelrügen und Anerkennung der Mängel. XXI. 117. — 38. Gilt mangelhafte Verpackung der Waare als ein dem Art. 347 unterliegender Mangel? XXI. 280. — 39. Quantitäts- oder Qualitätsmangel? XXI. 199. — 40. Species- oder Genuskauf? Lieferung eines aliud pro alio. XXIII. 103. —

41. Kann neben der Preisminderung auch Schadensersatz wegen vertragswidriger Beschaffenheit der gekauften Waare beansprucht werden? XXIV. 14. —

42. Zu der Feststellung des Zustandes der mangelhaften Waare durch Sachverständige nach Art. 348 braucht der Verkäufer nicht geladen zu werden. Beweiskraft des Befundes. Wer trägt die Kosten der Feststellung? XXII. 100. — 43. Kann der Käufer noch Preisminderung verlangen, nachdem er die zur Verfügung gestellte Waare ohne die Formen des Art. 348 verkauft hat? XXIV. 162. —

44. Vertragsmäßige Festsetzung einer längeren als der gesetzlichen Gewährleistungsfrist; Einfluß auf die Dauer der Klagenverjährung. XXII. 101. —

45. HGB. Art. 349 Abs. 2; Verjährungs- oder Präclusivfrist? XXII. 252. — 46. Auf welche Klagen bezieht sich die Verjährungsfrist aus Art. 349 Abs. 2? XXII. 251. XXIV. 236. — 47. Die Verjährungszeit nach Art. 349 Abs. 2 bezieht sich auf alle Ansprüche des Käufers. XXI. 202. — 48. Anwendbarkeit der Verjährungsfrist des Art. 349 Abs. 2 auch auf den Anspruch auf das Interesse und Ersatz der Aufwendungen des die Waare zurückweisenden Käufers. XXI. 125. —

49. Ist der Selbsthülfeverkauf wegen Annahmeverzugs des Käufers nach Art. 354 zeitlich beschränkt? XXII. 34. —

50. Berechnung des Marktpreises bei Waaren, die zur Ausfuhr ins Ausland bestimmt sind. XXIII. 104. — 51. Unterschied zwischen Vertragsfrist und Nachfrist i. S. des Art. 356. XXIII. 32. — 52. Lieferungskauf; kann der säumige Verkäufer unter allen Umständen eine Nachfrist verlangen? XXIII. 31. — 53. Wie lange nach der Erfüllungszeit kann der Käufer dem säumigen Verkäufer noch Nachfrist ertheilen? XXIII. 173. —

54. Ist die bedungene Lieferung „von je 2000 Centnern per Oct., Nov., Dec., bis spätestens 10. jeden Monats abzuladen" ein Fixgeschäft? XXI. 281. —

55. Bedeutung der im Auslande geschlossenen Börsentermingeschäfte nach § 68 des Börsenges. v. 22. Juni 1896. XXV. 25. — 56. Umgehung des § 66 (vgl. § 48) des Börsenges. XXIV. 99. — 57. Reines Differenzgeschäft; unabhängig von einer amtlichen Preisnotirung. XXIV. 148. — 58. Klage aus einer Vereinigung zu reinen Differenzgeschäften? XXIV. 149.

C. Commissionsgeschäft (Art. 360—378). 1. Ob der Commissionär ein Handelsgeschäft geschlossen habe, entscheidet sich nach seiner, nicht des Committenten, Kaufmannseigenschaft. XXIII. 174. — 2. Ist der Vertrag über den Vertrieb von Lotterieloosen nach Staaten, die dies verbieten, wegen Unsittlichkeit ungültig? XXIV. 11. — 3. Haftung des Bankiers gegenüber seinem Kunden für die Empfehlung von Werthpapieren. XXV. 26. — 4. Unrichtige Mittheilungen des Bankiers über die Sicherheit von ihm empfohlener Werthpapiere. XXIV. 237. — 5. Welche Forderungen aus Geschäften des Commissionärs gelten im Verhältniß zwischen ihm oder seinen Gläubigern und dem Committenten als Forderungen des Committenten? XXIV. 42. — 6. Gemeinrechtliches Retentionsrecht des Committenten an der Provision wegen des (connexen) Gegenanspruchs auf Rücksendung anderen Commissionsguts. XXIII. 1. — 7. Erfüllungsort für die Verpflichtungen des Mandanten gegen den Mandatar. XXI. 16. — 8. Marktpreis i. S. des Art. 376. XXII. 35.

D. Speditionsgeschäft (Art. 379—389). 1. Verpflichtung des Verkäufers oder event. des Spediteurs, die dem Käufer zu übersendende Waare mit Merkzeichen zu versehen? XXII. 175. — 2. Darf der Spediteur von dem Empfänger Weisungen bezüglich der Versendung der Waare einholen? XXI. 203. — 3. Kann die Schadensersatzpflicht des Spediteurs für die von ihm verschuldete Nichtabnahme der Waare in der Zahlung des Facturapreises gegen Übernahme der Waare bestehen? XXII. 253. — 4. Verfolgungsrecht des Absenders gegen den Spediteur, der das Gut dem Destinatär noch nicht übergeben hatte. XXIII. 175. — 5. Haftung des Spediteurs für den Seeschiffer aus Art. 384 HGB. XXIV. 163. — 6. Widerruflichkeit des Speditionsauftrags auch bei Einigung über einen bestimmten Satz der Transportkosten. XXIV. 100. — 7. Beginn der Klagenverjährung gegen den Spediteur, wenn der Adressat die Annahme verweigert hat. Ablieferung i. S. der Art. 386 Abs. 2 und 408 Abs. 3 HGB. XXIII. 33.

E. Frachtgeschäft (Art. 390—431). Ist der Posthalter als Frachtführer zu behandeln? XXV. 218. — 2. Schleppvertrag; Werkverdingung oder Sach- und Dienstmiethe? XXIV. 20. —

3. Begleitpapiere. XXII. 176. — 4. Begriff der Ablieferung des Frachtguts. XXI. 284. — 5. Der von dem Destinatär mit dem Transport der Waare vom Bahnhof in sein Magazin beauftragte Frachtführer haftet nicht für frühere Beschädigungen des Frachtguts. XXII. 254. — 6. Fortbestehen des Frachtvertrags trotz Beschlagnahme des Frachtguts durch die Zollbehörde? XXII. 176. — 7. Verfolgungsrecht des Absenders gegen den Spediteur, der das Gut dem Destinatär noch nicht übergeben hatte. XXIII. 175. — 8. Wird der Gerichtsstand des Vermögens durch das Recht des Absenders, dem Frachtführer wegen Auslieferung des Gutes Anweisung zu ertheilen, begründet? XXI. 216. —

9. Schadensersatzklage gegen die Eisenbahn, die das Frachtgut an Einen der beiden Adressaten des Frachtbriefs abgeliefert hatte. XXIV. 238. — 10. Hat der Adressat eines Geldbriefs einen pfändbaren Anspruch auf Auslieferung gegen die Postanstalt? XXV. 135. — 11. Die Anordnung des Gerichts aus Art. 407. 409 wegen Niederlegung und Verkaufs von Frachtgütern ist Sache der freiwilligen Gerichtsbarkeit. XXII. 111. — 12. Beginn der Klagenverjährung gegen den Frachtführer, wenn der Adressat die Annahme verweigert hat. Ablieferung i. S. der Art. 386 Abs. 2 und 408 Abs. 3 HGB. XXIII. 33. — 13. Der Ladeschein ist für die Rechtsverhältnisse zwischen Frachtführer und Empfänger, insbesondere auch für das gesetzliche Pfandrecht des Frachtführers, maßgebend. XXI. 282. —

14. Postanweisung auf Posteinlieferungsbuch; Haftung der Postverwaltung aus ungenügender Prüfung der Adressen. XXIV. 164.

F. Binnenschiffahrt (Ges. v. 15. Juni 1895). 1. § 3. Prima facie-Beweis für das Verschulden einer Person der Schiffsbesatzung. XXIII. 78. — 2. Bedeutung und Tragweite des Grundsatzes, daß bei Beschädigungen durch einen Schleppzug dieser eine nautische Einheit bilde. XXV. 219. — 3. Besteht bei Schadensansprüchen ein Gläubigerrecht des Binnenschiffseigners gegenüber einem ihm selbst gehörigen Schiffsvermögen? XXV. 152. — 4. Einfluß einer veränderten Gesetzgebung auf die Auslegung der in einem Geschäftsbetriebe hergebrachten Vertragsbedingungen. XXIV. 5. —

5. Durch Platzmangel an der vertragsmäßigen Lade- oder Löschstelle wird die Lade- oder Löschbereitschaft des Binnenschiffers nicht ausgeschlossen. XXIV. 165. — 6. Bedeutung der Clausel „für Verzögerung der Ladezeit ist der Befrachter nicht verantwortlich" in der Binnenschiffahrt. XXIV. 166. — 7. Solidarische Haftung mehrerer Ladungsempfänger für Liegegeld bei Verfrachtung eines Flußschiffs im Ganzen. XXIII. 243. — 8. Inhalt der Vertragsbestimmung, daß der Binnenschiffer die zu transportirenden Güter aus einem Seeschiffe zu übernehmen habe. XXV. 92. — 9. Große Haverei in der Flußschiffahrt im Fall des Aufsuchens eines Zwischenhafens wegen Winterfrostes, XXIII. 244. Ferner wenn das Schiff in einem Hafen, wo es einen Theil der Ladung zu löschen hatte, wegen Winterfrostes liegen bleibt, XXIV. 167. — 10. Anwendbarkeit der Vorschrift des § 114 des Binnenschiffahrtsges. auf Schiffe, welche dem Hafenverkehr dienen. XXV. 220.

V. Seehandel.

A. Rheder und Rhederei (Art. 450—477). 1. Besteht bei Schadensansprüchen ein Gläubigerrecht des Rheders oder Binnenschiffseigners gegenüber einem ihm selbst gehörigen Schiffsvermögen? XXV. 152. — 2. Schiffscollision; Anspruch wegen Beschädigung der Ladung, wenn der Ladungseigner oder dessen Cessionar zugleich Rheder oder Flußschiffseigenthümer des mitschuldigen Schiffes ist. XXII. 38. — 3. Durch das sog. Heimschaffungsges. v. 27. Dec. 1872 werden in dem Verhältniß der Rheder unter einander keine Rechte und Verpflichtungen begründet, XXII. 177. Kein Anspruch gegen den Rheder auf höhere als die gesetzlichen Beträge aus dem Gesichtspunct nützlicher Geschäftsführung oder Verwendung, XXIII. 245. — 4. Ist der Correspondentrheder oder der Mitrheder als Kaufmann anzusehen? XXV. 27. — 5. Legitimation des Correspondentrheders zur Verfolgung von Schadensansprüchen wegen Beschädigung oder Vernichtung des Schiffes. XXIV. 101. — 6. Zum Begriff des Ausrüsters eines Seeschiffs (HGB. Art. 477). XXI. 283.

B. Schiffer (Art. 478—527). 1. Statutencollision in Betreff der Verjährung der Klage aus einem vom Schiffer im Auslande kraft seiner gesetzlichen Vollmacht für den Rheder abgeschlossenen Rechtsgeschäfts. XXI. 283. — 2. Frachtforderung für die im Nothhafen verkaufte Ladung, wenn die Reparatur des Schiffes so zeitraubend ist, daß der Weitertransport der Ladung in diesem Schiffe unthunlich wird. XXIV. 44.

C. Von der Schiffsmannschaft (Seemannsordnung v. 27. Dec. 1872). 1. Wem gebührt die durch den Wegfall eines Maschinisten während der Reise ersparte Heuer? Gewohnheitsrecht? XXIII. 105. — 2. Pactum turpe, wenn ein Schiffsmann es übernimmt, am Bestimmungsort seines Schiffes heimlich mitgenommene Waaren entgegen den dort bestehenden Gesetzen einzuschwärzen? XXII. 9. — 3. Heimschaffungsges. v. 27. Dec. 1872; Begriff der Hülfsbedürftigkeit. Kein Anspruch gegen den Rheder auf höhere als die gesetzlichen Beträge aus dem Gesichtspunct nützlicher Geschäftsführung oder Verwendung.

XXIII. 245. — 4. Durch das sog. Heimschaffungsges. v. 27. Dec. 1872 werden in dem Verhältniß der Rheder untereinander keine Rechte und Verpflichtungen begründet. XXII. 177.

D. Frachtgeschäft zur Beförderung von Gütern (Art. 557—664). 1. Begriff der Clarirung des Schiffes (Art. 592). XXV. 22f. — 2. Begriff der „Löschung" einer Schiffsladung. Wer hat die Kosten der Verwiegung oder Vermessung der Ladung zu tragen, wenn die Fracht nach ausgeliefertem Gewicht oder Maß zu entrichten ist? XXV. 93. — 3. Berechnung der Löschzeit. Anspruch auf Liegegeld ohne Verschulden des Empfängers. XXIV. 168. — 4. Befreit die Connossementsclausel, wonach der Empfänger die Güter, sobald das Schiff löschbereit ist, sofort abzunehmen hat, den Schiffer von der Anzeige der Löschbereitschaft (Art. 595) oder von der Aufforderung, die Güter abzunehmen (Art. 605)? XXI. 126. — 5. Verfällt die auf die Nichterfüllung eines See-Frachtvertrags gesetzte Conventionalstrafe durch Verzögerung der Auslieferung der Ladung? XXII. 178. —

6. Begriff der Ablieferung des Frachtguts. XXI. 284. — 7. Beweis höherer Gewalt durch den Frachtführer. XXII. 36. — 8. Muß der Schiffer, wenn eine Besichtigung der Güter gemäß Art. 609 an Bord nicht ausführbar ist, deren Überführung nach einem geeigneten anderen Orte dulden? XXII. 37. —

9. Begriff des Empfängers im frachtrechtlichen Sinn. XXIV. 43. XXV. 222. — 10. Frachtforderung für die im Nothhafen verkaufte Ladung, wenn die Reparatur des Schiffes so zeitraubend ist, daß der Weitertransport der Ladung in diesem Schiffe unthunlich wird. XXIV. 44. — 11. Durch die vereinbarte Kürzung des Frachtvorschusses um den Betrag der Versicherungsprämie übernimmt der Befrachter die Seegefahr für den Frachtvorschuß, auch event. in Bezug auf einen Collisionsschaden. XXIII. 176. — 12. Statutencollision bezüglich des Anspruchs auf die Distanzfracht. XXIII. 34. —

13. Connossementskauf; wer trägt die Gefahr einer nicht ordnungsmäßig erfolgten Abladung? XXIV. 215. — 14. Schriftform des Connossements. Procuraindossament bei Connossementen. XXIV. 43. — 15. Bedeutung eines auf dem Connossement befindlichen, dem letzten Blancoindossament folgenden, nicht unterzeichneten Vermerks „nur zur Spedition durch Herrn X. an Y". XXV. 222. — 16. Bedeutung der Clausel „Connossementsdaten maßgebend" in einem Kaufvertrage über eine in einem bestimmten Monat zu verschiffende Waare. XXV. 133. — 17. Das Connossement als Urkunde über den Frachtvertrag bei Stückgüterabladungen. XXII. 102. — 18. Bedeutung der Connossementsclausel »the goods are to be applied for within 24 hours«. XXI. 257. — 19. Beweislast über die Identität der auf ein Connossement angedienten mit der abgeladenen Waare. Clausel »marks unknown und not responsible for differences of marks«. XXIV. 239.

E. Haverei und Zusammenstoß von Schiffen. (Art. 702—741). 1. Große Haverei durch Anlaufen eines Nothhafens wegen einer objectiv nicht vorhandenen, vom Schiffer aber aus guten Gründen angenommenen Gefahr. XXIII. 106. — 2. Einfrieren im Nothhafen ist keine große Haverei. XXII. 255. —

3. Schiffscollision; Anspruch wegen Beschädigung der Ladung, wenn der Ladungseigner oder dessen Cessionar zugleich Rheder oder Flußschiffseigenthümer des mitschuldigen Schiffes ist. XXII. 38. — 4. Haftung für den auf die Übertretung einer polizeilichen Verordnung mittelbar zurückzuführenden Schaden? Ursächlicher Zusammenhang im Rechtssinn und im natürlichen Sinn. XXII. 18. — 5. Steht bei der solidarischen Verpflichtung Mehrerer aus einem Delict dem Zahlenden ein Regreß gegen seine Mitschuldner zu, oder kann er die Abtretung des Klagerechts gegen sie verlangen? XXII. 7. — 6. Der Versicherer haftet für eine vom versicherten Schiffe angerichtete und vom Rheder zu ersetzende Beschädigung nur im Falle des Zusammenstoßes mit einem anderen Schiffe. XXI. 204. — 7. Haftung des Frachtversicherers für den indirecten Collisionsschaden. XXIII. 36.

F. Schiffsgläubiger (Art. 757—781). 1. Besteht bei Schadensansprüchen ein Gläubigerrecht des Rheders oder Binnenschiffseigners gegenüber einem ihm selbst zugehörigen Schiffsvermögen? XXV. 152. — 2. Über das Verhältniß zwischen der Verjährung der Forderung des Schiffsgläubigers und der Verjährung des persönlichen Anspruchs (Art. 907). XXI. 286. — 3. Haftung des Frachtversicherers für den indirecten Collisionsschaden. XXIII. 36. — 4. Beschränkte Haftung mit Schiff und Fracht bei Ungewißheit, welches von mehreren Schiffen desselben Schiffeigners haftet. XXV. 220.

G. Seeversicherung (Art. 782—905). 1. Versicherung eines Vorschusses auf die Charterfracht, wenn der Charterer von seinen Unterbefrachtern ebenfalls Frachtvorschüsse erhalten hat. XXIII. 35. — 2. Versicherung des imaginären Gewinns auf einen für den eigenen Gebrauch des Versicherten bestimmten Gegenstand. XXIII. 107. — 3. Wann entsteht bei sog. laufenden Policen die Versicherung? XXV. 94. — 4. Versicherung auf behaltene Ankunft. Wesen des bei einer solchen Versicherung erforderlichen Interesse. XXI. 285. — 5. Versicherung auf behaltene Ankunft mit taxirtem Interesse; kann die bezahlte Versicherungssumme auf Grund der Behauptung condicirt werden, daß kein Interesse in der angenommenen Höhe vorgelegen habe? XXIII. 108. — 6. Anzeigepflicht des Versicherungsnehmers bei der Seeversicherung. Haftung für die Arglist von Hülfspersonen beim Vertragschluß. XXIV. 169. — 7. Haftung des Frachtversicherers für den indirecten Collisionsschaden. XXIII. 36. — 8. Durch die vereinbarte Kürzung des Frachtvorschusses um den Betrag der Versicherungsprämie übernimmt der Befrachter die Seegefahr für den Frachtvorschuß, auch event. in Bezug auf einen Collisionsschaden. XXIII. 176. — 9. Der Versicherer haftet für eine vom versicherten Schiff angerichtete und vom Rheder zu ersetzende Beschädigung nur im Fall des Zusammenstoßes mit einem anderen Schiffe. XXI. 204. — 10. Versicherung gegen Quarantainegefahr; Einfluß des Umstandes, daß der versicherte Ablader die Verfügung der Quarantaine kannte. XXI. 44.

H. Verjährung (Art. 906—911). 1. Statutencollision in Betreff der Verjährung der Klage aus einem vom Schiffer im Auslande kraft seiner gesetzlichen Vollmacht für den Rheder abgeschlossenen Rechtsgeschäfte. XXI. 283. — 2. Über das Verhältniß zwischen der Verjährung der Forderung des Schiffsgläubigers und der Verjährung des persönlichen Anspruchs (Art. 907). XXI. 286.

Hauptstück 2.

Wechselrecht.

I. Allgemeines.

1. Bringeschuld? XXII. 180. — 2. Genehmigung eines Wechsels der Ehefrau durch das Accept des Mannes. XXV. 79. — 3. Zweck und Bedeutung eines Depotwechsels. XXIII. 115. — 4. Rechtliche Wirkung der Erklärung eines Bezogenen, der Wechsel gehe in Ordnung. XXIII. 177. — 5. Der Wechselschuldner hat ein Recht auf Rückgabe des durch unterlassene Protesterhebung präjudicirten, erledigten Wechsels. XXIII. 246. — 6. Verlust des Rückforderungsrechts des Bewucherten durch Versäumung der Einrede im vorangegangenen Wechselverfahren. XXIII. 87. — 7. Kann der Verkäufer den Preis durch Wechselziehung einfordern? XXII. 226. — 8. Über die Verpflichtung des Empfängers eines zahlunghalber empfangenen Wechsels. XXIV. 142. — 9. Umfang der Verpflichtung, für die Einziehung eines zahlunghalber empfangenen Wechsels zu sorgen. Im Zweifel zahlunghalber. XXIV. 9.

II. Von gezogenen Wechseln.

A. Erfordernisse eines gezogenen Wechsels (WO. Art. 4—7). 1. Statutencollision bezüglich der Verfallzeit eines Wechsels. XXI. 287. — 2. Gültigkeit eines gezogenen Wechsels, insbesondere eines Wechsels an eigene Ordre, mit der Unterschrift des Ausstellers „ohne Gewähr". XXII. 179. — 3. Kann ein Wechsel auf mehrere Personen gezogen werden? XXIII. 109. XXV. 28. 29. — 4. Abweichungen zwischen dem Namen des Trassaten und der Unterschrift des Acceptanten. XXV. 223. — 5. Darf eine Firma X, deren Inhaber anders heißt, im Wechsel als „Herr X" bezeichnet werden? XXI. 127.

B. Verpflichtungen des Ausstellers (Art. 8). Gültigkeit eines gezogenen Wechsels, insbesondere eines Wechsels an eigene Ordre, mit der Unterschrift des Ausstellers „ohne Gewähr". XXII. 179.

C. Indossament (Art. 9—17). 1. Einrede der fehlenden Wechselbegebung gegen den Indossatar. XXII. 103. — 2. Ist der Empfänger eines Gefälligkeitsaccepts zu einer neuen Begebung desselben berechtigt, wenn er es begeben und eingelöst hat? XXII. 15. — 3. Activlegitimation bei Rücklauf eines Wechsels von dem Protestanten auf eine bis zum Verfall im Wechselverbande stehende

Person durch den Inhalt des Wechsels und der Protesturkunde, trotz Durchstreichung ihres Indossaments. XXII. 104. — 4. Legitimation des Klägers, wenn ein nichtdurchstrichenes Incassoindossament desselben auf dem Wechsel steht. XXV. 225. — 5. Klage aus einem Wechsel, welcher bereits von einem Indossatar des Klägers für Rechnung des Klägers erfolglos eingeklagt war. XXI. 228.

D. Annahme (Art. 21—24). 1. Abweichungen zwischen dem Namen des Trassaten und der Unterschrift des Acceptanten. XXV. 223. — 2. Rechtliche Wirkung der Erklärung eines Bezogenen, der Wechsel gehe in Ordnung. XXIII. 177. — 3. Verzicht auf Präsentation des Wechsels und dessen Folgen; Bringeschuld. XXII. 180. — 4. Bürgschaft für eine dem Aussteller gegen den Acceptanten zustehende Wechselforderung und Cession der Bürgschaftsforderung vom Aussteller an einen den Wechsel bei Verfall einlösenden Indossatar. XXII. 239. — 5. Unzulässige Einrede des Acceptanten gegen den Indossanten, daß, wie diesem bekannt, der Aussteller sich zur Einlösung verpflichtet habe. XXIII. 37. —

6. Domicilirung eines Wechselblanketts durch den Remittenten; stillschweigende Einwilligung des Ausstellers durch Nichtbeantwortung der Anzeige von der Domicilirung. XXIV. 46. — 7. Folgen der eigenmächtigen Hinzufügung eines Domicilvermerks auf Blancoaccepten durch den Aussteller. XXIV. 45. — 8. Gegenüber dem Acceptanten eines domicilirten Wechsels bedarf es keines Protestes, wenn er selbst im Domicil zahlen soll. XXV. 225. — 9. Bei Protestirung eines Wechsels mit benanntem Domiciliaten muß die Protesturkunde ergeben, daß sich der Protest gegen den Domiciliaten gerichtet hat. XXV. 153. — 10. Über die Bedeutung der vom Indossanten geleisteten Bezahlung des Wechsels, insbesondere wenn er auch als Domiciliat oder als Zahlungsstelle genannt war. XXI. 205. — 11. Eine Domicilirung nach Acceptation des Wechsels geht den Acceptanten nichts an; die Klagzustellung wirkt wie eine Präsentation. XXIII. 110.

E. Regreß auf Sicherstellung (Art. 25—29). 1. Anspruch auf Sicherheitsleistung wegen Unsicherheit des Acceptanten, auch wenn diesem Einwendungen gegen die Art und Weise der fruchtlos ausgefallenen Zw.-Vollstr. zustanden und wenn er jetzt den fruchtlos exequirten Betrag hinterlegt. XXII. 181. — 2. Kein Regreß auf Sicherstellung des Wechsels wegen des Concurses eines Mitacceptanten des Beklagten. XXIII. 178. — 3. Art der Vollstreckung eines Urtheils im Wechselproceß auf Sicherheitsbestellung. XXIV. 170. — 4. Anfechtung der nach Fälligkeit des Wechsels erwirkten Sicherstellung wegen Unsicherheit des Acceptanten. XXIII. 111.

F. Erfüllung der Wechselverbindlichkeit (Art. 30—40). 1. Kann gegen den Acceptanten ohne vorherige Präsentation des Wechsels auf Zahlung geklagt werden? XXI. 128. XXII. 39. — 2. Legitimation des Inhabers eines indossirten Wechsels; die bloße Möglichkeit der Durchstreichung eines hinderlichen

Indossaments genügt nicht. XXV. 224. — 3. Beweislast in Betreff der Identität des Acceptanten mit der im Wechsel benannten gleichnamigen Person des Zahlers. XXV. 225. — 4. Durchstreichung eines Indossaments mit Rothstift. XXIII. 112. — 5. Wird der Wechselschuldner durch Zahlung an den Domiciliaten dem Inhaber gegenüber befreit? XXIII. 113. — 6. Relativer Inhalt der Wechselregreßschuld, nach dem Inhalt des Zahlungsauftrags. XXI. 287. — 7. Die Verurtheilung zur Zahlung einer Wechselschuld enthält stillschweigend die Clausel „gegen Aushändigung des quittirten Wechsels". XXII. 136. — 8. Verzicht auf Präsentation des Wechsels und dessen Folgen; Bringeschuld. XXII. 180.

G. Regreß m. Z. (Art. 41—55). 1. Statutencollision bezüglich der Verfallzeit eines Wechsels. Relativer Inhalt der Wechselregreßschuld. XXI. 287. — 2. Über die Bedeutung der vom Indossanten geleisteten Bezahlung des Wechsels, insbesondere wenn er auch als Domiciliat oder als Zahlungsstelle genannt war. XXI. 205. — 3. Eine Domicilirung nach Acceptation des Wechsels geht den Acceptanten nichts an; die Klagezustellung wirkt wie eine Präsentation. XXIII. 110. — 4. Bei Protestirung eines Wechsels mit benanntem Domiciliaten muß die Protesturkunde ergeben, daß sich der Protest gegen den Domiciliaten gerichtet hat. XXV. 153. — 5. Wird der Wechselschuldner durch Zahlung an den Domiciliaten dem Inhaber gegenüber befreit? XXIII. 113. — 6. Gegenüber dem Acceptanten eines domicilirten Wechsels bedarf es keines Protestes, wenn er selbst im Domicil zahlen soll. XXV. 225. —

7. Regreß m. Z., Benachrichtigungspflicht. XXI. 45. — 8. Art. 47; obligatorische oder facultative Benachrichtigung eines früheren an Stelle des unmittelbaren Vormannes, wenn in dessen Indossament eine Ortsbezeichnung fehlt? XXII. 256. —

9. Der Trassant hat keinen Anspruch auf $1/3$% Provision, wohl dagegen auf Protestkosten. XXIV. 102. — 10. Activlegitimation bei Rücklauf des Wechsels von dem Protestanten auf eine bis zum Verfall im Wechselverbande stehende Person durch den Inhalt des Wechsels und der Protesturkunde, trotz Durchstreichung ihres Indossaments. XXII. 104.

H. Falsche Wechsel (Art. 75. 76). Die Einrede der Wechselfälschung wird nicht dadurch beseitigt, daß der Beklagte außergerichtlich versprochen hat, die Sache trotzdem ordnen zu wollen. XXI. 129.

J. Wechselverjährung (Art. 77—80). 1. Verjährung der Wechselregreßklage des Indossanten; der nach der Verjährung einlösende Indossant hat keinen Regreß. XXII. 105. — 2. Litispendenzverjährung bei Wechselforderungen. XXI. 46. — 3. Wird die Wechselverjährung durch Zustellung eines Zahlungsbefehls unterbrochen? XXI. 47.

K. Klagerecht des Wechselgläubigers (Art. 81—83). 1. Activlegitimation bei Rücklauf des Wechsels von dem Protestanten auf eine bis zum Verfall im Wechselverbande stehende Person durch den Inhalt des Wechsels und der Protesturkunde, trotz Durchstreichung ihres Indossaments. XXII. 104. — 2. Rechtliche Natur der Verpflichtung des Wechselbürgen (Avalisten); Einfluß der Entlassung des Hauptverpflichteten aus seiner Verbindlichkeit. XXIII. 114. —

3. Durch seine Anerkennung der Wechselschuld verliert der Aussteller nicht die Einrede aus der dem Wechsel zu Grunde liegenden Bewucherung des Acceptanten durch den Wechselinhaber. XXIII. 224. — 4. Unzulässige Einrede des Acceptanten gegen den Indossanten, daß, wie diesem bekannt, der Aussteller sich zur Einlösung verpflichtet habe. XXIII. 37. — 5. Wechselregreßklage des einen den Wechsel einlösenden Socius gegen den anderen; exc. doli auf Grund des Societätsverhältnisses. XXI. 130. — 6. Unzulässigkeit der Eideszuschiebung an den klagenden Indossatar über eine Arglist des Wechselausstellers und des Indossatars Kenntniß davon. XXV. 226. — 7. Zweck und Benutzung eines Depotwechsels. XXIII. 115. — 8. Die Klage des Schuldners auf Herausgabe des Wechsels begründet keine Rechtshängigkeit gegen die Klage des Gläubigers auf Zahlung. XXV. 170. —

9. Bereicherungsklage gegen den Aussteller eines präjudicirten Wechsels; Voraussetzung, daß der Wechsel an sich gültig war, und daß der Beklagte materiell bereichert ist. XXIII. 116. — 10. Bereicherungsklage gegen den Wechselaussteller nach Art. 83, obgleich der wechselmäßige Anspruch gegen den Acceptanten noch nicht erloschen ist? Substantiirung der Bereicherung. XXI. 206. — 11. Die Wechselbereicherungsklage wird ausgeschlossen durch eine fortbestehende civilrechtliche Klage. XXV. 95.

L. Protest (Art. 87—90). 1. Ist ein Wechselprotest deshalb ungültig, weil der Auftrag zur Protestaufnahme in einer nicht ganz sachgemäßen Weise ertheilt war oder weil der Protestbeamte nicht die richtige Person als den Protestaten in der Protesturkunde bezeichnet hat? XXI. 207. — 2. Die Bezeichnung der Person, für welche der Protest erhoben wird, mit einem unrichtigen Vornamen macht den Protest noch nicht ungültig. XXV. 227. — 3. Der Wechselprotest für einen Erben muß die Erbeneigenschaft erwähnen. XXV. 96. — 4. Darf eine Firma X, deren Inhaber anders heißt, im Wechsel als Herr X bezeichnet werden und gegen wen ist der Protest aufzunehmen, wenn ein Herr X an dem Orte wohnt? XXI. 127. — 5. Zulänglichkeit eines Wechselprotestes, wenn die Feststellung, der Protestat sei nicht anzutreffen gewesen, auf einer Nachfrage bei dem im Geschäftslocal des Protestaten angetroffenen Handlungsgehülfen beruht. XXII. 182. — 6. Bei Protestirung eines Wechsels mit benanntem Domiciliaten muß die Protesturkunde ergeben, daß sich der Protest gegen den Domiciliaten gerichtet hat. XXV. 153.

M. Ort und Zeit für die Präsentation rc. (Art. 91—93). 1. Statutencollision bezüglich der Rechtzeitigkeit des Protestes. XXI. 287. — 2. Protestort; „beiderseitiges Einverständniß" i. S. des Art. 91 WO. XXI. 48.

III. Von eigenen Wechseln (Art. 96–100).

Der Nehmer eines eigenen Wechsels hat keinen Anspruch auf $1/3\%$ Provision, wohl dagegen auf Protestkosten. XXIV. 102.

Hauptstück 3.

Genossenschafts-, Gewerbe-, Urheber- und Verlags-, Versicherungsrecht; Papiere auf Inhaber.

I. Genossenschaftsrecht.

1. Unzulässigkeit der Zusicherung günstigerer Aufnahmebedingungen an einzelne Genossen. XXV. 30. — 2. Ist der Rücktritt von einem Genossenschaftsvertrage vor der Eintragung der Genossenschaft in das Genossensch.-Register zulässig? XXV. 154. — 3. Haftung aus Geschäften für eine einzutragende, dann aber nicht eingetragene, Genossenschaft. XXIII. 179. —

4. Einrede des Genossen gegen die Klage auf Einzahlung seines Antheils, daß er betrüglich zum Beitritt veranlaßt worden sei. XXII. 40; vgl. XXV. 155. — 5. Voraussetzung der Inanspruchnahme des einzelnen Genossen seitens der Genossenschaft bei vorhandenem Deficit. XXI. 49. —

6. Einrede der Arglist gegen die Heranziehung eines Mitglieds zu Beiträgen, dessen Austritt durch Verschulden des Vorstandes nicht eingetragen worden war. XXIV. 103. — 7. Hat der ausgeschiedene Genosse ein Recht auf Anfechtung der Bilanz nach dem Genossenschaftsges. v. 1. Mai 1889? XXI. 288. — 8. Kann der Anspruch des ausscheidenden Genossen auf Auseinandersetzung nach der Bilanz durch den Beschluß der Gen.-Vers., den Gewinn zum Reservefonds zu schlagen, vereitelt werden? XXII. 107. — 9. Unstatthaftigkeit einer Verpflichtung ausscheidender Genossen zu Beiträgen behufs Bildung eines Amortisationsfonds zur Deckung künftiger Ausfälle. XXV. 31. —

10. Über die Zulässigkeit einer gerichtlichen Anfechtung des Ausschlusses aus einer privatrechtlichen Genossenschaft. XXI. 168. — 11. Anfechtung der Ausschließung eines Genossen lediglich binnen der in § 49 des Ges. v. 1. Mai 1889 vorgeschriebenen Frist von 1 Monat; Berechnung der Frist. XXV. 32. — 12. Anfechtung des Beschlusses der Gen.-Vers. einer eingetr. Genossenschaft, durch welchen Mitglieder des Aufsichtsraths abgesetzt und neue gewählt sind; gegen wen ist die Klage zu richten? XXII. 183. — 13. Haftung eines Creditvereins auf Rückzahlung eines statutenwidrig, aber der Übung entsprechend, von dem Kassirer entgegengenommenen Darlehns. XXII. 106. XXIII. 38. —

14. Pensionsverein; Unwirksamkeit von Statutenänderungen, wodurch die Rechte der Pensionisten geschmälert werden. XXI. 167. —

15. Über die Verpflichtung der Liquidatoren einer aufgelösten Genossenschaft, deren Vermögen flüssig zu machen, und über ihre Berechtigung zur Eingehung neuer Geschäfte. XXV. 97. — 16. Unzulässigkeit des Einwandes eines Genossen gegen seine Haftung im Concurse der Genossenschaft, daß er betrüglich zum Beitritt verleitet worden sei. XXV. 155; vgl. XXII. 40.

II. Gewerberecht.

A. Allgemeines.

1. Kündigung eines Bierabnahmevertrags in Ermangelung einer Vereinbarung über die Dauer und über die Kündigung desselben. XXV. 71. — 2. Einstweil. Verfügung zum Schutze des noch streitigen Rechts aus der Veräußerung einer Kundschaft; die rechtliche Begründung des Hauptanspruchs ist zu prüfen. XXII. 66. — 3. Gemeinschaftlicher Geschäftsbetrieb mehrerer Patentanwälte unter einem Collectivnamen. Einfluß des Umstandes, daß sie sich als off. Handelsgesellsch. in das Handelsregister haben eintragen lassen und neben der Anwaltschaft auch Handelsgeschäfte betreiben, auf ihr Verhältniß zu ihren Clienten. XXII. 16.

B. Insbesondere nach der Gewerbeordnung.

1. Fällt unter den Begriff des Gewerbebetriebs nach § 3 des Reichsges. wegen Beseitigung der Doppelbesteuerung v. 13. Mai 1870 die Ausübung der ärztlichen Praxis und die Praxis eines Rechtsanwalts? XXIII. 88. — 2. Verleihung der Realgerechtsame zum Betrieb einer Apotheke gegen eine jährliche Abgabe vom Grundstück. XXIII. 40. — 3. Zum Begriff der nach § 8 Ziff. 1 GewO. ablösbaren Zwangs- und Bannrechte. XXIII. 117. — 4. Über die Belastung eines Grundstücks mit der Beschränkung, daß keine Gastwirthschaft betrieben werden darf. XXIV. 171. —

5. Verhältniß des § 26 Gew.-O. zu der Negatorienklage auf Unterlassung schädlicher Immissionen. Fassung einer solchen Verurtheilung. XXIII. 180. — 6. Wie genau muß das Urtheil auf eine Negatorienklage wegen Immission übler Gerüche die dem Beklagten auferlegten Vorkehrungen bezeichnen? XXI. 11. — 7. Negatorienklage gegen die Zuleitung übler Gerüche aus einer gewerblichen Niederlage; hat Kläger die erforderlichen Vorkehrungen anzugeben? XXIII. 8. — 8. Kann die Klage aus § 26 GewO. auf Herstellung anderer Einrichtungen und Schadenserstattung durch entsprechende Einrichtungen im Laufe des Processes beseitigt werden? XXI. 289. — 9. Entschädigung wegen Immissionen in Rente oder in Kapital? XXIV. 212. —

10. Erwerb des Rechts auf Marktstandsgeld durch örtliches Gewohnheitsrecht oder durch unvordenkliche Verjährung? XXV. 228. —

11. Bedeutung der Anstellung eines Gehülfen auf Probe. XXIII. 148. — 12. Inhalt der den Arbeitern nach § 113 Gew.-O. zu ertheilenden Zeugnisse. XXV. 156. — 13. Zulässigkeit des Rechtswegs für Entschädigungsansprüche des Arbeiters gegen den Arbeitgeber aus der Unterlassung von Schutzvorrichtungen. XXV. 34. —

14. Kündigung an den Brennmeister auf einem Rittergut; Anwendung des § 133a. XXV. 98. —

15. Unklagbarkeit von Verabredungen zur Erzielung günstiger Arbeitsbedingungen. XXII. 41. — 16. Unklagbarkeit von Verabredungen Gewerbtreibender zur Vertheidigung der bisherigen Lohn- und Arbeitsbedingungen. XXIV. 241. — 17. Cartell von Gewerbtreibenden zur Erhaltung angemessener

Preise. Können die Mitglieder entgegen den Satzungen beliebig ausscheiden? XXIII. 39. —

18. Gewerbegerichte; Stellung eines Zuschneiders. XXV. 157. — 19. Ist der von einem Menageriebesitzer angestellte Thierbändiger (Dompteur) als „Arbeiter" i. S. der §§ 1 und 2 des Ges. v. 29. Juli 1890, betr. die Gewerbegerichte, anzusehen? XXII. 108. — 20. Begriff des Gewerbebetriebs; fällt darunter das Unternehmen einer Gartenbauausstellung? XXIII. 181. — 21. Klagen aus der Verletzung eines vertragsmäßigen Concurrenzverbots gehören nicht vor das Gewerbegericht. XXI. 208.

C. Patentrecht (Patentges. v. 7. April 1891).

1. Zum Begriff einer patentirten Combination. XXI. 210. —

2. „Offenkundige Benutzung" i. S. des § 2 durch offenkundige Herstellung des patentirten Gegenstandes. XXI. 209. — 3. Waarenkataloge als öffentliche Druckschriften i. S. des § 2. XXV. 99. — 4. Patentschutz nach § 4; Begriff des gewerbsmäßigen Gebrauchs; Begriff der durch ein patentirtes Verfahren unmittelbar hergestellten Erzeugnisse. XXIII. 182. — 5. Verhältniß des Gebrauchsmuster-Schutzes zum Patentschutz. XXV. 158. —

6. Gilt die Anmeldung zur Ertheilung eines Patents zugleich als Gebrauchsmuster-Anmeldung? Begriff der offenkundigen Benutzung eines Modells. XXII. 184. —

7. Zurücknahme des Patents eines Ausländers wegen ungenügender Ausführung im Inlande. XXIV. 242. —

8. Begriff der wegen Patentverletzung zu gewährenden Entschädigung. XXIV. 173. — 9. Patentverletzung durch gewerbsmäßiges Feilhalten des patentirten Verfahrens. Erfordernisse einer Feststellungsklage des Patentinhabers über die Tragweite des Patents gegenüber abweichenden Äußerungen des Beklagten. XXIV. 48. — 10. Über die Vertretung eines ausländischen Patentinhabers als Beklagten. XXIV. 172. —

11. Gemeinschaftlicher Geschäftsbetrieb mehrerer Patentanwälte; Einfluß des Umstandes, daß sie sich als off. Handelsgesellsch. haben eintragen lassen und auch Handelsgeschäfte betreiben, auf ihr Verhältniß zu ihren Clienten. XXII. 16. — 12. Societät zur Verwerthung eines gemeinsam erworbenen Patents; Cessibilität der daraus erwachsenen Ansprüche, insbesondere des Anspruchs auf Rechnungsablage. XXIV. 221. — 13. Haftung des Verkäufers dafür, daß der Käufer nicht durch Patentrechte Dritter an dem Gebrauch der gekauften Sache verhindert wird. XXII. 232.

D. Schutz der Waarenbezeichnungen (Ges. v. 12. Mai 1894).

1. Schutz des als Waarenzeichen gewählten Wortzeichens, XXIII. 119; bei Gleichartigkeit des Klanglauts, XXV. 159. — 2. Schutzfähigkeit eines ausländischen Waarenzeichens, welches entgegen der Vorschrift des Markenschutzgesetzes § 3 Abs. 2 ausschließlich aus Zahlen, Buchstaben oder Worten besteht. XXI. 50. — 3. Der Waarenzeichenschutz ist nicht räumlich begrenzt. XXV. 100.

— 4. Anspruch des Zeicheninhabers gegen den verantwortlichen Redacteur einer Zeitung auf Unterlassung der Aufnahme nachtheiliger Inserate? XXIII. 120. — 5. Richterliche Nachprüfung, ob ein früher in das Zeichenregister eingetragenes Waarenzeichen unter dem Zeitpunct der früheren Anmeldung in die Zeichenrolle übertragen werden durfte. XXV. 36. — 6. Kann auf Löschung des Waarenzeichens wegen Nichtfortsetzung des Gewerbebetriebs geklagt werden, wenn das Zeichenrecht auf einen Anderen übertragen worden war? XXV. 37. — 8. Begriff der „Kennzeichnung" einer Waare i. S. des § 14. XXII. 257. — 9. Begriff der Ausstattung i. S. des § 15. XXIV. 105. — 10. Verhältniß des § 1 des Ges. von 1896 betr. den unlauteren Wettbewerb zum § 16 des Ges. von 1894 betr. den Schutz der Waarenbezeichnungen. XXIII. 151. — 11. Für den Anspruch eines Ausländers auf den Schutz des Ges. genügt nach § 23 eine Zweigniederlassung nicht. Legitimation zur Klage auf Löschung gemäß § 9 Abs. 1 Ziff. 3. XXII. 258. — 12. Recht auf ausschließliche Benutzung eines Familiennamens zu gewerblichen Zwecken auf Grund eines Vertrags mit dem Träger dieses Namens. Accessorische Natur des Schutzes eines Ausländers im Inlande bezüglich eines Individualrechts an einem Waarenzeichen. XXIII. 118.

E. Gebrauchsmusterschutz (Ges. v. 1. Juni 1891).

1. Zum Begriff der zu schützenden Modelle von Arbeitsgeräthschaften und Gebrauchsgegenständen; Ausschluß von Maschinen und Maschinentheilen? XXIII. 41. — 2. Zum Begriff der Neuheit des Modells. XXIII. 42. — 3. Voraussetzung der dauernden Verwerthbarkeit im gewerblichen Verkehr. XXIII. 247. — 4. Inwiefern kann die Billigkeit des Modells eine Förderung des Gebrauchszwecks darstellen? XXIV. 104. — 5. Der Gebrauchsmusterschutz bezieht sich nicht auf unbewegliche Sachen. XXV. 35. —

6. Gebrauchsmusterschutz; Grenzen seines Gebiets gegen das des Patentschutzes. XXI. 211. — 7. Verhältniß zum Patentschutz; Begriff der Gebrauchsgegenstände; Bedeutung der Anmeldung. XXV. 158. — 8. Gilt die Anmeldung zur Ertheilung eines Patents zugleich als Gebrauchsmuster-Anmeldung? Begriff der offenkundigen Benutzung eines Modells. XXII. 184. —

9. Verhältniß des Musterschutzes zum Zeichenschutz. XXIII. 43.

III. Urheberrecht und Verlagsrecht.

1. Urheberrecht an Briefen; hat ihr Urheber insbesondere ein Recht auf unveränderte Wiedergabe? XXIV. 106. — 2. Urheberrecht einer Gesellschaft an einem für sie von ihren Mitgliedern verfaßten Werke. XXI. 51. — 3. Kann der Urheber Schadensersatz wegen Nachdrucks und in welcher Höhe verlangen, wenn der Nachdrucker zwar bereichert ist, er selbst aber keine Vermögensverminderung erfahren hat? XXI. 131. — 4. Kann ein Wirth aus den in seinem Local stattgefundenen Concerten wegen Verletzung des Urheberrechts in Anspruch genommen werden? XXII. 109. —

5. Verlagsvertrag; Makulirung und Ramschverkauf des unverkäuflichen Werkes, Rechte des Schriftstellers. XXV. 160. — 6. Auslegung eines Vertrags

über Abtretung von Verlagsrechten für Frankreich vor der Gebietsveränderung von 1871. XXV. 3.

IV. Versicherung (mit Ausschluß der Seeassecuranz).

A. Allgemeines.

1. Zulässigkeit der Regelung der Beweislast in den Bedingungen von Versicherungsgesellschaften. XXI. 5. — 2. Über die Haftung der Versich.-Gesellsch. für Handlungen ihrer Agenten. XXI. 52. XXIV. 243. — 3. Sind Versicherungsagenten i. S. des § 358 Ziff. 4 CPO. unmittelbar betheiligt am Ausgange des Rechtsstreits? XXII. 59. — 4. Findet das Lohnbeschlagnahme-Ges. Anwendung auf den Generalagenten einer Lebensversich.-Gesellsch.? XXV. 126. — 5. Die statutenmäßige Frist für die Klagerhebung läuft nicht während der Vergleichsverhandlungen. XXIV. 174. — 6. Entschuldigungsbeweis des Versicherten bei Versäumung der Klagefrist. XXIII. 183.

B. Personenversicherung.

a) Lebensversicherung. 1. Anfechtung eines Lebensversich.-Vertrags wegen fehlender Willensübereinstimmung, wenn die Versicherung ohne Wissen des Versicherten zu einem höheren als dem beantragten tarifmäßigen Prämiensatze übernommen worden war. XXIII. 44. — 2. Selbsttödtung. XXIII. 45. — 3. Steht die Versicherungssumme aus einem „zu Gunsten der gesetzlichen Erben" geschlossenen Lebensversich.-Vertrage der Wittwe (in Gütergemeinschaft) oder den Kindern zu? XXIII. 160 — 4. Inwieweit kann eine zu Gunsten eines Anderen genommene Lebensversicherung auf Grund des Anf.-Ges. angefochten werden? XXV. 13. — 5. Die Lebensversich.-Police als Legitimationspapier. XXII. 42.

b) Unfallversicherung. 1. Begriff von Muthwillen und grober Fahrlässigkeit. XXI. 93. — 2. Vertragsmäßige Ausschließung der Haftung des Unfall-Versicherers für wahrheitswidrige Ausfüllung des Versich.-Antrags durch seinen Agenten. XXIII. 121. — 3. Clausel, daß mündliche Angaben an den Agenten nicht gelten und unvollständige Angaben des Versicherten, auch ohne daß dieser irrthümlich, fahrlässig oder arglistig handelt, den Vertrag ungültig machen. XXI. 53. —

4. Der § 95 Unf.-Vers.-Ges. v. 6. Juli 1884 trifft nicht den Anspruch des unehelichen Kindes, auch des z. Z. noch nicht geborenen, aus der Tödtung seines Vaters gegen den Betriebsunternehmer. XXIV. 151. — 5. Kein Regreßanspruch der Berufsgenossenschaft gegen den Betriebsunternehmer aus § 177 Unf.-Vers. Ges. v. 5. Mai 1886, wenn die Krankheit und Erwerbsunfähigkeit erheuchelt war. XXIV. 49. — 6. Kein Regreßanspruch der Berufsgenossenschaft gegen Dritte aus § 119 Unf.-Vers.-Ges. v. 5. Mai 1886, wenn kein Unfall i. S. des Gesetzes vorlag. Kann der regreßpflichtige Dritte einwenden, daß er strafgerichtlich in eine Buße verurtheilt sei? XXIV. 175. — 7. Begriff des Bauherrn nach § 27 Ges. v. 11. Juli 1887 betr. die Unfallversicherung der bei Bauten beschäftigten Personen. XXV. 161.

c) Krankenversicherung. 1. Satzungsgemäße Beschränkung der Mitglieder der Ortskrankenkasse auf bestimmte Kassenärzte. XXV. 229. — 2. Zulässigkeit des Rechtswegs für die Ansprüche des Arztes gegen die Kasse. XXV. 230.

C. Güterversicherung.

1. Feuerversicherung. Wann entsteht bei sog. laufenden Policen die Versicherung? XXV. 94. — 2. Einfluß einer Veränderung des in der Police angegebenen Aufbewahrungsorts der versicherten Gegenstände. Beweislast betreffs der erhöhten Feuersgefahr. XXI. 212. — 3. Einfluß objectiv unrichtiger, erheblicher, jedoch ohne subjectives Verschulden gemachter Anzeigen des Versicherten bei der Binnenversicherung. XXII. 185. — 4. Einfluß der Brandstiftung des Mannes auf die von ihm abgeschlossene Versicherung der Sachen seiner Frau. XXIV. 107. — 5. Actio quod metus causa einer Versich.-Gesellsch. wegen Erzwingung eines Vergleichs durch Drohung mit Discreditirung in öffentlichen Blättern und Anzeige bei der Staatsanwaltschaft? XXII. 21. — 6. Ausgezahlte, noch nicht wieder verbaute Brandversich.-Gelder gehören nicht zum Fideicommiß- oder Lehns-, sondern zum Allodial-Vermögen. XXIII. 241. —

7. Rechtzeitige Kündigung eines Hagelversich.-Vertrags durch Telegramm, wenn dieses vor Ablauf der Kündigungsfrist entweder in der Privatwohnung des Directors der Versich.-Gesellsch. abgegeben, oder während der Geschäftszeit in den Briefkasten gelegt worden ist. XXI. 19. —

8. Viehversicherung auf Gegenseitigkeit; Bedeutung von Statutenänderungen für die Ansprüche der Versicherten. XXIV. 108.

V. Papiere auf Inhaber.

1. Begebung eines noch nicht emittirten Inhaberpapiers durch dessen Verpfändung. XXIII. 248. — 2. Ein Inhaberpapier wird nicht dadurch zum Namenpapier, daß der Aussteller darauf die Einschreibung auf einen benannten Gläubiger vermerkt. XXIII. 249. — 3. Hat die Conc.-Masse einer Act.-Gesellsch. Antheil an der für eine Prioritätsanleihe bestellten Sicherheit für die noch nicht begebenen Stücke der Inhaberobligationen? XXII. 77. —

4. Über die Redlichkeit des Erwerbs eines Inhaberpapiers. XXV. 89. — 5. Erwerb eines gestohlenen Inhaberpapiers durch einen Bankier, ohne Berücksichtigung der Bekanntmachung des Diebstahls. Einfluß der Umstände daß längere Zeit seit dem Diebstahl verflossen, daß das Papier von einem „achtbaren" Bankhause erworben war, daß einer der Vormänner es redlich erworben hatte XXII. 96. — 6. Redlicher Erwerb eines außer Cours gesetzten Inhaberpapiers, auf welchem der Außercourssetzungs-Vermerk durch Rasur getilgt war. XXII. 186.

Zweiter Theil.

Civilproceß.

Hauptstück 1.

Auslegung von Proceßgesetzen.

1. Zur Auslegung des § 122 Abs. 3 CPO. XXIV. 54. — 2. Begriff des Verschuldens i. S. des § 211 CPO. XXI. 64. — 3. Bedeutung der Übergabe des Schriftstücks an den Gerichtsschreiber i. S. des § 213 CPO. XXI. 139. — 4. Zur Auslegung des § 14 CO. XXIII. 162. — 5. Absonderungsrecht des Vermiethers; Begriff des laufenden und des rückständigen Zinses nach § 41 Ziff. 4 CO. XXI. 82. — 6. Eintragung in die Conc.-Tabelle als Vollstr.-Titel i. S. des Anf.-Ges.; Gesetzesauslegung. XXI. 264.

Hauptstück 2.

Gegenstand des Rechtsstreits. Zulässigkeit des Rechtswegs. Freiwillige Gerichtsbarkeit.

1. Kein privatrechtlicher Anspruch gegen den Staat auf polizeilichen Schutz oder auf Schadensersatz wegen dessen Nichtgewährung. XXV. 162. — 2. Entschädigungsanspruch des Fischereiberechtigten wegen Flußcorrectionen? Rechtsweg. XXIII. 242. — 3. Zulässigkeit des Rechtswegs für die Klage des geschiedenen Mannes gegen die schuldige Frau, die Weiterführung seines Namens zu unterlassen. XXIII. 159. — 4. Zulässigkeit des Rechtswegs für Ansprüche Dritter gegen einen Armenverband auf Ersatz von Aufwendungen für einen Armen. XXV. 38. — 5. Steht den Kindern ein Klagerecht gegen den Vater zu auf Aberkennung des Erziehungsrechts? XXIII. 93. — 6. Darf das Proceßgericht die Zulässigkeit der Pflegschaft nachprüfen? XXI. 57. — 7. Behandlung von Streitpuncten, die sich im Theilungsverfahren vor dem Richter der nichtstreitigen Gerichtsbarkeit ergeben. XXIII. 184. — 8. Die Anordnung des Gerichts aus Art. 407. 409 HGB. wegen Niederlegung und Verkaufs von Frachtgütern ist Sache der freiwilligen Gerichtsbarkeit. XXII. 111. — 9. Zulässigkeit des Rechtswegs für die Ansprüche des Arztes gegen die Kasse der Krankenversicherung. XXV. 230. — 10. Zulässigkeit des Rechtswegs für Entschädigungsansprüche des Arbeiters gegen den Arbeitgeber aus der Unterlassung von Schutzvorrich-

tungen. XXV. 34. — 11. Gewerbegericht; fällt unter den Begriff des Gewerbebetriebs das Unternehmen einer Gartenbauausstellung? XXIII. 181. — 12. Ist der von einem Menageriebesitzer angestellte Thierbändiger (Dompteur) als „Arbeiter" i. S. der §§ 1 u. 2 des Ges. v. 29. Juli 1890 betr. die Gewerbegerichte, anzusehen? XXII. 108. — 13. Gewerbegerichte; Stellung eines Zuschneiders. XXV. 157. — 14. Klage aus der Verletzung eines vertragsmäßigen Concurrenzverbots gehören nicht vor das Gewerbegericht. XXI. 208. — 15. Unzulässigkeit einer gerichtlichen Klage gegen die Einziehung festgesetzter Gerichtskosten durch die Gerichtskasse. XXI. 132. — 16. Der Gebührenanspruch des Sachverständigen kann nicht durch Klage im ordentlichen Rechtswege verfolgt werden. XXIV. 244. — 17. Kann die Mitwirkung des Gerichts zur Abnahme eines durch Vergleich festgesetzten Eides in Anspruch genommen werden? XXI. 262. — 18. Die Einrede des Schiedsvertrags ist materiellrechtlicher Natur und fällt nicht unter § 509 Ziff. 1 CPO. XXI. 153. — 19. Klage auf Ernennung eines Schiedsrichters (§ 855 CPO.); über die präjudicielle Einrede des Vergleichs hat das ordentliche Gericht zu entscheiden. XXIII. 136. — 20. Es giebt keine civilprocessualische Klage eines Conc.-Gläubigers gegen den Conc.-Verwalter als solchen auf Berücksichtigung bei Abschlagsvertheilungen. XXI. 84. —

S. noch im Civilrecht S. 4 und 5 unter II. A.

Hauptstück 3.

Gerichtsverfassung.

I. Gerichtsbarkeit und Gerichtsorganisation; Rechtshülfe. Feriensachen.

1. Zuständigkeit der Kammer für Handelssachen für ein Arrestgesuch vor Erhebung der Klage. XXII. 110. — 2. Proceßgericht i. S. des § 686 CPO. ist das Gericht als solches, nicht eine bestimmte Gerichtsabtheilung. XXV. 184. —

3. Eine als Ordnungsstrafe verhängte Geldstrafe kann im Unvermögensfall nicht in Haftstrafe umgewandelt werden. XXII. 187. —

4. Unanwendbarkeit der Rechtshülfe, wenn das ersuchende Gericht die Handlung selbst vornehmen kann. XXII. 189. — 5. Ablehnung eines Ersuchens um Zeugenvernehmung, weil der Beweisbeschluß keine genügende Angabe der streitigen Thatsachen enthält. XXV. 101. —

6. Wechselklagen, auch im ordentlichen Verfahren, sind Feriensachen. XXII. 188. — 7. Kostenfestsetzung ist keine Feriensache. XXIII. 122. —

8. Bei Zustellungen unter Vermittelung des Gerichtsschreibers muß der Ger.-Vollzieher die zuzustellende Abschrift beglaubigen. XXIV. 113. — 9. Geht der Anspruch auf vorzugsweise Befriedigung aus dem Versteigerungserlöse verloren durch dessen Empfangnahme seitens des Gerichtsvollziehers? XXI. 304. — 10. Zu wessen Lasten geht die Unterschlagung des Erlöses durch den Ger.-Vollzieher nach Anerkennung des besseren Befriedigungsrechts eines Dritten durch den pfändenden Gläubiger? XXV. 248. — 11. Kann der Ge-

richtsvollzieher mit dem dritten Besitzer zu pfändender Sachen für seinen Auftraggeber rechtswirksam abmachen, daß die Sachen wieder freizugeben seien, wenn der Dritte ein besseres Recht an denselben nachweise? XXIII. 132. — 12. Kann der Gerichtsvollzieher nach Freigabe der zu Unrecht gepfändeten Sachen von deren Eigenthümer mit der Eigenthumsklage belangt werden? XXII. 275. — 13. Anfechtbarkeit der Pfändung auf Grund der Kenntniß des Gerichtsvollziehers von der Zahlungseinstellung? XXII. 23. — 14. Verschiedener Einfluß des bösen Glaubens des pfändenden Gerichtsvollziehers auf den Rechtserwerb und auf die Anfechtbarkeit. XXIII. 5. — 15. Syndicatsklage gegen einen Gerichtsvollzieher, der die rechtzeitige Prolongirung gepfändeter Pfandscheine versäumt hatte. XXII. 160. — 16. Keine Beschwerde der Partei über die Wiederaufhebung einer Verurtheilung des Gerichtsvollziehers in Proceßkosten. XXI. 60.

II. Rechtsanwaltschaft.

1. Fällt unter den Begriff des Gewerbebetriebs nach § 3 des Reichsges. wegen Beseitigung der Doppelbesteuerung v. 13. Mai 1870 die Praxis eines Rechtsanwalts? XXIII. 88. —

2. Rechtsverhältniß zwischen dem Rechtsanwalt, insbesondere dem Armenanwalt, und seiner Partei. XXI. 290. — 3. Ist der um das Armenrecht nachsuchenden Partei auch gegen ihren Antrag ein Rechtsanwalt beizuordnen? XXI. 292. —

4. Proceßvollmacht; die Anzeige ihres Erlöschens an den Gegner braucht nicht durch Schriftsatz zu erfolgen. XXII. 195. — 5. Kann das Fehlen einer Vollmacht für die vorige Instanz noch in der folgenden gerügt werden? XXV. 231. —

6. Kein Anwaltszwang für Vergleiche vor dem LG. XXIII. 185. — 7. Unzulässigkeit der Berufung, wenn die dem Ber.-Beklagten zugestellte Abschrift der Terminsbestimmung von einem beim Ber.-Ger. nicht zugelassenen Anwalt beglaubigt ist. XXIII. 53. —

8. Zustellung von Anwalt zu Anwalt; „Übergabe des Schriftstücks" nach § 156 CPO. XXII. 264. — 9. Ersatzzustellung an einen Anwalt; Erfordernisse. XXI. 63. — 10. Können bei Aufstellung eines Substituten für den proceßbevollmächtigten Anwalt Zustellungen rechtswirksam an Letzteren erfolgen? XXI. 62. — 11. Zustellung auf Betreiben von Rechtsanwälten oder im Anwaltsproceß; Unzulässigkeit der Beglaubigung des zuzustellenden Schriftstücks durch einen anderen Rechtsanwalt. XXII. 51. — 12. Bei Zustellungen unter Vermittelung des Gerichtsschreibers, wenn auch auf Betreiben eines Anwalts, hat der Ger.-Vollzieher die zuzustellende Abschrift zu beglaubigen. XXIV. 113. —

13. Unbeschränkte Zulässigkeit der Beschwerde des Anwalts über seine Verurtheilung in Kosten. XXV. 233. —

14. Voraussetzung der Haftung eines Rechtsanwalts für Versäumung der Restitutionsfrist. XXIV. 220. — 15. Über die Haftung des Anwalts aus einer unrichtigen Zustellung. XXIII. 153. —

16. Zeugnißverweigerung eines Rechtsanwalts; „anvertraute Thatsachen" i. S. des § 348 Ziff. 5 CPO. XXI. 144. — 17. Zeugnißverweigerung eines Rechtsanwalts über solche Handlungen, die er als Vertreter einer Partei vorgenommen hat. XXI. 230. —

18. Erstattung doppelter Anwaltsgebühren bei Verweisung der Sache vom AG. an das LG., wenngleich sofort beim LG. geklagt werden konnte. XXIII. 251. — 19. Kosten mehrerer Rechtsanwälte, wenn ein Rechtsanwalt sein Mandat niedergelegt hat. XXV. 42. — 20. Erstattung der Kosten zweier Anwälte gegen Cession des Anspruchs gegen den ersten Anwalt aus dessen unberechtigter Kündigung. XXII. 49. — 21. Über die Kostenersatzpflicht bezüglich der Reisekosten eines auswärtigen Anwalts. XXII. 196. — 22. Kann der Rechtsanwalt die gesetzlichen Reisegebühren für Geschäftsreisen eines ihn, jedoch nicht als Generalsubstitut, vertretenden Referendars ansetzen? XXI. 54. — 23. Hat der Kläger, welcher vor der Verhandlung die Klage zurückzieht und in die Kosten verurtheilt wird, eine Proceßgebühr des gegnerischen Anwalts für die in einem Schriftsatz angekündigte Widerklage zu erstatten? XXIII. 186. — 24. Schreibgebühren für Abschriften; zur Auslegung des § 122 Abs. 3 CPO. XXIV. 54. —

25. Der Kostenfestsetzungsbeschluß kann nur von der Partei selbst, nicht von dem Anwalt angefochten werden. XXI. 134. — 26. Zulässigkeit der Beschwerde der Partei gegen die von ihrem Anwalt in eigenem Namen erwirkte Festsetzung des Streitwerths. XXII. 43. — 27. Beschwerde über die Festsetzung des Streitwerths; es ist anzugeben, ob der Anwalt oder die Partei sich beschwere. XXIV. 177.

III. Gerichtskosten.

1. Unzulässigkeit einer gerichtlichen Klage gegen die Einziehung festgesetzter Gerichtskosten durch die Gerichtskasse. XXI. 132. — 2. Kostenfestsetzung ist keine Feriensache. XXIII. 122. —

3. Streitwerth bei Klagen auf Auflassung. XXV. 163. — 4. Streitwerth, wenn von einem Dritten die Befreiung von einer dinglichen Last gefordert wird. XXI. 55. — 5. Streitwerth bei einer Alimentenforderung für die unbestimmte Dauer einer Trennung von Tisch und Bett. XXII. 43. — 6. Streitwerth bei negativer Feststellungsklage; maßgebend ist der Werth des Streitgegenstandes ohne Rücksicht auf Gegenleistungen. XXI. 214. — 7. Berechnung des Streitwerths im Fall der Verbindung mehrerer Processe. XXIV. 178. — 8. Streitwerth bei Zwischenurtheilen über den Grund des Anspruchs. XXII. 113. — 9. Werthfestsetzung für eine abgewiesene, thatsächlich nicht erhobene Widerklage. XXII. 44. — 10. Streitwerth bei der Berufung gegen eine Klagabweisung, wenn der Beklagte den Kläger vor Einlegung der Berufung befriedigt hat. XXII. 190. — 11. Über den Streitwerth einer einstweil. Verfügung. XXV. 103. — 12. Die Partei kann die Festsetzung des Streitwerths für jede Instanz neu beantragen. XXIII. 250. — 13. Änderung der Werthfestsetzung von Amtswegen in der Beschwerdeinstanz. XXV. 39. — 14. Der Kosten-

festsetzungsbeschluß kann nur von der Partei selbst angefochten werden. XXI. 134. — 15. Zulässigkeit der Beschwerde einer Partei gegen die von ihrem Anwalt in eigenem Namen erwirkte Festsetzung des Streitwerths. XXII. 43. — 16. Beschwerde über die Festsetzung des Streitwerths; es ist anzugeben, ob der Anwalt oder die Partei sich beschwere. XXIV. 177. — 17. Beschwerde über Festsetzung des Streitwerths; bemißt sich der Beschwerdewerth nach dem Unterschied zwischen dem angefochtenen und dem beantragten Streitwerth, oder nach dem Unterschied der bezüglichen Kostenbeträge? XXII. 191. —

18. Zurücknahmegebühr; Verhältniß des § 26 Ziff. 5 zum § 46 GKG. XXIV. 176. —

19. Kann die arme Partei den während des Verfahrens über die Bewilligung des Armenrechts erlegten Gerichtskostenvorschuß zurückfordern? XXI. 213. — 20. Darf nach Bewilligung des Armenrechts der Gegner seinen Gerichtskostenvorschuß zurückfordern? XXIII. 253. —

21. Die Bewilligung des Armenrechts befreit den Gegner nicht von den Kosten für seine Widerklage oder sein Rechtsmittel. XXV. 168. — 22. Beitreibung der halben Gerichtskosten von der Gegenpartei trotz vergleichsweiser Übernahme aller Kosten durch die arme Partei. XXV. 102. —

23. Verlust von Zeugen durch Nichteinzahlung des geforderten Auslagenvorschusses (§ 344 Abs. 2) ohne daß es auf die Entschuldbarkeit ankommt. XXI. 143. — 24. Befreit das Armenrecht von Beweiskosten-Vorschüssen? XXIV. 112. XXV. 43. — 25. Erhöhter Gerichtskostenvorschuß eines Ausländers (Engländers), in dessen Heimathsstaat auch von dortigen Einheimischen eine Sicherstellung verlangt wird. XXIII. 46. — 26. Versäumnißverfahren gegen den ausländischen Kläger, der wegen unterbliebener Zahlung des dreifachen Kostenvorschusses zur Verhandlung nicht zugelassen worden ist. XXV. 174.

IV. Gebühren von Zeugen und Sachverständigen.

1. Bemessung von Zeugengebühren. XXII. 259. — 2. Der Gebührenanspruch des Sachverständigen kann nicht durch Klage im ordentlichen Rechtswege verfolgt werden. XXIV. 244.

Hauptstück 4.
Civilproceß.

I. Allgemeine Bestimmungen.

A. Gericht.

a) Sachliche Zuständigkeit (CPO. §§ 1—11). 1. Ist die kirchliche Gebühr für eine Taufe eine „öffentliche Abgabe" i. S. des § 70 Abs. 3 GVG.? XXI. 299. — 2. Fällt die Syndicatsklage unter § 70 Abs. 3 GVG. und § 509 Ziff. 2 CPO.? XXIII. 232. — 3. Zur Auslegung der „Streitigkeiten wegen Viehmängel" nach § 23 GVG.; Klage aus der Vereinbarung, eine solche Streitigkeit durch Einholung eines Gutachtens zu erledigen. XXII. 112. — 4. Zuständigkeit für die Entscheidung über öffentliche Zustellung. XXIV. 181. XXV. 237.

— 5. Welches Gericht ist zuständig, wenn nach rechtskräftiger Zurückweisung der Berufung gegen ein bedingtes Urtheil der Schwurpflichtige stirbt und die Erben den Rechtsstreit aufnehmen? XXV. 178. — 6. Welches Gericht ist zuständig für die Kostenfestsetzung aus einem Urtheil des Ber.-Ger. über die Restitutionsklage gegen das Ber.-Urtheil? XXIV. 123. — 7. Wechselproceß; erfordert der gemeinschaftliche Gerichtsstand des § 566 Abs. 2, daß dem in diesem Gerichtsbezirk wohnenden Beklagten die Klage zuerst zugestellt wird? XXII. 64. — 8. Setzt die Zuständigkeit des Proceßgerichts für Klagen aus § 686 voraus, daß die Zw.-Vollstr. schon begonnen habe? XXIII. 61. — 9. Zuständigkeit des Gerichts am Ort der Zw.-Vollstr. für die Widerspruchsklage aus § 690, auch wenn die Pfändung gegen Sicherheitsleistung aufgehoben ist. XXII. 277. — 10. Mehrfache Zw.-Vollstr. in eine Forderung und Vertheilungsverfahren; welches Gericht ist zuständig bei dem Streit zwischen dem Cessionar des gepfändeten Schuldners und den Pfändungsgläubigern über den Vorrang? XXI. 78. — 11. Über die Frage der Zuständigkeit für die Klagen im Vertheilungsverfahren im Fall des § 765 Abs. 2. XXI. 305. — 12. Interesseanspruch wegen verweigerter Erfüllung eines Urtheils auf Herausgabe von Sachen; Benutzung desselben zur Compensation, auch vor einem anderen als dem in § 778 Abs. 2 bezeichneten Gericht. XXI. 307. — 13. Wo ist der Offenbarungseid zu leisten, wenn der Schuldner sich zur Zeit nicht an seinem Wohnort aufhält und vor dem AG. des Wohnorts nicht erscheinen kann? XXI. 244. — 14. Zuständigkeit eines für die schon bei ihm anhängige Hauptsache unzuständigen Gerichts für die Anordnung des Arrestes. XXIV. 129. — 15. Zuständigkeit beim Widerspruch gegen eine in der Beschwerdeinstanz erlassene einstweil. Verfügung. XXV. 249. — 16. Zuständigkeit für die Vollziehung einstweil. Verfügungen. XXII. 132. — 17. Ausschließliche Zuständigkeit des AG. für die Vollziehung einer einstweil. Verfügung aus § 820, auch nach Anhängigkeit des Verfahrens über die Rechtmäßigkeit. XXIV. 131. — 18. Welches Gericht ist für die Niederlegung des Schiedsspruchs zuständig? XXIV. 202. —

19. Streitwerth, wenn von einem Dritten die Befreiung von einer dinglichen Last gefordert wird. XXI. 55. — 20. Streitwerth bei negativer Feststellungsklage; maßgebend ist der Werth des Streitgegenstandes ohne Rücksicht auf Gegenleistungen. XXI. 214. — 21. Berechnung des Streitwerths im Fall der Verbindung mehrerer Processe. XXIV. 178. — 22. Streitwerth bei Zwischenurtheilen über den Grund des Anspruchs. XXII. 113. — 23. Werthfestsetzung für eine abgewiesene, thatsächlich nicht erhobene Widerklage. XXII. 44. — 24. Streitwerth bei der Berufung gegen eine Klagabweisung, wenn der Beklagte den Kläger vor Einlegung der Berufung befriedigt hat. XXII. 190. — 25. Über den Streitwerth einer einstweil. Verfügung. XXV. 103. —

26. Über die Beschwerdeführung gegen die Festsetzung des Streitwerths s. oben unter Gerichtskosten S. 103 oben.

27. Streit um eine nebst Zinsen gepfändete Forderung; Einrechnung der Zinsen in die Rev.-Summe. XXII. 205. —

28. Zusammenrechnung mehrerer von verschiedenen Streitgenossen in einer gemeinsamen Klage verfolgter Ansprüche. XXII. 269. — 29. Berechnung des Streitwerths im Fall der Verbindung mehrerer Processe. XXIV. 178. — 30. Wann findet eine Zusammenrechnung des Gegenstandes der Klage und der Widerklage für die Rev.-Summe statt? XXIV. 191. —

31. Streitwerth bei Klagen auf Auflassung. XXV. 163. — 32. Streitwerth für die Anfechtungsklage des Conc.-Verwalters gegen den Verkauf eines mit Hypotheken beschwerten Grundstücks. XXI. 215. — 33. Einfluß der Verringerung der sicherzustellenden Forderung während des Processes auf den Streitwerth. XXIV. 109. —

34. Ein Wohnungsrecht ist keine wiederkehrende Nutzung i. S. des § 9 XXIV. 110. — 35. Streitwerth bei einer Alimentenforderung für die unbestimmte Dauer einer Trennung von Tisch und Bett. XXII. 43.

b) Gerichtsstand (§§ 12—37). 1. Über den Sitz einer Act.-Gesellsch. XXIV. 36. — 2. Gerichtsstand der Gewerkschaft, namentlich in Rücksicht auf den Stein- und Kalisalzbergbau in der Provinz Hannover. XXIV. 245. —

3. Das Quasidomicil eines Kahnschiffers nach § 21. XXII. 192. —

4. Gerichtsstand des Vermögens auf Grund eines, wenn auch nur betagten oder bedingten, Anspruchs des Beklagten auf Befreiung von einer Schuld. XXIV. 246. — 5. Wird der Gerichtsstand des Vermögens durch das Recht des Absenders, dem Frachtführer wegen Auslieferung des Gutes Anweisung zu ertheilen, begründet? XXI. 216. — 6. Gerichtsstand des Klagegegenstandes. XXV. 164. —

7. Ist der ausschließliche dingliche Gerichtsstand begründet für eine Klage auf Löschung einer eingetragenen, angeblich ungültigen Cession? XXII. 46. — 8. Erstreckt sich der dingliche Gerichtsstand für Löschungsklagen auch auf die Klage des früheren Eigenthümers gegen den Gläubiger auf Erfüllung eines über die Löschung abgeschlossenen Vertrags? XXII. 45. —

9. Gerichtsstand der Erbschaft, wenn der Erblasser zur Zeit seines Todes ein mehrfaches Domicil hatte. XXI. 217. — 10. Gerichtsstand der Erbschaft für eine Klage gegen den Ehemann auf Ertheilung seines Consenses zu der Erklärung seiner Ehefrau in einer Nachlaßsache. XXII. 260. —

11. Wo ist der Gerichtsstand des Vertrags begründet, wenn eine vor Gericht vorzunehmende Handlung verlangt wird und das Gerichtsgebäude im Sprengel eines anderen Gerichts liegt? XXII. 47. — 12. Ist der Wohnort des Schuldners beim Vertragschluß im Zweifel Erfüllungsort? XXIV. 77. — 13. Negative Feststellungsklage auf Nichtbestehen eines Anspruchs aus einem Vertrage; Gerichtsstand des § 29. XXI. 133. — 14. Gerichtsstand des Erfüllungsorts für die Übernahme des Kaufgegenstandes; Unterschied zwischen Lieferung und Ablieferung. XXV. 165. — 15. Erfüllungsort für die Zahlung des Kaufpreisrestes, wenn der Preis im Übrigen bei Übergabe der Waare bezahlt worden war. XXI. 14. — 16. Erfüllungsort für die Verpflichtungen des Ver-

äufers bei der Wandlungsklage des Käufers. XXII. 148. XXIV. 80. — 17. Erfüllungsort für die Zahlung der Pension eines Privatbeamten nach dem Tode des Dienstherrn. XXIII. 219. — 18. Erfüllungsort bei Klagen auf das Interesse wegen Nichterfüllung der Verpflichtung zur Herstellung eines Werkes mit bestimmter Leistungsfähigkeit. XXI. 15. — 19. Erfüllungsort für die Verpflichtungen des Mandanten gegen den Mandatar. XXI. 16. — 20. Klage gegen den falsus procurator im Gerichtsstande des Vertrags. XXV. 104. — 21. Kann der Gläubiger der Commanditgesellsch. gegen den Commanditisten im Gerichtsstande des Erfüllungsorts der Gesellschaft klagen? XXIII. 168. — 22. Gerichtszuständigkeit nach § 29 für eine Klage auf Bezahlung eines Contocorrentsaldos, wenn für den geschäftlichen Verkehr vertragsmäßig ein bestimmter Erfüllungsort festgesetzt worden war. XXII. 114. —

23. Der § 33 regelt auch die Voraussetzungen der Widerklage. Es genügt nicht ein Zusammenhang der Widerklage mit einem unzulässigen, wenn auch nur vertragsmäßig ausgeschlossenen, Vertheidigungsmittel. XXII. 261. —

24. Kann die Bestimmung eines gemeinschaftlichen Gerichts zur Abhaltung eines Sühneversuchs beantragt werden? XXII. 62. — 25. Wird die Bestimmung des zuständigen Gerichts durch Hinzutritt neuer Streitgenossen hinfällig? XXIV. 247. — 26. Unzulässigkeit der Bestellung eines gemeinschaftlichen Gerichts für das Vollstr.-Verfahren. XXI. 77.

c) Vereinbarung über die Zuständigkeit der Gerichte (§§ 38—40). 1. Die Vereinbarung des Erfüllungsorts oder eines Gerichtsstandes des Erfüllungsorts enthält nicht die Vereinbarung eines ausschließlichen Gerichtsstandes. XXIV. 248. — 2. Die Ausschließlichkeit eines vereinbarten Gerichtsstandes ist nicht zu vermuthen. XXII. 193.

d) Ausschließung und Ablehnung der Gerichtspersonen (§§ 41—49). 1. Der Beklagte verliert sein Recht zur Ablehnung des Richters nicht dadurch, daß er gemeinschaftlich mit dem Kläger die Anberaumung eines anderen Termins beantragt. XXI. 291. — 2. Mitwirkung der abgelehnten Richter bei der Beschlußfassung über das Ablehnungsgesuch, wenn dieses nur zur Verschleppung dienen soll. XXV. 105.

B. Parteien.

a) Proceßfähigkeit (§§ 50—55). 1. Über die Handlungsfähigkeit geisteskranker Personen. Über die Proceßfähigkeit hat mangels einer Entmündigung das Proceßgericht zu entscheiden. XXI. 89. — 2. Proceßfähigkeit des Entmündigten in dem Verfahren behufs Anfechtung des Entmündigungsbeschlusses. XXI. 72. 157. — 3. Unzulässigkeit der Syndicatsklage gegen ein Beamtencollegium; Mangel der Rechtssubjectivität eines solchen. XXIV. 224. — 4. Über die Beschlußfassung der universitates inordinatae; (processualische Vertretung einer Synagogengemeinde). XXII. 72. — 5. Hat eine adelige „Gutsherrschaft“ Proceßfähigkeit? XXII. 194. —

6. Umfang der in § 51 Abs. 1 CPO. geregelten Proceßfähigkeit. XXIII. 47. — 7. Zw.-Vollstr. gegen eine Ehefrau in deren Vermögen; Widerspruchsrecht des Mannes auf Grund seines Nießbrauchs- und Verwaltungsrechts, wenn er nicht in die Verpflichtung der Frau eingewilligt hatte. XXIII. 161. —

8. Genehmigung der Proceßführung eines Proceßunfähigen seitens seines Curators durch Berufung gegen das die Klage wegen der Proceßunfähigkeit abweisende Urtheil. XXIV. 111. — 9. Anfechtung des Beschlusses der Gen.-Vers. einer eingetragenen Genossenschaft, durch welchen Mitglieder des Aufsichtsraths abgesetzt und neue gewählt sind; gegen wen ist die Klage zu richten? XXII. 183.

b) Streitgenossenschaft (§§ 56—60). 1. Kostenerstattung an einzelne durch Einen Anwalt vertretene Streitgenossen. XXI. 218. — 2. Zusammenrechnung mehrerer von verschiedenen Streitgenossen in einer gemeinsamen Klage verfolgten Ansprüche für die Rev.-Summe. XXII. 269. —

3. Die solidarische Verpflichtung zur Zahlung begründet noch keine nothwendige Streitgenossenschaft. XXII. 48. — 4. Kann die Eideszuschiebung an nothwendige Streitgenossen widerrufen oder durch andere Beweismittel ersetzt werden, wenn die durch Beweisbeschluß angeordnete Eidesleistung schon von einigen Streitgenossen geschehen ist? XXIV. 63. — 5. Bei nothwendiger Streitgenossenschaft ist die Berufung gegen sämmtliche Streitgenossen zu richten. XXIII. 48. — 6. Zulässigkeit der Anschlußberufung gegenüber einem nothwendigen Streitgenossen, der die Berufung zurückgenommen hatte. XXIII. 57.

c) Betheiligung Dritter am Rechtsstreit (§§ 61—73). 1. Kann der Nebenintervenient gleichzeitig als Hauptintervenient auftreten? XXIV. 179. — 2. Kostenpunct im Fall einer nominatio auctoris oder im Fall einer Hauptintervention, wenn der Beklagte oder wenn einer der beiden Intervenienten zur Herausgabe des vindicirten Gegenstandes bereit ist. XXI. 58. — 3. Der Nebenintervenient bedarf zur Kostenfestsetzung eines vollstreckbaren Titels. XXIV. 52. —

4. Befugniß des Nebenintervenienten zur Fortsetzung des Processes, bis die Hauptpartei auf die Fortsetzung wirksam verzichtet oder dagegen Widerspruch erhebt. XXIV. 50. — 5. Muß das Rechtsmittel auch dem Nebenintervenienten des Gegners gegenüber eingelegt werden? XXI. 56. — 6. Für die Rev.-Summe ist nicht das Interesse eines Nebenintervenienten maßgebend. XXV. 179. —

7. Über die processualen und materiellen Wirkungen der Streitverkündung. XXV. 106. — 8. Zu den Kosten der Nebenintervention gehören nicht die Kosten der vorangegangenen Streitverkündung. Zweck und processuale Folgen der Streitverkündung. XXII. 116. — 9. Kann der Beklagte sich selbst als Pfleger eines Dritten den Streit verkünden und so eine laudatio auctoris vornehmen? XXI. 57.

d) Proceßbevollmächtigte und Beistände (§§ 74—86). 1. Kein Anwaltszwang für Vergleiche vor dem Landgericht. XXIII. 185. — 2. Unzulässigkeit der Berufung, wenn die dem Ber.-Beklagten zugestellte Abschrift der Terminsbestimmung von einem beim Ber.-Ger. nicht zugelassenen Anwalt beglaubigt ist. XXIII. 53. — 3. Über die Vertretung eines ausländischen Patentinhabers als Beklagten. XXIV. 172. — 4. Rechtsverhältniß zwischen dem Rechtsanwalt, insbesondere dem Armenanwalt, und seiner Partei. XXI. 290. — 5. Können bei Aufstellung eines Substituten für den proceßbevollmächtigten Anwalt Zustellungen rechtswirksam an Letzteren erfolgen? XXI. 62. —

6. Voraussetzung der Haftung eines Rechtsanwalts für Versäumung der Restitutionsfrist. XXIV. 220. — 7. Haftung des Anwalts aus einer unrichtigen Zustellung. XXIII. 153. —

8. Die vom Kläger in einem anhängigen Proceß erwirkte einstweil. Verfügung kann dem Beklagten persönlich zugestellt werden. XXV. 187. — 9. Unterbrechung des Verfahrens durch den Tod der Partei nach Beendigung der Instanz und vor Bestellung eines Proceßbevollmächtigten für die neue Instanz. XXV. 107. —

10. Proceßvollmacht; die Anzeige ihres Erlöschens an den Gegner braucht nicht durch Schriftsatz zu erfolgen. XXII. 195. — 11. Kann noch in der folgenden Instanz gerügt werden, daß der gegnerische Anwalt in der vorigen Instanz keine Vollmacht gehabt hat? XXV. 231.

e) Proceßkosten (§§ 87—100). 1. Hat der Kläger, welcher vor der Verhandlung die Klage zurückzieht und in die Kosten verurtheilt wird, eine Proceßgebühr des gegnerischen Anwalts für die in einem Schriftsatz angekündigte Widerklage zu erstatten? XXIII. 186. — 2. Verurtheilung des obsiegenden Klägers in Proceßkosten wegen verfrühter Klagerhebung. XXV. 40. — 3. Kostenpunct im Fall einer nominatio auctoris oder im Fall einer Hauptintervention, wenn der Beklagte oder wenn einer der beiden Intervenienten zur Herausgabe des vindicirten Gegenstandes bereit ist. XXI. 58. — 4. Kosten des Sühneverfahrens. XXI. 59. — 5. Der im Eheproceß obsiegende Mann kann die der Frau geleisteten Kostenvorschüsse nicht unter den Proceßkosten liquidiren. XXIV. 51. — 6. Kann der Conc.-Verwalter für Reisen in den von ihm geführten Processen eine Versäumnißgebühr beanspruchen? XXIII. 69. — 7. Gehören die Kosten der Urtheilszustellung und des Rechtskraftzeugnisses zur zweckentsprechenden Rechtsverfolgung, wenn der Schuldner schon vorher Hauptsumme nebst Zinsen und Kosten bezahlt hat? XXV. 41. — 8. Umfaßt die Verurtheilung in die Proceßkosten stillschweigend auch die Kosten eines in der Sache erwirkten Arrestes oder einer einstweil. Verfügung? XXIII. 49. 134. — 9. Wie ist der Anspruch auf Ersatz der Kosten eines durch Beschluß verfügten Arrestes geltend zu machen? XXV. 53. —

10. Kosten mehrerer Rechtsanwälte, wenn ein Rechtsanwalt sein Mandat niedergelegt hat. XXV. 42. — 11. Erstattung der Kosten zweier Anwälte gegen Cession des Anspruchs gegen den ersten Anwalt aus dessen unberechtigter Kündigung. XXII. 49. — 12. Erstattung doppelter Anwaltskosten bei Verweisung einer Sache vom AG. ans LG., wenngleich sofort beim LG. geklagt werden konnte. XXIII. 251. — 13. Kann der Rechtsanwalt die gesetzlichen Reisegebühren für Geschäftsreisen eines ihn, jedoch nicht als Generalsubstitut,

vertretenden Referendars ansetzen? XXI. 54. — 14. Über die Kostenersatzpflicht bezüglich der Reisekosten eines auswärtigen Anwalts. XXII. 196. — 15. Schreibgebühren für Abschriften; zur Auslegung des § 122 Abs. 3. XXIV. 54. —

16. Verfahren und Kostenfrage bei Zurücknahme der Klage, wenn gegen den Beklagten schon ein Versäumnißurtheil erlassen und Einspruch eingelegt war. XXII. 120. —

17. Unzulässigkeit der Kostenbeschwerde, wenn gegen die Entscheidung in der Hauptsache kein Rechtsmittel zulässig gewesen wäre. XXV. 232. — 18. Unzulässigkeit eines Rechtsmittels, wenn bei dessen Einlegung der Streit in der Hauptsache erledigt war. XXV. 166. — 19. Unzulässigkeit der Revision, wenn in der Ber.-Instanz auf beiderseitigen Antrag die Hauptsache für erledigt erklärt und nur über die Kosten entschieden worden ist. XXII. 115. — 20. Streitwerth bei der Berufung gegen eine Klagabweisung, wenn der Beklagte den Kläger vor Einlegung der Berufung befriedigt hat. XXII. 190. — 21. Bezieht sich der § 94 auch auf die Kosten des Kostenfestsetzungsverfahrens? XXIII. 187. — 22. Beschwerde wegen Übergehung des Kostenpuncts in der Beschwerdeinstanz. XXII. 206. — 23. Die Unanfechtbarkeit bloßer Proceßkostenentscheidungen gilt auch im Vollstreckungsverfahren. XXI. 239. —

24. Kostenerstattung an einzelne durch Einen Anwalt vertretene Streitgenossen. XXI. 218. —

25. Zu den Kosten der Nebenintervention gehören nicht die Kosten der vorangegangenen Streitverkündung. XXII. 116. —

26. Keine Beschwerde der Partei über die Wiederaufhebung einer Verurtheilung des Gerichtsvollziehers in Proceßkosten. XXI. 60. — 27. Unbeschränkte Zulässigkeit der Beschwerde des Anwalts über seine Verurtheilung in Kosten. XXV. 233. —

28. Kostenfestsetzung ist keine Feriensache. XXIII. 122. — 29. Welches Gericht ist zuständig für die Kostenfestsetzung aus einem Urtheil des Ber.-Ger. über die Restitutionsklage gegen das Ber.-Urtheil? XXIV. 123. — 30. Beitreibung der Kosten der Zw.-Vollstr. im gewöhnlichen Liquidationswege; Festsetzung durch das Proceßgericht 1. Instanz. XXI. 238. XXIV. 126. — 31. Zulässigkeit der Festsetzung von Proceßkosten bei betagter Zahlbarkeit derselben. XXII. 262. — 32. Kann gegen Dritte, welche sich an einem gerichtlichen Kostenvergleich der Parteien betheiligt haben, ein Kostenfestsetzungsverfahren stattfinden? XXIV. 249. — 33. Der Kostenfestsetzungsbeschluß kann nur von der Partei selbst, nicht von dem Anwalt angefochten werden. XXI. 134. — 34. Einfache Beschwerde gegen die Absetzung von Kosten wegen Fehlens eines vollstreckbaren Titels. Der Nebenintervenient bedarf zur Kostenfestsetzung eines vollstreckbaren Titels. XXIV. 52. — 35. Im Kostenfestsetzungs-Verfahren ist die Prüfung des Beschwerdegerichts nicht auf die angegriffenen Pöste beschränkt. XXIII. 51. — 36. Unzulässigkeit der weiteren Beschwerde im Kostenfestsetzungsverfahren, wenn der Beschwerdeführer nicht im Ganzen, sondern nur in einzelnen Pösten schlechter gestellt worden ist. XXI. 135. — 37. Wer trägt die Kosten des Kostenfestsetzungs-

Verfahrens? XXIII. 50. XXV. 234. — 38. Zulässigkeit der sofortigen Beschwerde gegen die unterlassene Entscheidung über die Kosten des Kostenfestsetzungsverfahrens. XXII. 50. — 39. Inwieweit ist im Erstattungsverfahren die Einrede der Zahlung zulässig? XXV. 167.

f) Sicherheitsleistung (§§ 101—105). 1. Rechtliche Natur des zur Abwendung eines Arrestes oder einer vorläufigen Zw.-Vollstr. hinterlegten Geldbetrags. XXI. 245. — 2. Rechtliche Natur des zur Abwendung eines Arrestes hinterlegten Geldbetrags; es ist einflußlos, daß die Arrestpfändung unwirksam war. XXII. 280. — 3. Kann die von einem Dritten hinterlegte Arrestsicherheit den Gerichtsstand des Vermögens auch dann begründen, wenn der Dritte vor der Klagezustellung den Arrestgegenstand eigenmächtig der Verstrickung entzogen hat und die Aufhebung des Arrestes durch Gerichtsbeschluß unterblieben ist? XXI. 216. — 4. Beschwerdewerth bei der Revision gegen ein Zwischenurtheil auf Leistung einer Proceßkostencaution von 1000 ℳ seitens des Klägers in einem über einen höheren Betrag geführten Hauptstreit. XXIII. 58. —

5. Einrede der mangelnden Sicherheit für die Proceßkosten; Verfahren bei unzureichender Bemessung der Sicherheit. XXIII. 125. — 6. Nachträgliche Erhöhung der Proceßkostencaution des ausländischen Klägers unter Berücksichtigung auch der schon erwachsenen Kosten. XXI. 219. —

7. Befreiung von der Sicherheitsleistung für die Proceßkosten durch Bewilligung des Armenrechts, auch wenn diese erst nach Ablauf der für die Sicherheitsleistung bestimmten Frist erfolgt ist. XXII. 263.

g) Armenrecht (§§ 106—118). 1. Kann einer Commanditgesellschaft das Armenrecht ertheilt werden? XXIV. 53. — 2. Versagung des Armenrechts an eine vorgeschobene Person. XXI. 137. XXIV. 250. — 3. Begriff der Aussichtslosigkeit der Rechtsverfolgung bei Versagung des Armenrechts. XXI. 136. —

4. Befreit das Armenrecht von Vorschüssen zur Deckung der Auslagen für einen Sachverständigen-Beweis? XXIV. 112. — 5. Befreiung der armen Partei von Beweiskostenvorschüssen. XXV. 43. — 6. Kann die arme Partei den während des Verfahrens über die Bewilligung des Armenrechts erlegten Gerichtskostenvorschuß zurückfordern? XXI. 213. — 7. Ist der um das Armenrecht nachsuchenden Partei auch gegen ihren Antrag ein Rechtsanwalt beizuordnen? XXI. 292. — 8. Rechtsverhältniß zwischen dem Rechtsanwalt, insbesondere dem Armenanwalt, und seiner Partei. XXI. 290. —

9. Für die Anschließung des Rev.-Beklagten bedarf es einer besonderen Prüfung seines Armenrechtsgesuchs. XXIII. 252. —

10. Die Bewilligung des Armenrechts befreit den Gegner nicht von den Kosten für seine Widerklage oder sein Rechtsmittel. XXV. 168. — 11. Darf nach Bewilligung des Armenrechts der Gegner seinen Gerichtskostenvorschuß zurückfordern? XXIII. 253. — 12. Beitreibung der halben Gerichtskosten von der Gegenpartei trotz vergleichsweiser Übernahme aller Kosten durch die arme Partei. XXV. 102. —

13. Die Entziehung des Armenrechts hat keine rückwirkende Kraft. XXIII. 123. — 14. Kann das Armenrecht noch nach Beendigung des Processes wieder entzogen werden? XXI. 293.

C. Verfahren.

a) Mündliche Verhandlung (§§ 119—151). 1. Aussetzung des Verfahrens nach § 139 ohne mündliche Verhandlung? XXIV. 55. — 2. Mündliche Verhandlung über den Antrag auf Fristbestimmung zur Beseitigung eines Hindernisses der Beweisaufnahme. XXIII. 126. — 3. Über den Antrag auf nachträgliche Vereidigung von Zeugen kann nur nach mündlicher Verhandlung entschieden werden. XXI. 69. — 4. Die Entscheidung darüber, welche Person in einer bestimmten Parteirolle den Eid zu leisten habe, erfordert mündliche Verhandlung und unterliegt nicht der Beschwerde. XXII. 61. — 5. Verfahren im Fall der sog. facultativen mündlichen Verhandlung. XXIII. 124. —

6. Im Urkundenprocesse genügt die Vorlegung der Urkunde in dem in Betracht kommenden Theile. XXIV. 65. — 7. Schreibgebühren für Abschriften; zur Auslegung des § 122 Abs. 3. XXIV. 54. —

8. Berücksichtigung bloß verlesener Parteibehauptungen. XXIV. 251. — 9. Dürfen gerichtsbekannte Thatsachen von Amtswegen berücksichtigt werden? XXIV. 252. —

10. Umfang der Fragepflicht bei mangelhafter thatsächlicher Klagbegründung. XXV. 235. — 11. Schätzungseid; inwieweit hat die Partei den angeblichen Schadensanspruch zu begründen? XXIII. 192. XXV. 113. 172. — 12. Darf das persönliche Erscheinen der Partei vor dem beauftragten Richter angeordnet werden? Zweck der Anordnung. XXV. 236. —

13. Unzulässigkeit einer Trennung der Verhandlung über die Retentionseinrede. XXI. 61. — 14. Darf eine nicht connexe Compensationseinrede noch nachdem über sie verhandelt ist zum getrennten Processe verwiesen werden? Darf die dann erlassene Verurtheilung auf die Klage ohne Sicherstellung vollstreckt werden? XXII. 117. —

15. Berechnung des Streitwerths im Fall der Verbindung mehrerer Processe. XXIV. 178. — 16. Kann die Aussetzung der Verhandlung nach § 139 ohne mündliche Verhandlung erfolgen? XXIV. 55. — 17. Keine Aussetzung der Verhandlung wegen Anhängigkeit desselben Anspruchs gegen eine andere Person. XXIII. 254. — 18. Das Nachverfahren im Wechselprocesse kann nicht auf Grund des § 139 bis zur Erledigung des Wechselprocesses ausgesetzt werden. XXII. 197. — 19. Unzulässigkeit der Aussetzung des Verfahrens über die Rechtmäßigkeit einer einstweil. Verfügung bis zur Erledigung der Hauptsache. XXII. 133. — 20. Keine Aussetzung der Verhandlung über die Höhe des Anspruchs gemäß § 140 wegen Verdachts einer strafbaren Handlung, welche auf die Entscheidung über den Grund des Anspruchs von Einfluß gewesen ist. XXI. 300. —

21. Kein Beschwerderecht über die Nichtzurückweisung eines Vertreters der Gegenpartei nach § 143. XXIII. 52. —

22. Muß das Ergebniß eines Augenscheins protokollirt werden? XXI. 294.

b) Zustellungen (§§ 152—190). 1. Wie ist ein Urtheil zuzustellen, worin noch über andere Streitpuncte als über Trennung rc. einer Ehe entschieden ist? XXIV. 66. — 2. Bei nothwendiger Streitgenossenschaft ist die Berufung gegen sämmtliche Streitgenossen zu richten. XXIII. 48. — 3. Welchem Staatsanwalt ist bei Anfechtung eines Entmündigungsbeschlusses die Ber.-Schrift zuzustellen? XXIII. 48. — 4. Unzulässigkeit der Berufung, wenn die dem Ber.-Beklagten zugestellte Abschrift der Terminsbestimmung von einem beim Ber.-Ger. nicht zugelassenen Anwalt beglaubigt ist. XXIII. 53. — 5. Zustellung auf Betreiben von Rechtsanwälten oder im Anwaltsproceß; Unzulässigkeit der Beglaubigung des zuzustellenden Schriftstücks durch einen anderen Rechtsanwalt. XXII. 51. — 6. Bei Zustellungen unter Vermittelung des Gerichtsschreibers, auch wenn auf Betreiben eines Rechtsanwalts, hat der Ger.-Vollzieher die zuzustellende Abschrift zu beglaubigen. XXIV. 113. —

7. Zustellung von Anwalt zu Anwalt; „Übergabe“ des Schriftstücks nach § 156. XXII. 264. — 8. Können bei Aufstellung eines Substituten für den proceßbevollmächtigten Anwalt Zustellungen rechtswirksam an Letzteren erfolgen? XXI. 62. — 9. Die vom Kläger in einem anhängigen Proceß erwirkte einstweil. Verfügung kann dem Beklagten persönlich zugestellt werden. XXV. 187. —

10. Ersatzzustellung; der Gefängnißvorsteher ist „Hauswirth“ des Gefangenen i. S. des § 166. XXII. 52. — 11. Ersatzzustellung an einen Anwalt. Genügt es, daß das zuzustellende Schriftstück überhaupt rechtzeitig in die Hände des Adressaten gelangt ist? XXI. 63. —

12. Kann die Zustellung auch in anderer Weise als durch die Zustellungsurkunde bewiesen werden? XXII. 118. — 13. Gültigkeit der Zustellung trotz versehentlich unterbliebener Unterschrift des Gerichtsvollziehers auf der Zustellungsurkunde. XXIV. 180. —

14. Mehrkosten der Zustellung durch einen Ger.-Vollzieher statt durch die Post. XXIV. 56. —

15. Unzulässigkeit der öffentlichen Zustellung, wenn ein Abwesenheitspfleger bestellt ist. XXIII. 188. — 16. Das angegangene Gericht ist für die Entscheidung über den Antrag auf öffentliche Zustellung der bei ihm eingereichten Klage zuständig. XXV. 237. — 17. Welches Gericht ist für die Bewilligung der öffentlichen Zustellung des anzufechtenden Urtheils zuständig, wenn dieses gleichzeitig mit der Rechtsmittelschrift zugestellt werden soll? XXIV. 181. — 18. Muß der Ber.-Schriftsatz, um öffentlich zugestellt werden zu können, einen bestimmten Sachantrag enthalten? XXIII. 189.

c) Ladungen, Termine und Fristen (§§ 191—207). 1. Unzulässigkeit der Berufung, wenn die dem Ber.-Beklagten zugestellte Abschrift der Terminsbestimmung von einem beim Ber.-Ger. nicht zugelassenen Anwalt beglaubigt ist.

XXIII. 53. — 2. Verfahren im Fall der sog. facultativen mündlichen Verhandlung. XXIII. 124. — 3. Wird durch den Concurs einer off. Handelsgesellsch. die Rechtsverfolgung gegen die einzelnen Gesellschafter suspendirt? XXI. 43. — 4. Ist bei einer Vertagung der Verhandlung die nicht erschienene Partei neu zu laden? XXII. 271. — 5. Kann Versäumnißurtheil erlassen werden, wenn der frühere, von der nicht erschienenen Partei gleichfalls versäumte, Termin durch verkündete Entscheidung vertagt worden war ohne neu zu laden? XXIV. 116. —

6. Berechnung der in § 140 CO. für den Nachweis der Feststellungsklage vorgeschriebenen zweiwöchigen Frist. XXI. 309. — 7. Kann die gesetzliche Frist für die Anfechtung des Entmündigungsbeschlusses durch die Parteien verlängert werden? XXIII. 262. — 8. Unzulässigkeit einer Beschwerde gegen die Ablehnung des Antrags auf Rückverlegung des Verhandlungstermins. XXI. 138. — 9. Der Beklagte verliert sein Recht zur Ablehnung des Richters nicht dadurch, daß er gemeinschaftlich mit dem Kläger die Anberaumung eines anderen Termins beantragt. XXI. 291. — 10. Die Verhandlung über den Antrag auf Erlassung eines Versäumnißurtheils darf von Amtswegen nur in den Fällen des § 302 vertagt werden. XXIV. 256. — 11. Kann die Vertagung eines Verhandlungstermins mit Beschwerde angefochten werden? XXIV. 182.

d) Folgen der Versäumung; Wiedereinsetzung i. d. v. St. (§§ 208—216). 1. Wiedereinsetzung gegen die Versäumung der Einspruchsfrist; Begriff des „Verschuldens" i. S. des § 211. XXI. 64. — 2. Verschulden durch unterlassene Fürsorge für eine Benachrichtigung von der Zustellung. XXV. 169. — 3. Wiedereinsetzung einer Partei wegen ihrer Verhaftung? XXI. 295. — 4. Ablehnung der Wiedereinsetzung wegen concurrirenden Verschuldens des Anwalts. XXI. 296. — 5. Bedeutung der Übergabe des Schriftstücks an den Gerichtsschreiber i. S. des § 213. XXI. 139. — 6. Über den Antrag auf Wiedereinsetzung gegen Ablauf der Ber.-Frist ist durch Urtheil zu entscheiden. XXI. 220.

e) Unterbrechung und Aussetzung des Verfahrens (§§ 217—229). 1. Anfechtbarkeit eines Urtheils, wodurch den aufgetretenen Rechtsnachfolgern die Berechtigung zur Aufnahme des Processes aberkannt ist. XXI. 221. — 2. Zulässigkeit einer Aufnahme des Processes über eine angemeldete Forderung auch gegen den Gemeinschuldner. XXII. 68. — 3. Kann der Conc.-Verwalter zur Aufnahme des Verfahrens geladen werden, wenn für die von ihm bestrittene Forderung schon ein Endurtheil vorliegt? XXI. 253. — 4. Die Aufnahme eines unterbrochenen Verfahrens muß durch Schriftsatz erfolgen. XXIV. 183. —

5. Unterbrechung des Verfahrens durch den Tod der Partei nach Beendigung der Instanz und vor Bestellung eines Proceßbevollmächtigten für die neue Instanz. XXV. 107. — 6. Kann beim Verluste der Parteifähigkeit Aussetzung des Verfahrens angeordnet werden? XXV. 238. — 7. Recht des Gegners auf Aussetzung des Verfahrens nach § 223; Zulässigkeit der Beschwerde

über die Ablehnung des Antrags trotz des dann ergangenen Versäumnißurtheils. XXII. 53. — 8. Die Aussetzung des Verfahrens kann auch nach Schluß der mündlichen Verhandlung beantragt werden. XXV. 239. — 9. Wiederaufnahme des Verfahrens durch einen Schriftsatz, in welchem das eingelegte Rechtsmittel zurückgenommen wird. XXI. 140. —

10. Der Ausspruch, daß der Rechtsstreit ruhe, ist kein Endurtheil. XXV. 240.

II. Verfahren in 1. Instanz vor den Landgerichten.

A. Verfahren bis zum Urtheil (§§ 230—271). 1. Einwand, daß eine rechtsgültige Klagerhebung nicht stattgefunden habe. XXI. 297. — 2. Erfordert der gemeinschaftliche Gerichtsstand des § 566 Abs. 2, daß dem in diesem Gerichtsbezirke wohnenden Beklagten die Klage zuerst zugestellt wird? XXII. 64. —

3. Die Activlegitimation muß schon bei der Klagerhebung vorhanden sein. XXIV. 57. — 4. Kann ein Gläubiger bei Unbekanntschaft seiner Mitberechtigten auf Hinterlegung klagen? XXV. 199. — 5. Klagerecht der Firma ohne Nennung des Inhabers. XXV. 213. — 6. Anfechtung des Beschlusses der Gen.-Vers. einer eingetr. Genossenschaft, durch welchen Mitglieder des Aufsichtsraths abgesetzt und neue gewählt sind; gegen wen ist die Klage zu richten? XXII. 183. —

7. Zum Klagegrund der Eigenthumsklage gehört die Angabe des Erwerbsgrundes; Klagänderung. XXIV. 184. — 8. Negatorienklage gegen die Zuleitung übler Gerüche aus einer gewerblichen Niederlage; hat Kläger die erforderlichen Vorkehrungen anzugeben? XXIII. 8. 180. — 9. Zurückweisung eines Antrags, den Beklagten zu einer Handlung anzuhalten, wegen Unbestimmtheit des Antrags. XXI. 242. — 10. Kann die Bestellung einer anderen Sicherheit verlangt werden, wenn die versprochene Sicherstellung sich als wirkungslos erwiesen hat, und muß dann der Käufer eine bestimmte Sicherheit fordern? XXI. 88. — 11. Anf.-Ges. v. 21. Juli 1879 § 2; es genügt ein erst nach der Klagerhebung erlangter vollstreckbarer Titel. XXIII. 229. — 12. Rayonbeschränkungen; die Entschädigung ist nach der Sachlage z. Z. des Urtheils zu bemessen. XXIII. 155. —

13. Die Feststellungsklage ist nicht ein nur subsidiäres Rechtsmittel. XXIV. 136. — 14. Keine Feststellungsklage ohne ein zwischen den Parteien bestehendes Rechtsverhältniß. XXII. 119. — 15. Keine Feststellungsklage über eine Rechtsfrage. XXIV. 185. — 16. Das nach § 231 CPO. erforderliche rechtliche Interesse an alsbaldiger Feststellung kann auch ein bloß ökonomisches sein. XXI. 222. — 17. Feststellungsklage trotz Möglichkeit einer Leistungsklage, bei vorhandenem Interesse. XXV. 108. — 18. Dürfen künftige Raten wiederkehrender Leistungen eingeklagt werden? XXII. 140. — 19. Rechtliches Interesse bei der negativen Feststellungsklage. XXIV. 114. — 20. Inwiefern ist gegen die Feststellungsklage die Einrede der Verjährung des civilrechtlichen Anspruchs zulässig? XXIV. 208. —

21. Feststellungsklage eines Beamten über die Pensionsberechtigung seiner Wittwe. XXV. 109. — 22. Erfordernisse einer Feststellungsklage des Patent-

inhabers über die Tragweite des Patents gegenüber abweichenden Äußerungen des Beklagten. XXIV. 48. —

23. Streitwerth bei negativer Feststellungsklage; maßgebend ist der Werth des Streitgegenstandes ohne Rücksicht auf Gegenleistungen. XXI. 214. — 24. Negative Feststellungsklage auf Nichtbestehen eines Anspruchs aus einem Vertrage; Gerichtsstand des § 29 CPO. XXI. 133. — 25. Die negative Feststellungsklage begründet keine Rechtshängigkeit gegenüber der späteren Leistungsklage des Gegners. XXIII. 255. — 26. Kann gegen eine Wechselklage die Einrede der Rechtshängigkeit auf eine anhängige negative Feststellungsklage über das zu Grunde liegende Rechtsverhältniß gestützt werden? XXIV. 262. — 27. Für die Fristberechnung aus § 3 Ziff. 2. 3 des Anf.-Ges. v. 21. Juli 1879 bewirkt eine negative Feststellungswiderklage des Anf.-Beklagten keine Rechtshängigkeit. XXIII. 230. — 28. Umwandlung der Feststellungsklage in eine Leistungsklage in 2. Instanz. XXIV. 137. — 29. Feststellungsklage über das Nichtbestehen einer bestimmten Forderung. Das Urtheil hat sich auf die Forderung zu beschränken. XXV. 110. — 30. Umfang der Rechtskraft des die negative Feststellungsklage abweisenden Urtheils. XXII. 121. —

31. Die negative Feststellungsklage begründet keine Rechtshängigkeit gegenüber der späteren Leistungsklage des Gegners. XXIII. 255. — 32. Für die Fristberechnung nach § 3 Ziff. 2. 3 des Anf.-Ges. v. 21. Juli 1879 bewirkt eine negative Feststellungswiderklage des Anf.-Beklagten keine Rechtshängigkeit. XXIII. 230. — 33. Der Vorbehalt der Rechte im Urkundenprocesse begründet die Einrede der Rechtshängigkeit gegen eine neue Klage des Beklagten. XXII. 207. — 34. Die Klage des Schuldners auf Herausgabe des Wechsels begründet keine Rechtshängigkeit gegen die Klage des Gläubigers auf Zahlung. XXV 170. — 35. Überweisung einer gepfändeten Forderung zur Einziehung; kann der vom Pfändungsgläubiger belangte Drittschuldner gegen die spätere Klage des gepfändeten Schuldners Rechtshängigkeit vorschützen? XXIII. 133. — 36. Ist die Einrede der Rechtshängigkeit gegen die Widerspruchsklage aus § 765 zulässig auf Grund eines vor einem anderen Gericht bereits anhängigen Processe über dieselbe Streitfrage? XXII. 128. —

37. Über die Wirkungen der Cession einer rechtshängigen Forderung. XXIII. 256. — 38. Darf der eine Rechtshandlung seines Schuldners anfechtende Gläubiger den Anfechtungsproceß noch nach Abtretung seines Hauptanspruchs fortsetzen? XXIII. 190. — 39. Bezieht sich das Eintrittsrecht des Rechtsnachfolgers (des Erstehers in der Subhastation?) auch auf einen Negatorienstreit wegen Immissionen? XXIII. 191. —

40. Der Eintritt eines neuen Klägers ist keine bloße Klagänderung XXIII. 131. — 41. Actio finium regundorum; Klagänderung durch einen Vindicationsantrag. XXI. 97. — 42. Klagänderung, wenn der Zahlungsbefehl wegen einer Darlehensbürgschaft erlassen ist und in dem auf Widerspruch eingeleiteten Verfahren, ein Wechselaccept geltend gemacht wird? XXII. 125. — 43. Unzulässige Klagänderung, wenn statt eines bedingten ein unbedingtes

Honorarversprechen behauptet wird. XXI. 223. — 44. Unzulässige Klagänderung, wenn der persönlich verklagte Kaufmann hernach als Handelsgesellschafter in Anspruch genommen wird. XXII. 32. — 45. Zulässige Erweiterung des Klagantrags auf Rechnungslegung zu dem auf Zahlung. XXIII. 258. — 46. Zulässigkeit einer auf § 240 Ziff. 3 gestützten Änderung des Klagantrags in der Ber.-Instanz, obgleich dem Kläger die Veränderung schon während der 1. Instanz bekannt geworden war. XXIII. 128. — 47. Darf das Gericht bei Annahme einer unzulässigen Klagänderung event. über die neue Begründung erkennen? XXIII. 257. — 48. Nur eine Entscheidung darüber, daß keine Klagänderung vorliege, ist unanfechtbar. XXV. 171. —

49. Verfahren und Kostenfrage bei Zurücknahme der Klage, wenn gegen den Beklagten schon ein Versäumnißurtheil erlassen und Einspruch eingelegt war. XXII. 120. — 50. Kann eine theilweise zurückgenommene Klage demnächst wieder erweitert werden? XXII. 198. — 51. Kann der Kläger die Revisibilität des Ber.-Urtheils durch Ermäßigung seines Klagantrags unter 1500 *M.* vor Einlegung der Revision des Beklagten beseitigen? XXII. 124. — 52. Keine Widerklage gegen eine in zulässiger Weise zurückgenommene Klage. XXI. 142. —

53. Proceßhindernde Einreden. In welcher Reihenfolge ist über die gleichzeitig vorgebrachten Einreden der Unzuständigkeit des Gerichts und der fehlerhaften Klagezustellung zu entscheiden? Das Ber.-Ger. braucht die Sache in diesem Fall nicht an die 1. Instanz zurückzuverweisen. XXI. 141. — 54. Einrede der mangelnden Sicherheit für die Proceßkosten; Verfahren bei unzureichender Bemessung der Sicherheit. XXIII. 125. — 55. Einrede der fehlenden Kostenerstattung gegen die Wiederholung einer zurückgenommenen Klage; Replik, daß keine vexatorische Absicht vorliege; Beweislast. XXII. 199. — 56. Nach der Verhandlung zur Hauptsache (§ 248 Abs. 2) kann diese nicht mehr ausgesetzt werden, bis die Berufung gegen das Zwischenurtheil über die proceßhindernde Einrede erledigt ist. XXIV. 186. — 57. Unzulässigkeit der Berufung gegen ein Zwischenurtheil auf Bestellung einer dem Beklagten nicht genügend erscheinenden Sicherheit. XXIV. 253. — 58. Zurückverweisung in die 1. Instanz gemäß § 500, wenn dort trotz erschöpfender Verhandlung nur über ein Proceßhinderniß, und zwar von Amtswegen, entschieden worden war. XXIII. 201. —

59. Zulässigkeit der Häufung zweier sich widersprechender Einreden. XXI. 65. — 60. Kann ein Schiedsspruch wegen Nichtbestehens eines Schiedsvertrags angefochten werden, wenn der Anfechtende vorher die Abweisung der gerichtlichen Klage gegen ihn mit der Einrede des Schiedsvertrags erzielt hatte? XXIII. 266. — 61. Benef. compet. unter Ehegatten; Zeit der Geltendmachung. XXII. 227. — 62. Unzulässigkeit einer nur eventuellen Widerklage. XXIII. 259. — 63. Unzulässigkeit einer Zurückweisung der verschleppten Begründung einer Widerklage. XXV. 111. — 64. Werthfestsetzung für eine abgewiesene, thatsächlich nicht erhobene Widerklage. XXII. 44. —

65. Über die Verwerthung von Vermuthungen aus Lebenserfahrungen bei der Beweiswürdigung. XXI. 172. — 66. Kann die Augenscheinseinnahme

auf einem Grundstücke des Gegners wider dessen Willen durchgeführt werden? XXIII. 197. — 67. Zulässigkeit der Regelung der Beweislast in den Bedingungen von Versicherungsgesellschaften. XXI. 5. — 68. Wann ist die Ablehnung von Beweisanträgen zulässig? XXV. 112. — 69. Unzulässigkeit der Ablehnung von Beweisanträgen mit der Begründung, daß das bisherige Beweisergebniß wegen Unglaubwürdigkeit der vorgeschlagenen Zeugen keine Änderung erfahren würde. XXI. 225. — 70. Freie Beweiswürdigung von Zeugenaussagen; der Richter ist nicht an die Auffassung der Zeugen gebunden. XXI. 224. — 71. Darf die Vereidigung eines Zeugen wegen seiner Unglaubwürdigkeit abgelehnt werden? XXV. 117. — 72. Beweiskraft eines Zeugnisses, auf dessen Beeidigung die Parteien verzichtet haben. XXI. 147. — 73. Über die Verwerthung von Zeugenaussagen aus einem Strafverfahren. XXI. 66. — 74. Bedarf ein Gutachten Sachverständiger einer die Nachprüfung im Einzelnen ermöglichenden näheren Begründung? XXII. 122. — 75. Beweiskraft des Befundes von Sachverständigen nach Art. 348 HGB. XXII. 100. — 76. Die materielle Beweiskraft der Urkunden steht unter freier richterlicher Würdigung. XXIV. 119. — 77. Schriftvergleichung. XXII. 267. — 78. Inwiefern dürfen die strafgerichtlichen Untersuchungsacten in dem sich anschließenden Civilprocesse verwerthet werden? XXV. 112. — 79. Berücksichtigung der Eidesverweigerung im Eheprocesse bei Bildung der richterlichen Überzeugung. XXIV. 263. — 80. Zulassung des Beweispflichtigen zum richterlichen Eide, wenn anderweitiger Beweis überall nicht vorliegt, und ohne Benutzung angebotener anderer Beweismittel. XXI. 149. —

81. Voraussetzungen der Verpflichtung des Gerichts zur Festsetzung des Schadensersatzes. XXV. 114. — 82. Über den Beweis des ursächlichen Zusammenhangs zwischen Schaden und Verschulden. XXIV. 140. — 83. Inwieweit hat die Partei den angeblichen Schadensanspruch für den Schätzungseid zu begründen? XXIII. 192. XXV. 113. 172. — 84. Das Urtheil darf nicht um abzurunden den Antrag überschreiten. XXV. 241. —

85. Wann ist eine Parteibehauptung als gerichtliches Geständniß zu behandeln? XXIV. 187. — 86. Bedeutung einer von der Partei selbst abgegebenen ihr ungünstigen Erklärung. XXI. 147. — 87. Die Erklärung, etwas „nicht bestreiten" zu wollen, enthält ein Geständniß i. S. des § 261; Unzulässigkeit der Beschränkung einer solchen Erklärung für die 1. Instanz. XXII. 200. — 88. Anticipirtes gerichtliches Geständniß. XXI. 256. —

89. Zum Begriff der bei dem Gericht offenkundigen Thatsachen. XXII. 54. — 90. Dürfen gerichtsbekannte Thatsachen von Amtswegen berücksichtigt werden? XXIV. 252. —

91. Aufgabe des Richters bei Anwendung fremden Rechts. XXIV. 58. — 92. Beweis unbekannten oder nicht nachgewiesenen fremden Rechts. XXI. 85. —

93. Cautio damni infecti; es genügt nicht die subjective Besorgniß eines Schadens, die Gefahr ist glaubhaft zu machen. XXI. 181. —

94. Rügepflicht. Unanwendbarkeit des § 267 bei beschlossener Nichtvereidigung eines Zeugen. XXIV. 118.

B. Urtheil (§§ 272—294). 1. Das Urtheil muß den vorhandenen Streitstoff erledigen. XXI. 67. — 2. Unzulässigkeit eines durch Eid bedingten Endurtheils, wenn für den Fall der Nichtleistung noch weiterer Beweis erhoben werden soll. XXIV. 121. — 3. Anfechtbarkeit eines Urtheils, wodurch den aufgetretenen Rechtsnachfolgern die Berechtigung zur Aufnahme des Processes aberkannt ist. XXI. 221. — 4. Wie genau muß das Urtheil auf eine Negatorienklage wegen Immission übler Gerüche die dem Beklagten auferlegten Vorkehrungen bezeichnen? XXI. 11. XXIII. 8. 180. — 5. Zurückweisung eines Antrags, den Beklagten zu einer Handlung anzuhalten, wegen Unbestimmtheit des Antrags. XXI. 242. — 6. Unzulässigkeit der Abweisung einer streitigen Klage auf Grund einer unstreitigen Aufrechnungseinrede. XXII. 56. XXIII. 55. XXIV. 61. 83. — 7. In welcher Reihenfolge ist über die gleichzeitig vorgebrachten Einreden der Unzuständigkeit des Gerichts und der fehlerhaften Klagezustellung zu entscheiden? Das Ber.-Ger. braucht die Sache in diesem Falle nicht an die 1. Instanz zurückzuverweisen. XXI. 141. —

8. Ein Theilurtheil liegt nicht vor, wenn der für unbegründet erklärte Theilbetrag der Klageforderung noch einer näheren Individualisirung bedarf. XXV. 115. — 9. Kein Theilurtheil auf Zahlung einer bestimmten Summe, wenn diese Summe noch von der Aufrechnungseinrede erfaßt werden kann. XXV. 173. — 10. Kein Theilurtheil über die Vorklage, wenn die sie ausschließende Widerklage noch nicht zur Entscheidung reif ist. XXV. 111. — 11. Unzulässigkeit eines Theilurtheils über den Eventualantrag. XXV. 44. — 12. Darf ein Theilurtheil über die Kosten erkennen? XXV. 242. — 13. Unzulässigkeit der Aufhebung des angefochtenen Urtheils seinem ganzen Umfange nach, solange der Proceßstoff nicht vollständig erschöpft ist. XXII. 204. — 14. Darf eine nicht connexe Compensationseinrede noch nachdem über sie verhandelt ist zum getrennten Processe verwiesen werden? Darf die dann erlassene Verurtheilung auf die Klage ohne Sicherstellung vollstreckt werden? XXII. 117. — 15. Darf das Ermessen des Richters über die Angemessenheit eines Theilurtheils in der Ber.-Instanz nachgeprüft werden? XXIV. 115. —

16. Der Ausspruch, daß der Rechtsstreit ruhe, ist höchstens ein Zwischenurtheil. XXV. 240. — 17. Auch ein incorrectes Zwischenurtheil kann nur mit der Endentscheidung angefochten werden. XXV. 115. —

18. Zwischenurtheil über den Grund eines Anspruchs, welcher theils zur Compensation, theils durch Widerklage geltend gemacht wird. XXI. 226. — 19. Zulässigkeit eines Zwischenurtheils über einen Schadensersatzanspruch seinem Grunde nach (§ 276) ungeachtet der Ungewißheit, ob ein Schade überhaupt entstanden sei? XXII. 265. — 20. Kann über eine Klage aus dem Anf.-Ges. zunächst dem Grunde nach erkannt werden? XXIV. 254. — 21. Keine Nachholung von Einreden in dem Verfahren über die Höhe des dem Grunde nach

bereits anerkannten Anspruchs. XXII. 38. — 22. Streitwerth bei Zwischenurtheilen über den Grund des Anspruchs. XXII. 113. — 23. Die Berufungsfähigkeit eines nach § 276 erlassenen Zwischenurtheils richtet sich nach der Absicht des Richters. XXIV. 254; vgl. XXIII. 54. — 24. Zulässigkeit der Nichtigkeits- und Restitutionsklage gegen ein den Klaganspruch dem Grunde nach anerkennendes Zwischenurtheil. XXI. 300. —

25. Das Anerkenntnißurtheil setzt ein unbeschränktes Anerkenntniß voraus. XXIV. 255. —

26. Das Urtheil darf nicht um abzurunden den Antrag überschreiten. XXV. 241. —

27. Erforderniß der Bezeichnung der Partei im Rubrum des Urtheils. XXIV. 59. — 28. Bezugnahme des Ber.-Urtheils auf die Entscheidungsgründe der 1. Instanz. XXII. 194. — 29. Zurückverweisung der Sache in die 1. Instanz unter nur theilweiser Aufhebung des Verfahrens, wie sich indeß nur aus den Gründen ergab. XXII. 63. —

30. Wie ist ein Urtheil zuzustellen, worin noch über einen anderen Streitpunct als auf Trennung, Ungültigkeit oder Nichtigkeit einer Ehe entschieden ist? XXIV. 66. —

31. Nichtverbindlichkeit eines Zwischenurtheils für das Instanzgericht wegen eingetretener veränderter Umstände. XXII. 263. —

32. Berichtigung eines Urtheils, das den Beklagten verurtheilt statt die Klage abzuweisen. XXIII. 193. — 33. Unzulässigkeit einer Berichtigung des Urtheils, wenn der Richter so erkennen wollte, wie das Urtheil lautet. XXIII. 194. — 34. Kann innerhalb des anhängigen Rechtsstreits das auf Grund eines später berichtigten Urtheils zu viel Beigetriebene zurückgefordert werden? XXV. 49. —

35. Beschwerde gegen den Beschluß über den Antrag auf Berichtigung des Thatbestandes, wenn der Antrag nicht geprüft worden ist. XXII. 55. —

36. Beschwerde wegen Übergehung des Kostenpunctes in der Beschwerdeinstanz. XXII. 206. —

37. Die Einrede der rechtskräftig entschiedenen Sache muß vorgeschützt werden. XXIII. 203. — 38. Bewirkt die Abweisung der Negatorienklage Rechtskraft zu Gunsten der Servitut? XXI. 227. — 39. Umfang der Rechtskraft des die negative Feststellungsklage abweisenden Urtheils. XXII. 121. — 40. Rechtskraft der Entscheidung über die Voraussetzung eines Anspruchs. XXIII. 195. — 41. Exc. rei. jud. gegen die Klage aus einem Wechsel, welcher bereits von einem Indossatar des Klägers für Rechnung des Klägers erfolglos eingeklagt war. XXI. 228. — 42. Einrede der Rechtskraft; keine Identität des Anspruchs aus einer Körperverletzung, wenn auf Schadensersatz zuerst durch Gehaltszahlung, dann durch Rente geklagt wird. XXIV. 60. — 43. Tragweite der Rechtskraft eines Urtheils, durch welches auf Grund einer Einrede eine Klage abgewiesen worden ist. Arglist, wenn Beklagter im zweiten Processe den Grund

seiner Einrede im Vorprocesse bestreitet. XXIV. 188. — 44. Unzulässigkeit der Abweisung einer illiquiden Klage auf Grund einer liquiden Compensationseinrede. XXII. 56. XXIII. 55. XXIV. 83. — 45. Rechtskraft der an sich unzulässigen Abweisung einer illiquiden Klage auf Grund einer liquiden Compensationseinrede. XXIV. 61. — 46. Kann ein Schiedsspruch wegen Nichtbestehens eines Schiedsvertrags angefochten werden, wenn der Anfechtende vorher die Abweisung der gerichtlichen Klage gegen ihn mit der Einrede des Schiedsvertrags erzielt hatte? XXIII. 266. — 47. Rechtskräftige Abweisung der Widerklage insoweit sie auf eine von mehreren, zugleich compensando und widerklagend geltend gemachten Forderungen gestützt wird; Wirkung auf die Compensationseinrede. XXI. 68. — 48. Voraussetzung für die Einklagung weiterer Schadensersatzansprüche nach erzielter Verurtheilung des Beklagten zu einem bestimmten Schadensersatze. XXII. 4. — 49. Verlust des Rückforderungsrechts des Bewucherten durch Versäumung der Einrede des Wuchers im vorangegangenen Wechselverfahren. XXIII. 87. — 50. Bezahlung erpreßter Wechsel, condictio ex injusta causa (nicht actio quod metus causa), soweit nicht die Zahlung auf Grund rechtskräftigen Urtheils erfolgt ist. XXI. 182. — 51. Abänderung rechtskräftig zuerkannter Unterhaltsbeträge nur auf Klage. XXV. 242. — 52. Unzulässigkeit der Zw.-Vollstr. aus einer rechtskräftigen Verurtheilung vor 1900 zu gesetzlichem Unterhalt von Geschwistern. XXV. 206. — 53. Über die Rechtskraftfähigkeit gewollter und nicht gewollter Zwischenurtheile nach § 276. XXIII. 54. — 54. Rechtskraft; über die processualen und materiellen Wirkungen der Streitverkündung. XXV. 106. —

55. Beschlüsse, auf denen das erlassene Urtheil ruht, sind mit dem Rechtsmittel gegen das Urtheil, nicht mit Beschwerde, anzufechten. XXII. 266. — 56. Zulässigkeit der Beschwerde gegen ein Urtheil, das in den Gründen einen Antrag auf ein Versäumnißurtheil für unzulässig erklärt. XXI. 229.

C. Versäumnißurtheil (§§ 295—312). 1. Versäumnißverfahren gegen den ausländischen Kläger, der wegen unterbliebener Zahlung des dreifachen Kostenvorschusses zur Verhandlung nicht zugelassen worden ist. XXV. 174. — 2. Recht des Gegners auf Aussetzung des Verfahrens nach § 223; Zulässigkeit der Beschwerde über die Ablehnung des Antrags trotz des dann ergangenen Versäumnißurtheils. XXII. 53. — 3. Erfordernisse eines Versäumnißurtheils; muß es als solches bezeichnet sein? XXIII. 196. — 4. Kann Versäumnißurtheil erlassen werden, wenn der frühere, von der nicht erschienenen Partei gleichfalls versäumte, Termin durch verkündete Entscheidung vertagt worden war ohne neu zu laden? XXIV. 116. — 5. Ist bei einer Vertagung der Verhandlung die nicht erschienene Partei neu zu laden? XXII. 271. — 6. Nichtigkeitsklage gegen ein Versäumnißurtheil, das dem für den Nichtigkeitskläger aufgetretenen falsus procurator zugestellt und nicht mit Einspruch angefochten worden war. XXII. 271. — 7. Zulässigkeit der Beschwerde gegen ein Urtheil, das in den Gründen einen Antrag auf ein Versäumnißurtheil für unzulässig erklärt. Zurückweisung des Antrags auf ein Versäumnißurtheil, weil ein beschränkterer Antrag schriftlich angekündigt war. XXI. 229. — 8. Die Verhandlung über den Antrag auf Erlassung eines Versäumnißurtheils darf von Amtswegen und in den Fällen des § 302 vertagt werden. XXIV. 256. — 9. Liegt ein Fall der Versäumniß vor, wenn der Schwurpflichtige durch Krankheit am Erscheinen im Schwurtermin verhindert war und sein Vertreter ohne Erfolg die Anberaumung eines anderen Schwurtermins beantragt hat? XXII. 57. — 10. Unzulässigkeit der Berufung gegen die Festsetzung der Einspruchsfrist im Versäumnißurtheil. (XXIV. 261.) XXV. 116. — 11. Verfahren und Kostenfrage bei Zurücknahme der Klage, wenn gegen den Beklagten schon ein Versäumnißurtheil erlassen und Einspruch eingelegt war. XXII. 120. — 12. Kann ein vor Ablauf der Einspruchsfrist erhobener Einspruch rechtskräftig verworfen werden? XXIV. 257.

D. Allgemeine Bestimmungen über die Beweisaufnahme (§§ 320—335). 1. Wann ist die Ablehnung von Beweisanträgen zulässig? XXI. 225. XXV. 112. — 2. Mündliche Verhandlung über den Antrag auf Fristbestimmung zur Beseitigung eines Hindernisses der Beweisaufnahme. XXIII. 126. — 3. Rechtshülfe; Ablehnung eines Ersuchens um Zeugenvernehmung, weil der Beweisbeschluß keine genügende Angabe der streitigen Thatsachen enthält. XXV. 101.

E. Beweis durch Augenschein (§§ 336. 337). 1. Kann die Augenscheinseinnahme auf einem Grundstücke des Gegners wider dessen Willen durchgeführt werden? XXIII. 197. — 2. Ist der Proceßgegner des Beweisführers verpflichtet, sich körperlich untersuchen zu lassen? XXIII. 127. — 3. Muß das Ergebniß eines Augenscheins protokollirt werden? XXI. 294.

F. Zeugenbeweis (§§ 338—366). 1. Die einzelnen Mitglieder einer zur Vertretung der juristischen Person berufenen collegialen Behörde sind in deren Processen nicht zeugnißfähig. XXV. 175. —

2. Kann die „Nichtkenntniß" einer anderen Person von der Zahlungseinstellung eines Dritten durch Zeugen bewiesen werden? XXII. 58. —

3. Freie Beweiswürdigung von Zeugenaussagen; der Richter ist nicht an die Auffassung der Zeugen gebunden. XXI. 224. — 4. Über die Verwerthung von Zeugenaussagen aus einem Strafverfahren. XXI. 66. —

5. Verlust von Zeugen durch Nichteinzahlung des geforderten Auslagenvorschusses (§ 344 Abs. 2), ohne daß es auf die Entschuldbarkeit ankommt. XXI. 143. — 6. Befreit das Armenrecht von Vorschüssen zur Deckung der Auslagen für einen Zeugenbeweis? XXIV. 112. XXV. 43. —

7. Zeugnißverweigerung eines Rechtsanwalts über solche Handlungen, die er als Vertreter einer Partei vorgenommen hat, XXI. 230. „Anvertraute Thatsachen" i. S. des § 348 Ziff. 5, XXI. 144. — 8. Zeugnißverweigerung eines Universitätslehrers in Betreff solcher Thatsachen, die ihm zur Erstattung eines Rechtsgutachtens anvertraut worden sind. XXIII. 198. —

9. Bedeutung der durch das Familienverhältniß bedingten Vermögensangelegenheiten nach § 350 Ziff. 3. XXI. 145. XXIV. 117. — 10. Erwerb oder Ausschlagung der väterlichen Erbschaft als eine durch das Familienverhältniß bedingte Vermögensangelegenheit. XXV. 243. —

11. Nachholung der in 1. Instanz unterlassenen Entscheidung über die Rechtmäßigkeit der Zeugnißverweigerung in der Ber.-Instanz. XXI. 146. — 12. Verfahren, wenn die Partei behauptet, daß eine der Ausnahmen von dem Recht zur Zeugnißverweigerung vorliege. XXI. 231. —

13. Zur Verhandlung über die Zeugnißverweigerung ist der Zeuge als Partei zu laden. XXIV. 258. —

14. Darf die Vereidigung eines Zeugen wegen seiner Unglaubwürdigkeit abgelehnt werden? XXV. 117. — 15. Unzuverlässigkeit eines Zeugen ist kein Grund für seine Nichtvereidigung. XXIV. 118. — 16. Beweiskraft eines Zeugnisses, auf dessen Beeidigung die Parteien verzichtet hatten. XXI. 147. — — 17. Über den Antrag auf nachträgliche Vereidigung von Zeugen kann nur nach mündlicher Verhandlung entschieden werden. XXI. 69. — 18. Zum Begriff der beim Ausgange des Rechtsstreits unmittelbar betheiligten Personen (Versicherungsagenten). XXII. 59. — 19. Sind Gemeindeglieder nach § 358 Ziff. 4 als Zeugen für die Gemeinde unvereidigt zu vernehmen? XXI. 232. XXII. 201. — 20. Der Cedent des Klägers ist kein unmittelbar betheiligter Zeuge nach § 358 Ziff. 4. XXI. 147. XXIV. 118. — 21. Der Cedent kann am Ausgange des Rechtsstreits zwischen dem Cessionar und dem Schuldner unmittelbar betheiligt sein. XXV. 118. — 22. Das Mitglied einer Gesellschaft m. b. H. ist an dem Ausgange ihrer Processe nicht unmittelbar betheiligt. XXV. 119. —

23. Die Partei darf Erläuterungsfragen an den Zeugen nur in der mündlichen Vernehmung stellen. XXIV. 259. —

24. Die beantragte nochmalige Vernehmung eines Zeugen über Thatsachen, die nicht den Gegenstand seiner früheren Vernehmung bildeten, darf nicht abgelehnt werden. XXV. 176. —

25. Bemessung von Zeugengebühren. XXII. 259.

G. Beweis durch Sachverständige (§§ 367—379). 1. Ist der Proceßgegner des Beweisführers verpflichtet, sich körperlich untersuchen zu lassen? XXIII. 127. — 2. Befreit das Armenrecht von Vorschüssen zur Deckung der Auslagen für einen Sachverständigen-Beweis? XXIV. 112. XXV. 43. —

3. Kann die Partei die mündliche Vernehmung des Sachverständigen verlangen? XXIV. 260. — 4. Die Partei darf Erläuterungsfragen an den Sachverständigen nur in der mündlichen Vernehmung stellen. XXIV. 259. —

5. Processuale Behandlung eines Ablehnungsantrags der Partei. Kann die Ablehnung darauf gestützt werden, daß der Sachverständige in der Sache ein Privatgutachten erstattet hat? XXII. 60. — 6. Zeitpunct der Ablehnung eines Sachverständigen. XXI. 233. — 7. Anfechtung einer Entmündigung; Sachverständige können nicht deshalb abgelehnt werden, weil sie im Entmündigungs-

verfahren vernommen worden sind. XXIV. 62. — 8. Unzulässigkeit der weiteren Beschwerde gegen einen Beschluß, durch welchen die Ablehnung eines Sachverständigen für begründet erklärt wird. XXI. 234. —

9. Bedarf ein Gutachten Sachverständiger einer die Nachprüfung im Einzelnen ermöglichenden näheren Begründung? XXII. 122. —

10. Ein Sachverständiger braucht die beanspruchten Aufwandskosten nicht zu specificiren. XXI. 148. — 11. Bei Bemessung der Sachverständigen-Gebühren ist die Zeitversäumniß auch für die Reisen zu berücksichtigen. XXI. 235.

H. Beweis durch Urkunden (§§ 380—409). 1. Kann gegen den Inhalt eines in einer öffentlichen Urkunde niedergelegten Schuldbekenntnisses Simulation eingewandt und unter Eid gestellt werden? XXII. 73. — 2. Die materielle Beweiskraft der Urkunden steht unter freier richterlicher Würdigung. XXIV. 119. — 3. Gegenbeweis gegen den materiellen Inhalt einer von den Contrahenten unterschriebenen Privaturkunde. XXIII. 56. —

4. Ist derjenige, welcher im Proceß auf den Inhalt eines vertraulichen Auskunftschreibens Bezug genommen hat, zur Edition desselben gemäß § 388 verpflichtet? XXI. 149. — 5. Über die Verpflichtung zur Vorlegung von Handelsbüchern. XXIII. 26. — 6. Der Editionseid bezweckt nicht, den Besitz der Urkunde zu beweisen. XXV. 120. —

7. Schriftvergleichung. XXII. 267.

J. Beweis durch Eid (§§ 410—439). 1. Eid über ein Wissen. XXV. 56. — 2. Unzulässigkeit der Eideszuschiebung an den klagenden Indossatar über eine Arglist des Wechselausstellers und des Indossatars Kenntniß davon. XXV. 226. — 3. Eideszuschiebung über den Abschluß eines Kaufs. XXV. 177. — 4. Unzulässigkeit der Beeidigung eines Circa-Quantums. XXIV. 120. — 5. Fassung des Eides über das Vorhandensein von Schwamm und Rothfäule. XXIII. 76. — 6. Kann im Eheprocesse der Eid über eine Thatsache zugeschoben werden, die sowohl zur Begründung der Ehescheidungsklage als zur Vertheidigung gegen die Widerklage dient? XXI. 156. — 7. Kann gegen den Inhalt eines in einer öffentlichen Urkunde niedergelegten Schuldbekenntnisses Simulation eingewandt und unter Eid gestellt werden? XXII. 73. —

8. Kann die Eideszuschiebung an nothwendige Streitgenossen noch widerrufen oder durch andere Beweismittel ersetzt werden, wenn die durch Beweisbeschluß angeordnete Eidesleistung schon von einigen Streitgenossen geschehen ist? XXIV. 63. —

9. Über den Unterschied von Wahrheits- und Überzeugungseid. XXIV. 64. — 10. Ein Schiedseid über das Nichtwissen einer Thatsache beweist nicht deren Unwahrheit. XXIII. 199. —

11. Unzulässigkeit eines durch Eid bedingten Endurtheils, wenn für den Fall der Nichtleistung noch weiterer Beweis erhoben werden soll. XXIV. 121. — 12. Wirksamkeit des auf Beweisbeschluß geleisteten Eides für die Ber.-Instanz. XXV. 244. — 13. Die Leistung des Inventarieneides soll nicht durch Beweis-

beschluß angeordnet werden. XXIII. 240. — 14. Fassung der Eidesformel, wenn der Beklagte nur einen bedingten Vertragschluß zugiebt. XXII. 268. —

15. Kann die Partei, die in 1. Instanz die Annahme eines zugeschobenen Eides abgelehnt hat, in 2. Instanz die unter Eid gestellte Behauptung bestreiten? XXI. 150. — 16. Liegt ein Fall der Versäumniß vor, wenn der Schwurpflichtige durch Krankheit am Erscheinen im Schwurtermin verhindert war und sein Vertreter ohne Erfolg die Anberaumung eines anderen Schwurtermins beantragt hat? XXII. 57. —

17. Anwendung des § 433, wenn sich herausstellt, daß der Schiedseid einer Person als gesetzlichem Vertreter auferlegt ist, die es nicht war. XXIV. 122. — 18. Anwendbarkeit des § 433 auch dann, wenn die Unfähigkeit des Schwurpflichtigen schon vor dem bedingten Urtheil vorhanden war. XXIV. 189. — 19. Anwendung des § 433, wenn der Schwurpflichtige wegen Abwesenheit unter Vormundschaft gestellt wird. XXI. 70. — 20. Welches Gericht ist zuständig, wenn nach rechtskräftiger Zurückweisung der Berufung gegen ein bedingtes Urtheil der Schwurpflichtige stirbt und die Erben den Rechtsstreit aufnehmen? XXV. 178. —

21. Eidesleistung einer off. Handelsgesellsch. nur durch die nicht von der Geschäftsführung ausgeschlossenen Gesellschafter. XXIII. 260. —

22. Zulassung des Beweispflichtigen zum richterlichen Eide, wenn anderweitiger Beweis überall nicht vorliegt, und ohne Benutzung eingetretener anderer Beweismittel. XXI. 149.

K. Verfahren bei der Abnahme von Eiden (§§ 440—446). 1. Kann die Mitwirkung des Gerichts zur Abnahme eines durch Vergleich festgesetzten Eides in Anspruch genommen werden? XXI. 262. —

2. Die Entscheidung darüber, welche Person in einer bestimmten Parteirolle den Eid zu leisten habe, erfordert mündliche Verhandlung und unterliegt nicht der Beschwerde. XXII. 61. — 3. Hinweisung auf die Bedeutung des Eides (§ 442). Ist es ein wesentlicher Mangel des Verfahrens i. S. des § 501, wenn sie sich nicht auf die Erörterung des Eidesthemas erstreckt hat? XXII. 123.

L. Sicherung des Beweises (§§ 447—455). 1. Voraussetzungen der Sicherung des Beweises. Alter des Zeugen. Muß die Erheblichkeit des Beweises dargelegt werden? XXI. 236. — 2. Wesen des Verfahrens zur Sicherung des Beweises. XXIII. 200. — 3. Beweiskraft des Befundes von Sachverständigen nach Art. 348 HGB.; Nichtanwendbarkeit der §§ 452. 454 CPO. XXII. 100.

III. Verfahren vor den Amtsgerichten (§§ 456—471).

1. Bei Zustellungen unter Vermittelung des Gerichtsschreibers, auch wenn auf Betreiben eines Rechtsanwalts, hat der Gerichtsvollzieher die zuzustellende Abschrift zu beglaubigen. XXIV. 113. —

2. Kosten des Sühneverfahrens. XXI. 59. — 3. Kann die Bestimmung eines gemeinschaftlichen Gerichts zur Abhaltung eines Sühneversuchs beantragt werden? XXII. 62.

IV. Rechtsmittel.

A. Berufung (§§ 472—506). 1. Anfechtbarkeit eines Urtheils, wodurch den aufgetretenen Rechtsnachfolgern die Berechtigung zur Aufnahme des Processes aberkannt ist. XXI. 221. — 2. Unzulässigkeit der Berufung gegen ein Zwischenurtheil auf Bestellung einer dem Beklagten nicht genügend erscheinenden Sicherheit. XXIV. 253. — 3. Die Berufungsfähigkeit eines nach § 276 erlassenen Zwischenurtheils richtet sich nach der Absicht des Richters. XXIV. 254. — 4. Unzulässigkeit der Berufung gegen die Festsetzung der Einspruchsfrist im Versäumnißurtheil. (XXIV. 261). XXV. 116. — 5. Ist eine Berufung zulässig, wenn in 1. Instanz dem Antrage des Ber.-Klägers entsprechend erkannt war? Insbesondere in Ehesachen, und namentlich in Fällen, wo die Auflösung einer Ehe in Frage steht? XXI. 154. — 6. Berufung gegen ein dem Antrage des Ber.-Klägers entsprechendes, auf Trennung von Tisch und Bett lautendes Urtheil, um Scheidung vom Bande wegen einer nach Verkündung des Urtheils erfolgten böslichen Verlassung zu erzielen. XXII. 272. — 7. Darf der Beklagte gegen die Abweisung der Ehescheidungsklage Berufung einlegen, um eine Widerklage auf Scheidung neu vorzubringen? XXV. 122. — 8. Beendigung der Instanz i. S. des § 821 mit der Zustellung des Urtheils. XXIII. 66. —

9. Beschlüsse, auf denen das erlassene Urtheil ruht, sind mit dem Rechtsmittel gegen das Urtheil, nicht mit Beschwerde, anzufechten. XXII. 266. —

10. Materiellrechtliche (nicht processuale) Wirksamkeit der vertragsmäßigen Ausschließung eines Rechtsmittels. XXI. 298. — 11. Befugniß des Nebenintervenienten zur Fortsetzung des Processes, bis die Hauptpartei auf die Fortsetzung wirksam verzichtet. XXIV. 50. — 12. Kann die Zurücknahme der Berufung einseitig widerrufen werden? XXII. 202. — 13. Wiederaufnahme des Verfahrens durch einen Schriftsatz, in welchem das eingelegte Rechtsmittel zurückgenommen wird. XXI. 140. — 14. Zurücknahmegebühr; Verhältniß des § 26 Ziff. 5 zum § 46 GKG. XXIV. 176. —

15. Unzulässigkeit der Einlegung durch Telegramm. XXI. 237. — 16. Unzulässigkeit der Berufung, wenn die dem Ber.-Beklagten zugestellte Abschrift der Terminsbestimmung von einem beim Ber.-Ger. nicht zugelassenen Anwalt beglaubigt ist. XXIII. 53. — 17. Muß der Ber.-Schriftsatz, um öffentlich zugestellt werden zu können, einen bestimmten Sachantrag enthalten? XXIII. 189. — 18. Welches Gericht ist für die Bewilligung der öffentlichen Zustellung des anzufechtenden Urtheils zuständig, wenn dieses gleichzeitig mit der Rechtsmittelschrift zugestellt werden soll? XXIV. 181. — 19. Muß das Rechtsmittel auch dem Nebenintervenienten des Gegners gegenüber eingelegt werden? XXI. 56. — 20. Bei nothwendiger Streitgenossenschaft ist die Berufung gegen sämmtliche Streitgenossen zu richten. XXIII. 48. — 21. Welchem Staats-

anwalt ist bei Anfechtung eines Entmündigungsbeschlusses die Ber.-Schrift zuzustellen? XXIII. 48. —

22. Das Recht der Anschließung geht dadurch nicht verloren, daß der Anschließende das vorher von ihm selbständig eingelegte Rechtsmittel zurückgenommen und desselben rechtskräftig für verlustig erklärt worden ist. XXII. 203. — 23. Zulässigkeit der Anschlußberufung gegenüber einem nothwendigen Streitgenossen, der die Berufung zurückgenommen hat. XXIII. 57. — 24. Über die processuale Behandlung einer innerhalb der Rechtsmittelfrist erklärten Anschließung. XXIV. 192. — 25. Das Armenrechtsgesuch für die Anschlußberufung bedarf einer besonderen Prüfung. XXIII. 252. —

26. Zulässigkeit einer auf § 240 Ziff. 3 gestützten Änderung des Klagantrags in der Ber.-Instanz, obgleich dem Kläger die Veränderung schon während der 1. Instanz bekannt geworden war. XXIII. 128. — 27. Die Erklärung, etwas „nicht bestreiten" zu wollen, enthält ein Geständniß i. S. des § 261; Unzulässigkeit der Beschränkung einer solchen Erklärung für die 1. Instanz. XXII. 200. — 28. Kann die Partei, die in 1. Instanz die Annahme eines zugeschobenen Eides abgelehnt hat, in 2. Instanz die unter Eid gestellte Behauptung bestreiten? XXI. 150. — 29. Wirksamkeit des auf Beweisbeschluß geleisteten Eides für die Ber.-Instanz. XXV. 244. —

30. Das Urtheil darf nicht um abzurunden den Antrag überschreiten. XXV. 241. —

31. Muß der Ber.-Richter den Beweis der zweiten vom Kläger zu erweisenden Thatsache im Interesse des Beklagten nachprüfen, wenn er die Berufung des Klägers gegen die Beweiswürdigung der ersten Thatsache für begründet hält? XXI. 151. — 32. Darf das Ermessen des Richters über die Angemessenheit eines Theilurtheils in der Ber.-Instanz nachgeprüft werden? XXIV. 115. — 33. Nachholung der in 1. Instanz unterlassenen Entscheidung über die Rechtmäßigkeit der Zeugnißverweigerung in der Ber.-Instanz. XXI. 146. — 34. Welches Gericht ist zuständig, wenn nach rechtskräftiger Zurückweisung der Berufung gegen ein bedingtes Urtheil der Schwurpflichtige stirbt und die Erben den Rechtsstreit aufnehmen? XXV. 178. — 35. Unzulässigkeit der Aufhebung des angefochtenen Urtheils seinem ganzen Umfange nach, solange der Proceßstoff nicht vollständig erschöpft ist. XXII. 204. —

36. Zurückverweisung in die 1. Instanz gemäß § 500, wenn dort trotz erschöpfender Verhandlung nur über ein Proceßhinderniß und zwar von Amtswegen entschieden worden war. XXIII. 201. — 37. Anwendbarkeit des § 500 Ziff. 2 bei Aufhebung eines Urtheils, das einen Arrest wegen Unzuständigkeit des anordnenden Gerichts im Widerspruchsverfahren aufgehoben hatte. XXIV. 129. — 38. Hinweisung auf die Bedeutung des Eides (§ 442). Ist es ein wesentlicher Mangel des Verfahrens i. S. des § 501, wenn sie sich nicht auf die Erörterung des Eidesthemas erstreckt hat? XXII. 123. — 39. Zurückverweisung der Sache in die 1. Instanz unter nur theilweiser Aufhebung des Verfahrens, wie sich indeß nur aus den Gründen ergab. XXII. 63. —

40. Wenn im Versäumnißwege die Berufung als verspätet verworfen wird, so ist nur Einspruch statthaft. XXIV. 190.

B. Revision (§§ 507—529). 1. Revision gegen Urtheile der Oberlandesgerichte in der Beschwerdeinstanz. XXV. 249. — 2. Unzulässigkeit der Revision, wenn in der Ber.-Instanz auf beiderseitigen Antrag die Hauptsache für erledigt erklärt und nur über die Kosten entschieden worden ist. XXII. 115. —

3. Die Rev.-Summe kann nicht durch eine beliebige Erhöhung des streitigen Anspruchs hergestellt werden. XXII. 270. — 4. Kann der Kläger die Revisibilität des Ber.-Urtheils durch Ermäßigung seines Klagantrags unter 1500 ℳ vor Einlegung der Revision des Beklagten beseitigen? XXII. 124. — 5. Bemessung der Rev.-Summe beim Streit über eine Servitut; es entscheidet das Interesse des Rev.-Klägers. XXI. 152. — 6. Streitwerth, wenn von einem Dritten die Befreiung von einer dinglichen Last gefordert wird. XXI. 55. — 7. Streit um eine nebst Zinsen gepfändete Forderung; Einrechnung der Zinsen in die Rev.-Summe. XXII. 205. — 8. Beschwerdewerth bei der Revision gegen ein Zwischenurtheil auf Leistung einer Proceßkostencaution von 1000 ℳ seitens des Klägers in einem über einen höheren Betrag geführten Hauptstreit. XXIII. 58. — 9. Für die Rev.-Summe ist nicht das Interesse eines Nebenintervenienten maßgebend. XXV. 179. — 10. Zusammenrechnung mehrerer von verschiedenen Streitgenossen in einer gemeinsamen Klage verfolgter Ansprüche. XXII. 269. — 11. Wann findet eine Zusammenrechnung des Gegenstandes der Klage und der Widerklage statt? XXIV. 191. — 12. Hat der Gerichtsschreiber bei Ertheilung des Zeugnisses über die Rechtskraft eines Ber.-Urtheils darüber zu befinden, ob die Revision zulässig sei? XXI. 302. —

13. Die Einrede des Schiedsvertrags ist materiellrechtlicher Natur und fällt nicht unter § 509 Ziff. 1. XXI. 153. — 14. Ist die kirchliche Gebühr für eine Taufe eine „öffentliche Abgabe" i. S. des § 70 Abs. 3 GVG.? XXI. 299. — 15. Fällt die Syndicatsklage unter § 70 Abs. 3 und § 509 Ziff. 2 CPO.? XXIII. 232. —

16. Keine Revision wegen angeblicher Verletzung gemeinrechtlicher Auslegungsregeln bei der Feststellung irrevisibeln Rechts. XXIII. 202. — 17. Revision gegen unrichtige Auslegung von Vereinsstatuten. XXI. 167. — 18. Nachprüfung der Feststellung eines Verzichts. XXIII. 207. — 19. Bezugnahme des Ber.-Urtheils auf die Entscheidungsgründe der 1. Instanz. XXII. 194. —

20. Welches Gericht ist für die Bewilligung der öffentlichen Zustellung des anzufechtenden Urtheils zuständig, wenn dieses gleichzeitig mit der Rechtsmittelschrift zugestellt werden soll? XXIV. 181. — 21. Muß das Rechtsmittel auch dem Nebenintervenienten des Gegners gegenüber eingelegt werden? XXI. 56. —

22. Über die processuale Behandlung einer innerhalb der Rechtsmittelfrist erklärten Anschließung. XXIV. 192. — 23. Das Recht der Anschließung geht dadurch nicht verloren, daß der Anschließende das vorher von ihm selbständig eingelegte Rechtsmittel zurückgenommen hat und desselben rechtskräftig für ver-

lustig erklärt worden ist. XXII. 203. — 24. Für die Anschließung des Rev.-Beklagten bedarf es einer besonderen Prüfung seines Armenrechtsgesuchs. XXIII. 252. —

25. Ist der Rev.-Richter an die Auslegung eines Zuschlagsurtheils durch den Ber.-Richter gebunden? XXV. 180. — 26. Stellung des Rev.-Ger. zur Auslegung eines Schiedsspruchs. XXIII. 261. — 27. Kann der Antrag auf Erstattung des auf Grund eines vorläufig vollstreckbaren Urtheils 1. Instanz Gezahlten noch in der Rev.-Instanz gestellt werden? XXI. 74. —

28. Keine Revision gegen ein Ber.-Urtheil, dem die Rechtsansicht des Rev.-Ger. gemäß § 528 Abs. 2 zu Grunde liegt. XXI. 71.

C. Beschwerde (§§ 530—540). 1. Unzulässigkeit einer Beschwerde, die keinen praktischen Erfolg haben kann. XXIV. 193. —

2. Zulässigkeit der Beschwerde einer Partei gegen die von ihrem Anwalt in eigenem Namen erwirkte Festsetzung des Streitwerths. XXII. 43. — 3. Beschwerde über die Festsetzung des Streitwerths; es ist anzugeben, ob der Anwalt oder die Partei sich beschwere. XXIV. 177. — 4. Der Kostenfestsetzungsbeschluß kann nur von der Partei selbst, nicht von dem Anwalt angefochten werden. XXI. 134. — 5. Einfache Beschwerde gegen die Absetzung von Kosten wegen Fehlens eines vollstreckbaren Titels. XXIV. 52. — 6. Im Kostenfestsetzungs-Verfahren ist die Prüfung des Beschwerdegerichts nicht auf die angegriffenen Pöste beschränkt. XXIII. 51. — 7. Zulässigkeit der sofortigen Beschwerde gegen die unterlassene Entscheidung über die Kosten des Kostenfestsetzungsverfahrens. XXII. 50. — 8. Beschwerde wegen Übergehung des Kostenpunctes in der Beschwerdeinstanz. XXII. 206. — 9. Unbeschränkte Zulässigkeit der Beschwerde des Anwalts über seine Verurtheilung in Kosten. XXV. 233. — 10. Keine Beschwerde der Partei über die Wiederaufhebung einer Verurtheilung des Gerichtsvollziehers in Proceßkosten. XXI. 60. — 11. Vgl. unten Ziff. 30. —

12. Kann die Vertagung eines Verhandlungstermins mit Beschwerde angefochten werden? XXIV. 182. — 13. Unzulässigkeit einer Beschwerde gegen die Ablehnung des Antrags auf Rückverlegung des Verhandlungstermins. XXI. 138. — 14. Recht des Gegners auf Aussetzung des Verfahrens nach § 223; Zulässigkeit der Beschwerde über die Ablehnung des Antrags trotz des dann ergangenen Versäumnißurtheils. XXII. 53. — 15. Über den Antrag auf nachträgliche Vereidigung von Zeugen kann nur nach mündlicher Verhandlung entschieden werden. XXI. 69. — 16. Die Entscheidung darüber, welche Person in einer bestimmten Parteirolle den Eid zu leisten habe, erfordert mündliche Verhandlung und unterliegt nicht der Beschwerde. XXII. 61. —

17. Zulässigkeit der sofortigen Beschwerde gegen ein Urtheil, das in den Gründen einen Antrag auf ein Versäumnißurtheil für unzulässig erklärt. XXI. 229. — 18. Beschwerde gegen den Beschluß über den Antrag auf Berichtigung des Thatbestandes, wenn der Antrag nicht sachlich geprüft worden ist. XXII. 55. —

19. Über die Anfechtbarkeit der Einstellung der Zw.=Vollstr. auf Grund der §§ 647. 657. XXI. 158. — 20. Beschwerde oder Klage (§§ 685. 686) gegen die Vollstreckung einer Zug um Zug=Leistung ohne Nachweis der Gegenleistung? XXII. 274. — 21. Das Widerspruchsrecht eines Dritten gegen eine Zw.=Vollstr. kann durch Beschwerde oder Klage geltend gemacht werden. XXV. 183; vgl. XXIII. 263. — 22. Einwendungen des Schuldners gegen die Pfändung nicht pfändbarer Forderungen sind mit Beschwerde, nicht mit Klage, geltend zu machen. XXV. 52. — 23. Zulässigkeit der Beschwerde über die angeordnete Zw.=Vollstr. aus § 773, wenn der Gläubiger im Annahmeverzuge ist. XXIV. 200. — 24. Zulässigkeit der Beschwerde gegen eine gemäß § 775 Abs. 2 erlassene Strafandrohung. XXII. 131. 213. XXIV. 201. — 25. Zulässigkeit der Beschwerde gegen die Ersetzung der nach § 775 angedrohten Geldstrafe durch Androhung von Haft. XXIV. 70. — 26. Unzulässigkeit einer Beschwerde gegen den Beschluß, durch welchen die Zw.=Vollstr. aus einer einstweil. Verfügung einstweilen eingestellt wird. XXI. 247. —

27. Keine Beschwerde des Conc.=Verwalters oder der Gläubiger gegen die Bekanntmachung des Antrags des Gemeinschuldners auf die Einstellung des Conc.=Verfahrens (§ 189 CO.). XXIV. 73. —

28. Weitere Beschwerde wegen Nichtberücksichtigung oder nicht ausreichender Berücksichtigung einer Behauptung. XXIII. 129. — 29. Unzulässigkeit der weiteren Beschwerde im Kostenfestsetzungsverfahren, wenn der Beschwerdeführer nicht im Ganzen, sondern nur in einzelnen Pösten schlechter gestellt worden ist. XXI. 135. — 30. Kein Beschwerderecht über die Nichtzurückweisung eines Vertreters der Gegenpartei nach § 143 CPO. Weitere Beschwerde über die Verwerfung solcher Beschwerde? XXIII. 52. — 31. Unzulässigkeit der weiteren Beschwerde gegen einen Beschluß, durch welchen die Ablehnung eines Sachverständigen für begründet erklärt wird. XXI. 234. —

32. Einwendungen gegen die Art der Vollstreckung sind zunächst beim Vollstr.=Gericht vorzubringen. XXI. 303. — 33. Zuständigkeit beim Widerspruch gegen eine in der Beschwerdeinstanz erlassene einstweilige Verfügung. XXV. 249. —

34. Behandlung der Beschwerde eines Conc.=Gläubigers über die Festsetzung des Honorars des Conc.=Verwalters. XXI. 251.

V. Wiederaufnahme des Verfahrens (§§ 541—554).

1. Nichtigkeitsklage gegen ein Versäumnißurtheil, das dem für den Nichtigkeitskläger aufgetretenen falsus procurator zugestellt und nicht mit Einspruch angefochten worden war. XXII. 271. — 2. Ist gegen die Eintragung einer Forderung in die Conc.=Tabelle eine Restitutionsklage zulässig? XXIII. 59. — 3. Zulässigkeit der Nichtigkeits= und Restitutionsklage gegen ein den Klaganspruch dem Grunde nach anerkennendes Zwischenurtheil. XXI. 300. —

4. Welches Gericht ist zuständig für die Kostenfestsetzung aus einem Urtheil des Ber.=Ger. über die Restitutionsklage gegen das Ber.=Urtheil. XXIV. 123. —

5. § 549; zum Begriff der Kenntniß von dem Anfechtungsgrunde. XXV. 121.

VI. Urkunden- und Wechselproceß (§§ 555—567).

1. Muß der Kläger schon mit der Klage nachweisen, daß er Inhaber der klagenden Firma sei? XXIV. 195. — 2. Die Legitimation des Wechselklägers liegt bei einem für ihn von seinem Procuristen gezeichneten Wechsel in der Klagerhebung. XXV. 181. — 3. Muß im Wechselproceß auch über nicht bestrittene klagebegründende Thatsachen der Urkundenbeweis angetreten werden? XXIII. 130. — 4. Das Recht der Ehefrau zur Wechselausstellung braucht noch nicht mit der Klage urkundlich bewiesen zu werden. XXV. 79. — 5. Kann der Wechselproceß auf gefälschte Wechsel gegründet werden? Wenn der Wechselproceß unstatthaft ist, darf keine Sachentscheidung ergehen. XXV. 45. — 6. Urkundenproceß auf Grund einer schriftlichen Bürgschaft für Wechselschulden. XXIV. 194. —

7. Es genügt die Vorlegung der Urkunde in dem in Betracht kommenden Theil. XXIV. 65. —

8. Kann gegen eine Wechselklage die Einrede der Rechtshängigkeit auf eine anhängige negative Feststellungsklage über das zu Grunde liegende Rechtsverhältniß gestützt werden? XXIV. 262. —

9. Endgültige Vollstreckbarkeit des im Wechselproceß rechtskräftig ergangenen Vorbehaltsurtheils. XXV. 46. — 10. Der Vorbehalt der Rechte im Urkundenprocesse begründet die Einrede der Rechtshängigkeit gegen eine neue Klage des Beklagten. XXII. 207. — 11. Das Nachverfahren im Wechselprocesse kann nicht auf Grund des § 139 bis zur Erledigung des Wechselprocesses ausgesetzt werden. XXII. 197. — 12. Zulässigkeit besserer thatsächlicher Begründung von Einreden. XXV. 245. — 13. Eine im Urkundenproceß als unbegründet zurückgewiesene Einrede kann im Nachverfahren nicht wiederholt werden. Der Eintritt eines neuen Klägers ist keine bloße Klagänderung. XXIII. 131. —

14. Wechselklagen, auch im ordentlichen Verfahren, sind Feriensachen. XXII. 188. — 15. Erfordert der gemeinschaftliche Gerichtsstand des § 566 Abs. 2, daß dem in diesem Gerichtsbezirke wohnenden Beklagten die Klage zuerst zugestellt wird? XXII. 64.

VII. Verfahren in Ehesachen (§§ 568—592).

1. Ehescheidungsklage auf Grund eines neuen Ehebruchs der Beklagten nach den in 1. Instanz compensirten beiderseitigen Ehebrüchen. XXI. 30. — 2. Ist eine Berufung zulässig, wenn in 1. Instanz dem Antrage des Ber.-Klägers entsprechend erkannt war? Insbesondere in Ehesachen, und namentlich in Fällen, wo die Auflösung einer Ehe in Frage steht? XXI. 154. — 3. Berufung gegen ein dem Antrage des Ber.-Klägers entsprechendes, auf Trennung von Tisch und Bett lautendes Urtheil, um Scheidung vom Bande wegen einer nach Verkündung des Urtheils erfolgten böslichen Verlassung zu erzielen. XXII. 272. — 4. Darf der Beklagte gegen die Abweisung der Ehescheidungsklage Berufung einlegen, um eine Widerklage auf Scheidung neu vorzubringen? XXV. 122. —

5. Zum § 576; der Ausschluß von Thatsachen, die in dem früheren Ehescheidungsprocesse nicht vorgebracht sind, bezieht sich nicht auf Thatsachen, die damals noch nicht bewiesen werden konnten. XXI. 155. — 6. Begründung und Beweislast bei der Einrede, daß der Ehescheidungskläger die Klagethatsachen schon in dem früheren Scheidungsprocesse hätte geltend machen können. XXV. 47. —

7. Kann der Eid über eine Thatsache zugeschoben werden, die sowohl zur Begründung der Ehescheidungsklage als zur Vertheidigung gegen die Widerklage dient? XXI. 156. — 8. Eideszuschiebung im Eheproceß; Berücksichtigung der Eidesverweigerung zur Bildung der richterlichen Überzeugung. XXIV. 263. —

9. Aussetzung des Verfahrens in Ehesachen nach § 580. XXIV. 67. —

10. Sind im Scheidungsurtheil die Personen zu bezeichnen, mit denen der Ehebruch begangen ist? XXV. 15. — 11. Wie ist ein Urtheil zuzustellen, worin noch über einen anderen Streitpunct als auf Trennung, Ungültigkeit, oder Nichtigkeit einer Ehe entschieden ist? XXIV. 66. —

12. Über das Verfahren bei Rückkehrbefehlen in Ehesachen. XXIII. 92. — 13. Einstweil. Verfügung auf Alimentirung der Frau während des Scheidungsprocesses. XXI. 248. — 14. Einstweil. Verfügung auf Ausschließung des Rechts des Mannes, seine Einwilligung in den Handelsbetrieb seiner Ehefrau zu widerrufen. XXI. 116.

VIII. Verfahren in Entmündigungssachen (§§ 593—627).

1. Voraussetzungen der Entmündigung wegen Geisteskrankheit. XXIV. 2. — 2. Nicht wegen jeder vorübergehenden Geistesstörung und nicht wegen Gemeingefährlichkeit allein kann die Entmündigung ausgesprochen werden. XXII. 244. —

3. Voraussetzungen der Überweisung des Entmündigungsverfahrens an ein anderes Gericht nach § 650 Abs. 2 der neuen CPO. XXV. 246. — 4. Verfahren bei der persönlichen Vernehmung des zu Entmündigenden. XXV. 123. —

5. Kann die gesetzliche Frist für die Anfechtung des Entmündigungsbeschlusses durch die Parteien verlängert werden? XXIII. 262. — 6. Welchem Staatsanwalt ist bei Anfechtung eines Entmündigungsbeschlusses die Ver.-Schrift zuzustellen? XXIII. 48. — 7. Proceßfähigkeit des Entmündigten in dem Verfahren behufs Anfechtung des Entmündigungsbeschlusses. XXI. 157. — 8. Anfechtung des Entmündigungsbeschlusses durch einen von dem wegen Geisteskrankheit Entmündigten selbst bestellten Proceßbevollmächtigten. XXI. 72. — 9. Die Einrede der rechtskräftig entschiedenen Sache muß vorgeschützt werden, kann aber im Anfechtungsprocesse nicht auf die inzwischen erfolgte Wiederaufhebung der Entmündigung gestützt werden. XXIII. 203. — 10. Im Verfahren zur Anfechtung einer Entmündigung können Sachverständige nicht deshalb abgelehnt werden, weil sie im Entmündigungsverfahren vernommen worden sind. XXIV. 62. —

11. Entmündigung wegen Verschwendung. Aufhebung des von dem Sohne gegen die Mutter beantragten Verfahrens durch Wiederverehelichung der

Mutter. XXI. 301. — 12. Ist, wenn die Entmündigung wegen Verschwendung auf den Antrag mehrerer Personen ausgesprochen ist, die Aufhebungsklage gegen diese sämmtlich zu richten? XXI. 73. — 13. Die Vorschrift in § 627 betr. die Bekanntmachung von Entmündigungsbeschlüssen bezieht sich nicht auf die civilrechtlichen Wirkungen der Veröffentlichung. XXIV. 144.

IX. Mahnverfahren (§§ 628—643).

1. Wird die Wechselverjährung durch Zustellung eines Zahlungsbefehls unterbrochen? XXI. 47. —

2. Klagänderung, wenn der Zahlungsbefehl wegen einer Darlehnsbürgschaft erlassen ist und in dem auf Widerspruch eingeleiteten Verfahren ein Wechselaccept geltend gemacht wird? XXII. 125. —

3. Einrede der Arglist gegen einen vollstreckbaren Zahlungsbefehl. XXIV. 68.

X. Zwangsvollstreckung.

A. Allgemeine Bestimmungen (§§ 644—707).

1. Kann der Absonderungsberechtigte nach Feststellung seiner Forderung und seines Absonderungsrechts noch vor Beendigung des Conc.-Verfahrens behufs Erlangung eines vollstreckbaren Titels gegen den Conc.-Verwalter klagen? XXIV. 132. — 2. Über den Nachweis der Rechtskraft des zu vollstreckenden oberlandesgerichtlichen Urtheils. XXV. 48. —

3. Ist die einstweil. Einstellung der Zw.-Vollstr. aus einer einstweil. Verfügung zulässig, gegen welche Widerspruch erhoben worden ist? Unzulässigkeit einer Beschwerde über die Einstellung. XXI. 247. — 4. Erstreckt sich die Wirkung des Zwangsvergleichs auf vorläufig vollstreckte Forderungen? XXIII. 141. — 5. Endgültige Vollstreckbarkeit des im Wechselprocesse rechtskräftig ergangenen Vorbehaltsurtheils. XXV. 46. — 6. Rechtliche Natur des zur Abwendung eines Arrestes oder einer vorläufigen Zw.-Vollstr. hinterlegten Geldbetrags. XXI. 245. — 7. Kann der Antrag auf Erstattung des auf Grund eines vorläufig vollstreckbaren Urtheils 1. Instanz Gezahlten noch in der Rev.-Instanz gestellt werden? XXI. 74. — 8. Die Erstattung der Leistung aus einem vorläufig vollstreckten, dann aufgehobenen Urtheil kann in einem selbständigen Processe verfolgt werden. XXIV. 196. — 9. Pfändung einer Forderung und Überweisung zur Einziehung auf Grund vorläufig vollstreckbaren Urtheils; kann der verklagte Drittschuldner sich auf die Wiederaufhebung des Urtheils berufen, solange die Pfändung und Überweisung nicht aufgehoben ist? XXV. 182. — 10. Kann innerhalb des anhängigen Rechtsstreits das auf Grund eines später berichtigten Urtheils zu viel Beigetriebene zurückgefordert werden? XXV. 49. — 11. Kann auch die Vollstreckung eines gegen Sicherheitsleistung für vorläufig vollstreckbar erklärten Urtheils einstweilen eingestellt werden? XXII. 273. — 12. Über die Anfechtbarkeit der Einstellung der Zw.-Vollstr. auf Grund der §§ 647. 657. XXI. 158. — 13. Bleibt die einstweil. Einstellung der vorläufigen Vollstreckung eines Urtheils über den Erlaß des Ber.-Urtheils

hinaus wirksam? XXII. 208. XXIV. 197. — 14. Kann eine einstweil. Verfügung durch eine Anordnung nach § 657 vorläufig außer Kraft gesetzt werden? XXIV. 71. XXV. 54. — 15. Zw.=Vollstr. österreichischer Urtheile in Deutschland; ist die Gegenseitigkeit nach der österreich. Executionsordnung vom 27. Mai 1896 noch verbürgt? XXIV. 124. —

16. Ein außergerichtlicher Vergleich hindert nicht die Ertheilung der Vollstreckungsclausel des Urtheils. XXI. 159. — 17. Hat der Gerichtsschreiber bei Ertheilung des Zeugnisses über die Rechtskraft eines Ber.=Urtheils darüber zu befinden, ob die Revision zulässig sei? XXI. 302. — 18. Voraussetzungen der Klage auf Ertheilung der Vollstreckungsclausel gemäß § 667; Einrede der Verjährung. XXII. 209. — 19. Bedarf es zur Ertheilung einer der Zahl der verurtheilten Solidarschuldner entsprechenden Anzahl vollstreckbarer Ausfertigungen einer Anordnung des Vorsitzenden? (§ 669.) XXIII. 60. —

20. Wird eine unter Verstoß gegen § 671 Abs. 1 erwirkte Vollstreckungsmaßregel durch Nachholung einer ordnungsmäßigen Urtheilszustellung dem Schuldner gegenüber geheilt? XXV. 247. —

21. § 685. Einwendungen gegen die Art der Vollstreckung sind zunächst beim Vollstr.=Gericht vorzubringen. XXI. 303. — 22. Einwendungen des Schuldners gegen die Pfändung nicht pfändbarer Forderungen sind mit Beschwerde, nicht mit Klage geltend zu machen. XXV. 52. — 23. Beschwerde oder Klage (§§ 685. 686) gegen die Vollstreckung einer Zug um Zug=Leistung ohne Nachweis der Gegenleistung? XXII. 274. — 24. Auch Einwendungen Dritter gegen die Zulässigkeit einer Pfändung sind geltend zu machen beim Vollstr.=Gericht. XXI. 75. — 25. Das Widerspruchsrecht eines Dritten gegen eine Zw.=Vollstr. kann durch Beschwerde oder durch Klage geltend gemacht werden. XXV. 183. — 26. Pfändung der Forderung eines fremden Gläubigers; dieser behält seine Klage gegen seinen Schuldner neben den Rechtsbehelfen gegen den Pfändenden aus §§ 685. 690. XXIII. 263. — 27. Erinnerung gegen die gleichzeitige Beitreibung nicht nothwendiger Kosten der Zw.=Vollstr. XXIV. 264. — 28. Anspruch auf Sicherheitsleistung wegen Unsicherheit des Acceptanten, auch wenn diesem Einwendungen gegen die Art und Weise der fruchtlos ausgefallenen Zw.=Vollstr. zustanden und wenn er jetzt den fruchtlos exequirten Betrag hinterlegt. XXII. 181. — 29. In welchem Verfahren ist der Streit zwischen dem Gemeinschuldner und dem Conc.=Verwalter über die Zugehörigkeit eines Gegenstandes zur Conc.=Masse zu erledigen? XXI. 249. XXII. 216. — 30. Kann der Gerichtsvollzieher nach Freigabe der zu Unrecht gepfändeten Sachen von deren Eigenthümer mit der Eigenthumsklage belangt werden? XXII. 275. —

31. Proceßgericht i. S. des § 686 ist das Gericht als solches, nicht eine bestimmte Gerichtsabtheilung. XXV. 184. — 32. Setzt die Zuständigkeit des Proceßgerichts für Klagen aus § 686 voraus, daß die Zw.=Vollstr. schon begonnen habe? XXIII. 61. — 33. Klage aus § 686 auf Grund eingetretener veränderter Umstände. XXII. 276. — 34. Unzulässigkeit der Zw.=Vollstr.

aus einer vor dem 1. Januar 1900 ergangenen rechtskräftigen Verurtheilung zu gesetzlichem Unterhalt von Geschwistern. XXV. 206. — 35. Vollstreckung eines Urtheils auf Rechnungslegung, wenn Rechnung gelegt ist, der Gläubiger aber behauptet, daß sie ungenügend sei. XXII. 278. — 36. Benef. compet. unter Ehegatten; Zeit der Geltendmachung. XXII. 227. — 37. Einwand der Arglist gegen einen vollstreckbaren Zahlungsbefehl im Wege des § 686. XXIV. 68. — 38. Zulässigkeit der Beschwerde, nicht der Klage aus § 686, über die angeordnete Zw.-Vollstr. aus § 773, wenn der Gläubiger im Annahmeverzuge ist. XXIV. 200. —

39. Auf welchem Wege ist die Einstellung der Zw.-Vollstr. zu bewirken, wenn die zu vollstreckende Forderung gegen ihren Gläubiger gepfändet und überwiesen wird? XXII. 212. — 40. Hat das die Einstellung der Pfändung anordnende Proceßgericht, oder das Vollstreckungsgericht über die beantragte Belassung der Pfandsachen im Gewahrsam des Schuldners zu befinden? XXII. 126. —

41. Die Interventionsklage nach § 690 setzt eine gültige Pfändung voraus. XXI. 76. — 42. Pfändung von Forderungen; die Zw.-Vollstr. wird erst mit der Zahlung des Drittschuldners, nicht schon mit der Überweisung zur Einziehung beendigt. XXIII. 264. — 43. Pfändung fremden Geldes; Klage auf Herausgabe gegen den pfändenden Gläubiger. XXIV. 199. — 44. Intervention (Condiction) des Verkaufsmandanten gegen die Pfändung der aus dem Verkauf erlösten Banknoten beim Mandatar. XXII. 25. — 45. Zw.-Vollstr. gegen eine Ehefrau in deren Vermögen; Widerspruchsrecht des Mannes auf Grund seines Verwaltungs- und Nießbrauchsrechts, wenn er nicht in die Verpflichtung der Frau eingewilligt hat. XXIII. 161. — 46. Zuständigkeit des Gerichts am Ort der Zw.-Vollstr. für die Widerspruchsklage aus § 690, auch wenn die Pfändung gegen Sicherheitsleistung aufgehoben ist. XXII. 277. — 47. Mehrfache Zw.-Vollstr. in eine Forderung und Vertheilungsverfahren; welches Gericht ist zuständig bei dem Streit zwischen dem Cessionar des gepfändeten Schuldners und den Pfändungsgläubigern über den Vorrang? XXI. 78. — 48. Vollstreckung eines auf Entlassung gepfändeter Gegenstände aus dem Pfandverbande gerichteten Urtheils. XXIV. 198. —

49. Es genügt der Vorbehalt der Rechtswohlthat des Inventars im Urtheil, auch wenn darüber schon verhandelt ist. XXIV. 125. —

50. Beitreibung der Kosten der Zw.-Vollstr. im gewöhnlichen Liquidationswege; Festsetzung durch das Proceßgericht 1. Instanz. XXI. 238. XXIV. 126. — 51. Erinnerung gegen die gleichzeitige Beitreibung nicht nothwendiger Kosten der Zw.-Vollstr. XXIV. 264. — 52. Die Unanfechtbarkeit bloßer Proceßkostenentscheidungen gilt auch im Vollstreckungsverfahren. XXI. 239. —

53. Ist die Klage auf Zahlung einer Forderung zulässig, für welche dem Gläubiger schon eine vollstreckbare Urkunde zu Gebote steht? XXIII. 62. — 54. Kann ein gerichtlich abgeschlossener Proceßvergleich wegen Nichtigkeit des verglichenen Anspruchs angefochten werden? XXII. 127. —

55. Kein Anwaltszwang für Vergleiche vor dem Landgericht. XXIII. 185. — 56. Keine Zw.-Vollstr. aus einem vor Erhebung der Klage in Veranlassung einer einstweil. Verf. abgeschlossenen gerichtlichen Vergleiche. XXV. 124. — 57. Kann gegen Dritte, welche sich an einem gerichtlichen Kostenvergleiche der Parteien betheiligt haben, ein Kostenfestsetzungsverfahren stattfinden? XXIV. 249.

B. Zwangsvollstreckung wegen Geldforderungen.

1. Zwangsvollstreckung in das bewegliche Vermögen.

a) Allgemeine Bestimmungen (§§ 708—711). 1. Umfang der Dispositionsbeschränkungen des Gläubigers in Folge der Pfändung seiner Forderung. XXI. 162. — 2. Unzulässigkeit einer Interventionsklage aus § 710, wenn vor Erhebung der Klage der gepfändete Gegenstand freihändig an den Pfändungsgläubiger veräußert worden war. XXIII. 63. — 3. Geht der Anspruch auf vorzugsweise Befriedigung aus dem Versteigerungserlöse verloren durch dessen Empfangnahme seitens des Gerichtsvollziehers? XXI. 304. — 4. Zu wessen Lasten geht die Unterschlagung des Erlöses durch den Ger.-Vollzieher nach Anerkennung des besseren Befriedigungsrechts eines Dritten durch den pfändenden Gläubiger? XXV. 248.

b) Zwangsvollstreckung in körperliche Sachen (§§ 712—728). 1. Über das Erforderniß der Ersichtlichmachung der Pfändung. Welche Wirkung hat die Anerkennung einer nichtigen Pfändung durch den Conc.-Verwalter? XXI. 160. — 2. Zulässigkeit einer Pfändung des in der ehelichen Wohnung vorhandenen Mobiliars für eine Schuld des Mannes. XXV. 125. — 3. Die Interventionsklage nach § 690 setzt eine gültige Pfändung voraus. XXI. 76. —

4. Kann der Gerichtsvollzieher mit dem dritten Besitzer zu pfändender Sachen für seinen Auftraggeber rechtswirksam abmachen, daß die Sachen wieder freizugeben seien, wenn der Dritte ein besseres Recht an denselben nachweise? XXIII. 132. —

5. Pfändung von Früchten; „gewöhnliche Zeit der Reife". XXV. 50. — 6. Auch Einwendungen Dritter gegen die Zulässigkeit einer Pfändung sind geltend zu machen beim Vollstreckungsgericht. XXI. 75. —

7. Kann die Anfechtung der Pfändung unentbehrlichen Hausgeräths durch das Anbieten eines minderwerthigen Gegenstandes gleicher Art beseitigt werden? XXII. 210. — 8. Unpfändbarkeit einer Nähmaschine als unentbehrlichen Hausgeräths. XXI. 240. — 9. Pfändung der zum Fortbetriebe eines Handwerks oder einer Kunst erforderlichen Rohstoffe. XXI. 161. — 10. Unzulässigkeit der Pfändung wachsender Halmfrüchte, wenn bloß das Stroh unentbehrlich ist. XXV. 185. —

11. Gepfändete Reichsbanknoten brauchen nicht versteigert zu werden. XXII. 25. — 12. Pfändung fremden Geldes (Banknoten); Klage auf Herausgabe gegen den pfändenden Gläubiger. XXIV. 199. —

13. Geht der Anspruch auf vorzugsweise Befriedigung aus dem Versteigerungserlöse verloren durch dessen Empfangnahme seitens des Gerichtsvollziehers? XXI. 304. — 14. Zu wessen Lasten geht die Unterschlagung des Erlöses durch den Ger.-Vollzieher nach Anerkennung des besseren Befriedigungsrechts eines Dritten durch den pfändenden Gläubiger? XXV. 248. —

15. Die Verwerthung gepfändeter Sachen im Wege des § 726 bewirkt nicht ohne Weiteres eine Eigenthumsübertragung. XXII. 211.

c. Zwangsvollstreckung in Forderungen und andere Vermögensrechte (§§ 729—754). 1. Unzulässigkeit der Bestellung eines gemeinschaftlichen Gerichts für das Vollstr.-Verfahren. XXI. 77. — 2. Mehrfache Zw.-Vollstr. in eine Forderung und Vertheilungsverfahren; welches Gericht ist zuständig bei dem Streit zwischen dem Cessionar des gepfändeten Schuldners und den Pfändungsgläubigern über den Vorrang? XXI. 78. —

3. Umfang der Dispositionsbeschränkungen des Gläubigers in Folge der Pfändung seiner Forderung. XXI. 162. — 4. Pfändung der Forderung eines fremden Gläubigers; dieser behält seine Klage gegen seinen Schuldner neben den Rechtsbehelfen gegen den Pfändenden aus §§ 685. 690. XXIII. 263. —

5. Pfändung einer Forderung und Überweisung zur Einziehung auf Grund vorläufig vollstreckbaren Urtheils; kann der verklagte Drittschuldner sich auf die Wiederaufhebung des Urtheils berufen, solange die Pfändung und Überweisung nicht aufgehoben ist? XXV. 182. — 6. Überweisung einer gepfändeten Forderung zur Einziehung; kann der vom Pfändungsgläubiger belangte Drittschuldner gegen die spätere Klage des gepfändeten Schuldners Rechtshängigkeit vorschützen und mit einer nach der Pfändung erworbenen Forderung compensiren? Kann er damit compensiren gegen den Pfändungsgläubiger? XXIII. 133. — 7. Auf welchem Wege ist die Einstellung der Zw.-Vollstr. zu bewirken, wenn die zu vollstreckende Forderung gegen ihren Gläubiger gepfändet und überwiesen wird? XXII. 212. — 8. Die Zw.-Vollstr. wird erst mit der Zahlung des Drittschuldners, nicht schon mit der Überweisung zur Einziehung beendigt. XXIII. 264. — 9. Einwendungen gegen die Art der Vollstreckung sind zunächst beim Vollstr.-Gericht vorzubringen. XXI. 303. — 10. Zweck und Bedeutung der vom Drittschuldner in Gemäßheit des § 739 Ziff. 1 abgegebenen Erklärung. Berufung des Drittschuldners auf frühere Pfändungen anderer Gläubiger. XXII. 65. XXIV. 127. —

11. Die Vorpfändung einer Forderung bleibt wirksam auch bei einer concursmäßigen Anfechtung der nachgefolgten gerichtlichen Pfändung. XXV. 51. —

12. Hat der Adressat eines Geldbriefs einen pfändbaren Anspruch auf Auslieferung gegen die Postanstalt? XXV. 135. —

13. Unterliegen Gagenforderungen gymnastischer Künstler der Pfändungsbeschränkung nach § 749? XXI. 241. — 14. Findet das Lohnbeschlagnahme-Ges. Anwendung auf den Generalagenten einer Lebensversicherungs-Gesellschaft?

XXV. 126. — 15. Einwendungen des Schuldners gegen die Pfändung nicht pfändbarer Forderungen sind mit Beschwerde, nicht mit Klage geltend zu machen. XXV. 52. — 16. Wirkung der Vertragsbestimmung, daß die durch den Vertrag begründete Forderung der Cession und der Pfändung nicht unterliegen solle. XXIV. 211. —

17. Befugniß des Drittschuldners zur Hinterlegung gemäß §§ 750. XXI. 163.

2. Zwangsvollstreckung in das unbewegliche Vermögen (§§ 755—757).

1. Rechtliche Natur des Zuschlagsurtheils; ist der Revisionsrichter an dessen Auslegung durch den Ber.-Richter gebunden? XXV. 180. — 2. Eigenthumserwerb durch Zuschlag in der Zw.-Versteigerung nur an dem zugeschlagenen Grundstück, XXV. 65. Unerheblichkeit des guten Glaubens des Erwerbers, XXV. 131. Grenzen des Eigenthumserwerbs durch Zuschlag bei unrichtiger Angabe des Grundbuchs über die Zugehörigkeit eines nur zum Theil auf dem zugeschlagenen Grundstück stehenden Gebäudes, XXV. 66. — 3. Bezieht sich das Eintrittsrecht des Rechtsnachfolgers (Erstehers in der Subhastation?) auch auf einen Negatorienstreit wegen Immissionen? (§ 237.) XXIII. 191.

3. Vertheilungsverfahren (§§ 758—768).

1. Der dem Plan nicht widersprechende Gläubiger kann sein besseres Recht klagend verfolgen. XXIV. 128. — 2. Ist die Einrede der Rechtshängigkeit gegen die Widerspruchsklage aus § 765 zulässig auf Grund eines vor einem anderen Gerichte bereits anhängigen Processes über dieselbe Streitfrage? XXII. 128. — 3. Mehrfache Zw.-Vollstr. in eine Forderung und Vertheilungsverfahren; welches Gericht ist zuständig bei dem Streit zwischen dem Cessionar des gepfändeten Schuldners und den Pfändungsgläubigern über den Vorrang? XXI. 78. — 4. Über die Frage der Zuständigkeit im Fall des § 765 Abs. 2. XXI. 305.

C. Zwangsvollstreckung zur Erwirkung der Herausgabe von Sachen und zur Erwirkung von Handlungen und Unterlassungen (§§ 769—779).

1. Ob Zw.-Vollstr. aus § 773 zulässig zur Bewirkung der Eintragung des Beklagten als Eigenthümers von Grundstücken, über die er noch mit einem Dritten streitet? XXIV. 69. — 2. Vollstreckung einer an dem Grundstück eines Dritten vorzunehmenden baulichen Änderung. XXII. 129. — 3. Art der Vollstreckung eines Urtheils im Wechselproceß auf Sicherheitsbestellung. XXIV. 170. — 4. Zw.-Vollstr., wenn die zu beschaffende Leistung im Urtheil nur allgemein angegeben ist. XXV. 186. — 5. Zulässigkeit der Beschwerde über die angeordnete Zw.-Vollstr. aus § 773, wenn der Gläubiger im Annahmeverzuge ist. XXIV. 200. —

6. Zw.-Vollstr. aus § 774, wenn die an sich vom Willen des Schuldners abhängende Handlung unmöglich geworden ist? XXII. 279. — 7. Die Vorschrift des § 774 ist nicht anwendbar, wenn der Wille des Schuldners zur Zeit der Zw.-Vollstr. thatsächlich oder rechtlich gebunden ist. XXI. 243. — 8. Eine

Handlung kann auch dann i. S. des § 774 ausschließlich vom Willen des Schuldners abhängen, wenn die Mitwirkung einer Behörde erforderlich ist. XXIII. 64. — 9. Unanwendbarkeit des § 774 auf die Vollstreckung einer Verurtheilung zur Auflassung eines auf den Namen eines Dritten geschriebenen Grundstücks. XXI. 306. — 10. Vollstreckung eines Urtheils auf Rechnungslegung, wenn Rechnung gelegt ist, der Gläubiger aber behauptet, daß sie ungenügend sei. XXII. 278. — 11. Inwieweit kann die Herstellung einer geistigen Arbeit im Wege des § 774 erzwungen werden? XXIII. 204. — 12. Zurückweisung eines Antrags, den Beklagten zu einer Handlung anzuhalten, wegen Unbestimmtheit des Antrags. XXI. 242. —

13. Rechtliche Natur der Vollstreckungsmaßregeln zur Erwirkung von Unterlassungen (§ 775). Die Bestrafung setzt ein Verschulden voraus. Die angedrohte Strafe kann ermäßigt werden. XXII. 130. — 14. Ersetzung der im Urtheil angedrohten Geldstrafe durch Androhung einer Haftstrafe. Zulässigkeit der Beschwerde. XXIV. 70. — 15. Kann die für die Zuwiderhandlung gegen eine Unterlassung angedrohte Strafe vollstreckt werden, wenn demnächst in höherer Instanz die vorläufige Vollstreckbarkeit des Urtheils eingestellt oder ganz aufgehoben wird? XXII. 214. — 16. Zulässigkeit der Beschwerde gegen eine gemäß § 775 Abs. 2 erlassene Strafandrohung. XXII. 131. 213. XXIV. 201. —

17. Interesseanspruch wegen verweigerter Erfüllung eines Urtheils auf Herausgabe von Sachen; Benutzung derselben zur Compensation, auch vor einem anderen als dem in § 778 Abs. 2 bezeichneten Gericht. XXI. 307. —

18. Vollstreckung eines auf Entlassung gepfändeter Gegenstände aus dem Pfandverbande gerichteten Urtheils. XXIV. 198. — 19. Vollstreckung eines auf Abschluß eines Pachtvertrags lautenden Urtheils. XXI. 164.

D. Offenbarungseid und Haft (§§ 780—795).

Wo ist der Offenbarungseid zu leisten, wenn der Schuldner sich zur Zeit nicht in seinem Wohnort aufhält und vor dem AG. des Wohnorts nicht erscheinen kann? XXI. 244.

E. Arrest und einstweilige Verfügungen (§§ 796—822).

1. Über die Voraussetzungen und den Zweck des persönlichen Sicherheitsarrestes. XXV. 127. —

2. Zuständigkeit der Kammer für Handelssachen für ein Arrestgesuch vor Erhebung der Klage. XXII. 110. — 3. Zuständigkeit eines für die schon bei ihm anhängige Hauptsache unzuständigen Gerichts für die Anordnung des Arrestes. XXIV. 129. — 4. Anwendbarkeit des § 500 Ziff. 2 bei Aufhebung eines Urtheils, das einen Arrest wegen Unzuständigkeit des anordnenden Gerichts im Widerspruchsverfahren aufgehoben hatte. XXIV. 129. —

5. Wie ist der Anspruch auf Ersatz der Kosten eines durch Beschluß verfügten Arrestes geltend zu machen? XXV. 53. — 6. Umfaßt die Verurtheilung in die Proceßkosten stillschweigend auch die Kosten eines in der Sache erwirkten Arrestes? XXIII. 49. 134. —

7. Rechtliche Natur des zur Abwendung eines Arrestes oder einer vorläufigen Zw.=Vollstr. hinterlegten Geldbetrags, XXI. 245. Es ist einflußlos, daß die Arrestpfändung unwirksam war, XXII. 280. Kann die von einem Dritten hinterlegte Arrestsicherheit den Gerichtsstand des Vermögens auch dann begründen, wenn der Dritte vor der Klagezustellung den Arrestgegenstand eigenmächtig der Verstrickung entzogen hat und die Aufhebung des Arrestes durch Gerichtsbeschluß unterblieben ist? XXI. 216. —

8. Die einstweil. Verfügung ist kein bloß subsidiärer Rechtsbehelf. XXIV. 130. — 9. Kann zur Sicherung eines bedingten Anspruchs eine einstweil. Verf. erlassen werden? XXIII. 65. — 9. Die vom Kläger in einem anhängigen Proceß erwirkte einstweil. Verf. kann dem Beklagten persönlich zugestellt werden. XXV. 187. — 10. Anfechtung einer einstweil. Verf. wegen veränderter Umstände, wenn der Hauptproceß rechtskräftig zu Ungunsten des Anfechtenden entschieden ist, der Gegner aber das Urtheil noch nicht vollstrecken lassen kann? Aufrechterhaltung einer aus § 819 erlassenen einstweil. Verf. auf Grund des § 814. XXIII. 205. — 11. Zuständigkeit beim Widerspruch gegen eine in der Beschwerdeinstanz erlassene einstweil. Verf. XXV. 249. — 12. Muß die einstweil. Verf. binnen 2 Wochen (§ 809 Abs. 2) vollzogen werden? XXI. 246. — 13. Zuständigkeit für die Vollziehung einstweil. Verf., insbesondere solcher, die auf eine Geldleistung gerichtet sind. XXII. 132. — 14. Kann eine einstweil. Verf. durch eine Anordnung nach § 657 oder durch einstweil. Verf. vorläufig außer Kraft gesetzt werden? XXIV. 71. XXV. 54. — 15. Ist die einstweilige Einstellung der Zw.=Vollstr. aus einer einstweil. Verf. zulässig, gegen welche Widerspruch erhoben worden ist? Unzulässigkeit einer Beschwerde darüber. XXI. 247. —

16. Einstweil. Verf. aus § 819 zum Schutze des noch streitigen Rechts aus der Veräußerung einer Kundschaft; die rechtliche Begründung des Hauptanspruchs ist zu prüfen. XXII. 66. — 17. Einstweil. Verf. der Reichung von Alimenten auf Grund eines streitigen Alimentationsanspruchs. XXI. 248. — 18. Einstweil. Verf. im Eheproceß auf Ausschließung des Rechts des Mannes, die Einwilligung in den Handelsbetrieb seiner Ehefrau zu widerrufen. XXI. 116. — 19. Zulässigkeit der exc. spolii gegen den Antrag auf eine einstweil. Verf. XXI. 96. — 20. Aufrechterhaltung einer aus § 819 erlassenen einstweil. Verf. auf Grund des § 814. XXIII. 205. — 21. Über den Streitwerth einer einstweil. Verf. XXV. 103. —

21. Ausschließliche Zuständigkeit des AG. für die Vollziehung einer einstweil. Verf. aus § 820, auch nach Anhängigkeit des Verfahrens über die Rechtmäßigkeit. XXIV. 131. — 22. Unzulässigkeit der Aussetzung des Verfahrens über die Rechtmäßigkeit einer einstweil. Verf. bis zur Erledigung der Hauptsache. XXII. 133. —

23. Beendigung der Instanz i. S. des § 821 mit der Zustellung des Urtheils. XXIII. 66.

XI. Aufgebotsverfahren (§§ 823—850).

Wirksamkeit einer Anmeldung unter ungenauer Angabe des Schuldgrundes. XXIII. 135.

XII. Schiedsrichterliches Verfahren (§§ 851—872).

1. Für welches Verschulden haftet der Schiedsrichter? XXIV. 86. — 2. Fähigkeit der Mitglieder einer eingeschriebenen Hülfskasse, in deren Angelegenheiten als Schiedsrichter mitzuwirken. XXIV. 21. —

3. Klage auf Ernennung eines Schiedsrichters (§ 855 CPO.); über die präjudicielle Einrede des Vergleichs hat das ordentliche Gericht zu entscheiden. XXIII. 136. — 4. Folgen der Säumniß einer Partei in der Ernennung eines Schiedsrichters. XXI. 23. — 5. Wegfall des Rechts der Gegenpartei auf Ernennung eines Schiedsrichters mit dem Ablauf der ihr dafür nach § 855 CPO. gesetzten Frist. XXI. 8. XXV. 188. — 6. Verfahren bei der Bestimmung eines Schiedsrichters durch das Gericht nach § 855 Abs. 2 CPO. XXI. 79. — 7. Setzt die „Bestellung" eines Schiedsrichters (§ 857) voraus, daß der Ernannte zur Übernahme des schiedsrichterlichen Amtes bereit ist? XXIII. 206. — 8. Wegfall des Rechts zur Ernennung eines anderen Schiedsrichters, wenn die Partei selbst den ernannten Schiedsrichter zum Rücktritt veranlaßt hat. XXV. 55. —

9. Die Ablehnung eines Schiedsrichters ist ausgeschlossen, wenn die Partei bei ihm Anträge gestellt hat. XXV. 128. —

10. Findet der § 859 CPO. auch auf den Fall Anwendung, daß der von einem Dritten zu ernennende Schiedsrichter wegfällt oder sich weigert? XXIII. 67. — 11. Inwieweit kann ein schiedsrichterliches Verfahren wegen Abweichung der Schiedsrichter von dem von ihnen selbst festgesetzten Verfahren angefochten werden? XXIII. 265. —

12. Rechtsfolgen, wenn ein Schiedsrichter seine fernere Mitwirkung erst nach Unterzeichnung des Schiedsspruchs verweigert. XXII. 282. — 13. Welches Gericht ist für die Niederlegung des Schiedsspruchs zuständig? XXIV. 202. — 14. Stellung des Rev.-Ger. zur Auslegung eines Schiedsspruchs. XXIII. 261. —

15. Keine Anfechtung des Schiedsspruchs, weil der Schiedsrichter abgelehnt werden konnte. XXV. 128. — 16. Kann ein Schiedsspruch wegen Nichtbestehens eines Schiedsvertrags angefochten werden, wenn der Anfechtende vorher die Abweisung der gerichtlichen Klage gegen ihn mit der Einrede des Schiedsvertrags erzielt hatte? XXIII. 266. — 17. Uber die Begründung eines Schiedsspruchs. Auch der Schiedsrichter ist an den Klaganspruch gebunden. XXI. 81. —

18. Zulässigkeit theilweiser Anfechtung und theilweiser Vollstreckbarkeitserklärung von Schiedssprüchen. XXIII. 137. — 19. Zulässigkeit einer Klage auf Erfüllung eines ausländischen Schiedsspruchs. XXI. 106.

Hauptstück 5.

Concurs.

I. Concursrecht.

A. Allgemeine Bestimmungen (CO. §§ 1—14). 1. In welchem Verfahren ist der Streit zwischen dem Gemeinschuldner und dem Conc.=Verwalter über die Zugehörigkeit eines Gegenstandes zur Conc.-Masse zu erledigen? XXI. 249. XXII. 216. — 2. Hat die Conc.=Masse einer Act.=Gesellsch. Antheil an der für eine Prioritätsanleihe bestellten Sicherheit für die noch nicht begebenen Stücke der Inhaberobligationen? XXII. 77. —

3. Das Absonderungsrecht ist gegen den Conc.=Verwalter geltend zu machen. XXV. 189. — 4. Kein Absonderungsrecht, wenn das für die persönliche Forderung an den Gemeinschuldner verpfändete Grundstück demselben nicht gehört. XXV. 250. — 5. Über die Rechtsgültigkeit eines Vertrags, worin der Conc.=Verwalter sich den Hypothekengläubigern gegenüber verpflichtet, ihnen die Mietherträge des Pfandgrundstücks auch ohne deren Beschlagnahme für sie zukommen zu lassen. XXI. 165. — 6. Kann der Absonderungsberechtigte nach Anmeldung und Feststellung seiner Forderung und seines Absonderungsrechts in der Tabelle noch vor Beendigung des Conc.=Verfahrens behufs Erlangung eines vollstreckbaren Titels gegen den Conc.=Verwalter Klage erheben? XXIV. 132. — Vgl. ferner unten S. 143 unter E Absonderung §§ 39—45. —

7. Zulässigkeit einer Klage gegen den Gemeinschuldner auf Zahlung nach Aufhebung des Concurses. XXIV. 203. — 8. Beseitigung des Ersatzanspruchs von Gläubigern einer Act.=Gesellsch. gegen die Mitglieder des Aufsichtsraths durch einen Vergleich des Conc.=Verwalters der Act.=Gesellsch. mit dem Aufsichtsrath. XXIII. 171. —

9. Kann der Conc.=Verwalter zur Aufnahme des Verfahrens geladen werden, wenn für die von ihm bestrittene Forderung schon ein Endurtheil vorliegt? XXI. 253. —

10. Es giebt keine civilprocessualische Klage eines Conc.=Gläubigers gegen den Conc.=Verwalter als solchen auf Berücksichtigung bei Abschlagsvertheilungen. XXI. 84. —

11. Erfordernisse der Anmeldung einer Forderung, um die Verjährung unterbrechen und als Grundlage für eine Feststellung der Forderung dienen zu können. XXIII. 210. —

12. Zur Auslegung des § 14; höchstpersönliches Recht einer Beisitzwittwe, ihre Kinder abzuschichten. XXIII. 162. — 13. Kann die aus einer Bürgschaft für ihren Ehemann belangte Frau in allgemeiner Gütergemeinschaft sich auf den Zwangsvergleich im Concurse des Ehemannes berufen? XXII. 137.

B. Erfüllung der Rechtsgeschäfte (§§ 15—21). 1. Successive zu erfüllender Lieferungskauf des Gemeinschuldners; Stellung des Conc.=Verwalters dazu, wenn theilweise geliefert worden war. XXIII. 138. — 2. Bedeutung einer Verurtheilung zur Zahlung eines Einschusses in eine von den Parteien zu gründende Handelsgesellschaft im Concurse des Klägers. XXII. 276. — 3. Kann der Conc.-Verwalter die Verfolgung der Rechte aus einem zweiseitigen noch nicht erfüllten Vertrage dem Gemeinschuldner für dessen Rechnung überlassen? XXIV. 133. —

4. Kündigung eines Dienstverhältnisses durch den Conc.-Verwalter; der Dienende kann seinen Lohnanspruch für die spätere Zeit als Conc.-Forderung geltend machen. XXI. 308. —

5. Forderung wegen Nichterfüllung, oder Aussonderung von Grundstücken, die dem Gemeinschuldner mit der Bestimmung, sie für Rechnung des Auflassenden zu veräußern, aufgelassen worden sind? XXV. 191.

C. Anfechtung (§§ 22—34). 1. Unzulässigkeit der Einrede, daß der Concurs zu Unrecht eröffnet sei. XXV. 190. —

2. Zum Begriff der Zahlungseinstellung nach § 23 CO. XXIV. 204. — 3. Begriff der Kenntniß der Zahlungseinstellung, XXV. 56. Zum Begriff der Zahlungseinstellung und der Benachtheiligungsabsicht bei einem Deckungsgeschäft, XXV. 251. — 4. Anfechtbarkeit einer vom Gemeinschuldner vor der Zahlungseinstellung bewilligten, aber erst nach derselben eingetragenen Hypothek. XXIII. 68. — 5. Unanfechtbarkeit der Aufrechnung mit einer Forderung aus einem nach § 23 Ziff. 2 anfechtbaren Deckungsgeschäft. XXV. 252. — 6. Anfechtung der Pfändung eines Gegenstandes, welcher schon vorher, ebenfalls anfechtbar, vom Schuldner an einen Dritten veräußert worden war. XXI. 180. — 7. Die Vorpfändung einer Forderung bleibt wirksam auch bei einer concursmäßigen Anfechtung der nachgefolgten gerichtlichen Pfändung. XXV. 51. — 8. Anfechtung der nach Fälligkeit des Wechsels erwirkten Sicherstellung wegen Unsicherheit des Acceptanten. XXIII. 111. — 9. Kann die Verpfändung einer fremden Sache, die als solche mit Einwilligung des Eigenthümers verpfändet worden ist, vom Conc.-Verwalter angefochten werden? XXII. 135. —

10. Berechtigung des Conc.-Verwalters zur Geltendmachung des Anfechtungsrechts Absonderungsberechtigten gegenüber. XXII. 215. —

11. Art der Rückgewähr bei Anfechtung einer Hypothek. XXI. 265. —

12. Streitwerth für die Anfechtungsklage des Conc.-Verwalters gegen den Verkauf eines mit Hypotheken beschwerten Grundstücks. XXI. 215.

D. Aussonderung (§§ 35—38). 1. Die Aussonderung einer Forderung setzt voraus, daß sie dem Gemeinschuldner nicht gehört. XXIII. 267. — 2. Anspruch eines Grundeigenthümers gegenüber einer Conc.-Masse auf Tilgung oder Rückübertragung einer zu Unrecht dem Gemeinschuldner im Grundbuch zugeschriebenen Hypothek. XXV. 57. — 3. Aussonderung von Grundstücken, die dem Gemeinschuldner mit der Bestimmung, sie für Rechnung des Auflassenden zu veräußern, aufgelassen worden sind. XXV. 191. — 4. Der Anfechtungsanspruch gewährt kein Aussonderungsrecht. XXIII. 231. — 5. Anspruch wegen unbefugter Photographirung einer Leiche; Subject und rechtliche Natur dieses Anspruchs. Geltendmachung desselben im Concurse des Verpflichteten als Aussonderungsanspruch. XXV. 143. — 6. Aussonderungsanspruch der Ehefrau im Concurse des Mannes bezüglich einer in dotem gegebenen Forderung. XXI. 185. — 7. Verzichtet der Conc.-Gläubiger auf sein Aussonderungsrecht dadurch, daß er nur die ihm daneben zustehende persönliche Forderung anmeldet? XXIII. 207. —

8. Verfolgungsrecht des Verkäufers oder Einkaufcommissionärs vor Ankunft der Waare am Ablieferungsort. XXIV. 205.

E. Absonderung (§§ 39—45). 1. Das Absonderungsrecht ist gegen den Conc.-Verwalter geltend zu machen. XXV. 189. — 2. Kein Absonderungsrecht, wenn das für die persönliche Forderung an den Gemeinschuldner verpfändete Grundstück nicht dem Gemeinschuldner gehört. XXV. 250. — 3. Kann der Absonderungsberechtigte nach Feststellung seiner Forderung und seines Absonderungsrechts in der Tabelle noch vor Beendigung des Conc.-Verfahrens behufs Erlangung eines vollstreckbaren Titels gegen den Conc.-Verwalter klagen? XXIV. 132. — 4. Über die Rechtsgültigkeit eines Vertrags, worin der Conc.-Verwalter sich den Hypothekengläubigern gegenüber verpflichtet, ihnen die Miethverträge des Pfandgrundstücks auch ohne deren Beschlagnahme für sie zukommen zu lassen. XXI. 165. — 5. Welche Wirkung hat die Anerkennung des Absonderungsrechts aus einer nichtigen Pfändung durch den Conc.-Verwalter? XXI. 160. — 6. Verzichtet der absonderungsberechtigte Gläubiger dadurch auf sein Absonderungsrecht, daß er über den Zwangsvergleich in vollem Betrage seiner Forderung mit abstimmt? XXII. 134. — 7. Hat die Conc.-Masse einer Act.-Gesellsch. Antheil an der für eine Prioritätsanleihe bestellten Sicherheit für die noch nicht begebenen Stücke der Inhaberobligationen? XXII. 77. — 8. Absonderungsrecht des Vermiethers; Begriff des laufenden und des rückständigen Zinses nach § 41 Ziff. 4 CO. XXI. 82. — 9. Absonderungsrecht des Vermiethers an Illaten, die bei Ausbruch des Concurses für einen Dritten gepfändet und fortgeschafft waren, später aber wieder aus der Pfandhaft entlassen worden sind. XXII. 67. — 10. Unterschied zwischen Pacht und Miethe für das Absonderungsrecht im Concurse, angewandt auf eine Kornmühle. XXIV. 72. —

11. Voraussetzungen des Absonderungsrechts auf Grund eines gesellschaftlichen Verhältnisses, insbesondere auf Grund einer Societät zur Verwerthung von Grundstücken. XXI. 83. — 12. Berechtigung des Conc.-Verwalters zur Geltendmachung des Anfechtungsrechts Absonderungsberechtigten gegenüber. XXII. 215.

F. Aufrechnung (§§ 46—49). Unanfechtbarkeit der Aufrechnung mit einer Forderung aus einem nach § 23 Ziff. 2 anfechtbaren Deckungsgeschäft. XXV. 252.

G. Massegläubiger (§§ 50—53). 1. Über das Maß der vom Conc.-Verwalter zu übenden Sorgfalt (bei Bezahlung von Masseschulden) entscheidet das Reichsrecht. XXIII. 209. — 2. Massekosten aus der Verwaltung des Conc.-Verwalters zwischen dem Eröffnungsbeschluß und dessen Aufhebung. Persönliche

Haftung des Conc.-Verwalters wegen ihrer vernachlässigten Befriedigung. XXI. 252. — 3. Anspruch eines Grundeigenthümers gegenüber einer Conc.-Masse auf Tilgung oder Rückübertragung einer zu Unrecht dem Gemeinschuldner im Grundbuch zugeschriebenen Hypothek. XXV. 57. — 4. Wer ist nach Aufhebung des Concurses zur Fortführung der schwebenden Processe über Masseforderungen legitimirt? XXV. 253.

H. Concursgläubiger (§§ 54—63). 1. Übernahme der Fuhren für eine Fabrik. Vorrecht des Fuhrlohns aus § 54 Ziff. 1. XXIII. 208. — 2. Cessibilität der nach § 54 bevorrechteten Conc.-Forderungen, angewandt auf creditirte Zuckersteuerbeträge. XXIII. 139. — 3. Bezieht sich das Vorzugsrecht von Forderungen der Pflegebefohlenen nach § 54 Ziff. 5 auch auf einen Pflichttheilsanspruch gegen den Gemeinschuldner? XXIII. 140. — 4. Das Vorrecht der Kinder und Pflegebefohlenen besteht auch dann, wenn dem Gemeinschuldner die ihm gesetzlich zustehende Verwaltung auch noch freiwillig übertragen worden war. XXV. 58. — 5. Kündigung eines Dienstverhältnisses durch den Conc.-Verwalter; der Dienende kann seinen Lohnanspruch für die spätere Zeit als Conc.-Forderung geltend machen. XXI. 308. —

6. Das Absonderungsrecht ist gegen den Conc.-Verwalter geltend zu machen. XXV. 189. — 7. Kein Absonderungsrecht, wenn das für die persönliche Forderung an den Gemeinschuldner verpfändete Grundstück demselben nicht gehört. XXV. 250. — 8. Kann der Absonderungsberechtigte nach Anmeldung und Feststellung von Forderung und Absonderungsrecht in der Tabelle noch vor Beendigung des Conc.-Verfahrens behufs Erlangung eines vollstreckbaren Titels gegen den Conc.-Verwalter Klage erheben? XXIV. 132. — S. ferner oben unter E Absonderung §§ 39—45. —

9. Kein Anspruch des regreßberechtigten Mitverpflichteten neben dem Anspruch des Gläubigers auf Befriedigung aus der Conc.-Masse des Schuldners, mag auch das Verhältniß der Mitverpflichteten zu einander und zum Gläubiger verschleiert worden sein. XXIV. 134.

II. Concursverfahren.

A. Allgemeine Bestimmungen (§§ 64—93). 1. Über das Maß der vom Conc.-Verwalter zu übenden Sorgfalt (bei Bezahlung von Masseschulden) entscheidet das Reichsrecht. Entschuldbarkeit eines Rechtsirrthums des Conc.-Verwalters in zweifelhaften Rechtsfragen. XXIII. 209. — 2. In welchem Verfahren ist der Streit zwischen dem Gemeinschuldner und dem Conc.-Verwalter über die Zugehörigkeit eines Gegenstandes zur Conc.-Masse zu erledigen? XXI. 249. XXII. 216. — 3. Kann der Conc.-Verwalter zur Aufnahme des Verfahrens geladen werden, wenn für die von ihm bestrittene Forderung schon ein Endurtheil vorliegt? XXI. 253. — 4. Legitimation des Conc.-Verwalters zur Zurückforderung der von ihm in dieser Eigenschaft verliehenen Gelder. XXII. 10. — 5. Unzulässigkeit einer Klage von Conc.-Gläubigern gegen den Conc.-Verwalter auf Vornahme von Verwaltungshandlungen. XXV. 59. —

6. Es giebt keine civilprocessualische Klage eines Conc.-Gläubigers gegen den Conc.-Verwalter als solchen auf Berücksichtigung bei Abschlagsvertheilungen. XXI. 84. — 7. Kann der Conc.-Verwalter die Verfolgung der Rechte aus einem zweiseitigen, noch nicht erfüllten Vertrage dem Gemeinschuldner für dessen Rechnung überlassen? XXIV. 133. — 8. Nach und nach zu erfüllender Lieferungskauf des Gemeinschuldners; Stellung des Conc.-Verwalters dazu, wenn theilweise geliefert worden war. XXIII. 138. — 9. Kündigung eines Dienstverhältnisses durch den Conc.-Verwalter; der Dienende kann seinen Lohnanspruch für die spätere Zeit als Conc.-Forderung geltend machen. XXI. 308. — 10. Das Absonderungsrecht ist gegen den Conc.-Verwalter geltend zu machen. XXV. 189. — 11. Berechtigung des Conc.-Verwalters zur Geltendmachung des Anfechtungsrechts Absonderungsberechtigten gegenüber. XXII. 215. — 12. Kann der Absonderungsberechtigte, dessen Forderung und Absonderungsrecht angemeldet und in der Conc.-Tabelle festgestellt worden sind, noch vor Beendigung des Conc.-Verfahrens Klage gegen den Conc.-Verwalter erheben? XXIV. 132. — 13. Über die Rechtsgültigkeit eines Vertrags, worin der Conc.-Verwalter sich den Hypothekengläubigern gegenüber verpflichtet, ihnen die Miethverträge des Pfandgrundstücks auch ohne deren Beschlagnahme für sie zukommen zu lassen. XXI. 165. — 14. Welche Wirkung hat die Anerkennung einer nichtigen Pfändung durch den Conc.-Verwalter? XXI. 160. — 15. Massekosten aus der Verwaltung des Conc.-Verwalters zwischen dem Eröffnungsbeschluß und dessen Aufhebung. Persönliche Haftung des Conc.-Verwalters wegen ihrer vernachlässigten Befriedigung. XXI. 252. — 16. Beseitigung des Ersatzanspruchs von Gläubigern einer Act.-Gesellschaft gegen die Mitglieder des Aufsichtsraths durch einen Vergleich des Conc.-Verwalters der Act.-Gesellsch. mit dem Aufsichtsrath. XXIII. 171. —

17. Kann der Conc.-Verwalter für Prüfung einer nachträglich angemeldeten Forderung eine besondere Vergütung beanspruchen? XXI. 250. — 18. Kann der Conc.-Verwalter für Reisen in den von ihm geführten Processen eine Versäumnißgebühr beanspruchen? XXIII. 69. — 19. Haftet die Staatskasse für das bei der Masse ausgefallene Honorar des Conc.-Verwalters? XXIV. 206. — 20. Über die Behandlung der Beschwerde eines Conc.-Gläubigers über die Festsetzung des Honorars des Conc.-Verwalters. XXI. 251. —

21. Die einzelnen Mitglieder des Gläubigerausschusses haben keine selbständigen Rechte. XXV. 192.

B. Eröffnungsverfahren (§§ 94—106). Massekosten aus der Verwaltung des Conc.-Verwalters zwischen dem Eröffnungsbeschluß und dessen Aufhebung. Persönliche Haftung des Conc.-Verwalters wegen ihrer vernachlässigten Befriedigung. XXI. 252.

C. Theilungsmasse (§§ 107—125). 1. Legitimation des Conc.-Verwalters zur Zurückforderung der von ihm in dieser Eigenschaft verliehenen Gelder. XXII. 10. — 2. In welchem Verfahren ist der Streit zwischen dem

Gemeinschuldner und dem Conc.-Verwalter über die Zugehörigkeit eines Gegenstandes zur Conc.-Masse zu erledigen? XXI. 249. XXII. 216. — 3. Das Absonderungsrecht ist gegen den Conc.-Verwalter geltend zu machen. XXV. 189. — 4. Eingetr. Genossenschaft im Concurse; Unzulässigkeit des Einwandes eines Genossen gegen seine Haftung, daß er betrüglich zum Eintritt verleitet worden sei. XXV. 155.

D. Schuldenmasse (§§ 126—136). 1. Erfordernisse der Anmeldung einer Forderung, um die Verjährung unterbrechen und als Grundlage für eine Feststellung der Forderung dienen zu können. XXIII. 210. — 2. Anmeldung einer Forderung im Concurse, welche vorher schon von einem Anderen als ihm zustehend angemeldet und zu seinen Gunsten in die Tabelle eingetragen worden ist. XXII. 136. — 3. Anmeldung und Feststellung einer Forderung mit Absonderungsrecht in der Tabelle; kann der Absonderungsberechtigte noch vor Beendigung des Conc.-Verfahrens behufs Erlangung eines vollstreckbaren Titels gegen den Conc.-Verwalter Klage erheben? XXIV. 132. — 4. Unzulässigkeit der nachträglichen Anmeldung eines Vorrechts für eine schon als unstreitig in die Tabelle eingetragene Forderung. XXIII. 211. — 5. Eintragung in die Conc.-Tabelle als Vollstr.-Titel i. S. des Anf.-Ges.; Gesetzesauslegung. XXI. 264. 265. — 6. Ist gegen die Eintragung einer Forderung in die Conc.-Tabelle eine Restitutionsklage zulässig? XXIII. 59. — 7. Es giebt keine civilprocessualische Klage eines Conc.-Gläubigers gegen den Conc.-Verwalter als solchen auf Berücksichtigung bei Abschlagsvertheilungen. XXI. 84. — 8. Zulässigkeit einer Klage gegen den Gemeinschuldner auf Zahlung nach Aufhebung des Concurses. XXIV. 203. — 9. Kann der Conc.-Verwalter für Prüfung einer nachträglich angemeldeten Forderung eine besondere Vergütung beanspruchen? XXI. 250. — 10. Zulässigkeit einer Aufnahme des Processes über eine angemeldete Forderung auch gegen den Gemeinschuldner. XXII. 68. — 11. Kann der Conc.-Verwalter zur Aufnahme des Verfahrens geladen werden, wenn für die von ihm bestrittene Forderung schon ein Endurtheil vorliegt? XXI. 253.

E. Vertheilung (§§ 137—159). 1. Es giebt keine civilprocessualische Klage eines Conc.-Gläubigers gegen den Conc.-Verwalter als solchen auf Berücksichtigung bei Abschlagsvertheilungen. XXI. 84. — 2. Berechnung der in § 140 für den Nachweis der Feststellungsklage vorgeschriebenen zweiwöchigen Frist. XXI. 309.

F. Zwangsvergleich (§§ 160—187). 1. Die Nichtigkeit eines Abkommens beim Zwangsvergleich zur Bevorzugung einzelner Gläubiger setzt das Bewußtsein der Bevorzugung voraus. XXV. 60. — 2. Ungültigkeit eines Sonderabkommens, wodurch ein Gläubiger auf künftiges Vermögen des Gemeinschuldners verwiesen wird. XXIII. 70. — 3. Anfechtung eines Zwangsvergleichs wegen heimlicher Begünstigung einzelner Gläubiger, obgleich der Vergleich auch ohne die Zustimmung dieser Gläubiger zu Stande gekommen sein würde. XXIII. 142. —

4. Rechtliche Natur eines Zahlungsversprechens nach Abschluß eines Zwangsvergleichs. XXIII. 135. — 5. Wer ist nach Aufhebung des Concurses zur Fortführung der schwebenden Processe über Masseforderungen legitimirt? XXV. 253. —

6. Kann die aus einer Bürgschaft für ihren Ehemann belangte Frau in allgemeiner Gütergemeinschaft sich auf den Zwangsvergleich im Concurse des Ehemannes berufen? XXII. 137. — 7. Der Zwangsvergleich im Concurse einer off. Handelsgesellsch. berührt nicht die Haftung der ausgeschiedenen Gesellschafter. XXIII. 71. — 8. Erstreckt sich die Wirkung des Zwangsvergleichs auf vorläufig vollstreckte Forderungen? XXIII. 141. — 9. Verzichtet der absonderungsberechtigte Gläubiger dadurch auf sein Absonderungsrecht, daß er über den Zwangsvergleich in vollem Betrage seiner Forderung mit abstimmt? XXII. 134.

G. Einstellung des Verfahrens (§§ 188—192). Bekanntmachung des Antrags des Gemeinschuldners auf Einstellung des Conc.-Verfahrens; kein Beschwerderecht des Conc.-Verwalters und der Gläubiger. XXIV. 73.

H. Besondere Bestimmungen (§§ 193—208). 1. Kann auch der ausgeschiedene Gesellschafter während des Concurses der off. Handelsgesellsch. seine Haftung ablehnen, obgleich er selbst sich nicht im Concurse befindet? XXI. 191. — 2. Solange der Concurs der off. Handelsgesellsch. schwebt, darf der Privatschuldner eines Gesellschafters nicht mit seiner Forderung an die Gesellschaft compensiren. XXI. 118. — 3. Der Zwangsvergleich im Concurse einer off. Handelsgesellsch. berührt nicht die Haftung der ausgeschiedenen Gesellschafter. XXIII. 71.

Alphabetisches Register.

Die römischen Ziffern bezeichnen den Band, die arabischen die Nummern der Artikel.

A.

sam war. XXII. 280. — 3. Kann die von einem Dritten hinterlegte Arrestsicherheit den Gerichtsstand des Vermögens auch dann begründen, wenn der Dritte vor der Klagezustellung den Arrestgegenstand eigenmächtig der Verstrickung entzogen hat und die Aufhebung des Arrestes durch Gerichtsbeschluß unterblieben ist? XXI. 216.

Arrogation. Nichtigkeit einer Arrogationserklärung, die erst nach dem Tode des Erklärenden angenommen worden ist. XXII. 243.

Arzt. 1. Satzunggemäße Beschränkung der Mitglieder der Ortskrankenkasse auf bestimmte Kassenärzte. XXV. 229. — 2. Zulässigkeit des Rechtswegs für die Ansprüche des Arztes gegen die Kasse der Krankenversicherung. XXV. 230. — 3. Fällt unter den Begriff des Gewerbebetriebs nach § 3 des Reichsges. wegen Beseitigung der Doppelbesteuerung v. 13. Mai 1870 die Ausübung der ärztlichen Praxis? XXIII. 88.

Auctionator. Ist der einem gewerbsmäßigen Auctionator ertheilte Auftrag zu einer Versteigerung frei widerruflich? XXIII. 223.

Aufgebotsverfahren. 1. Wirksamkeit einer Anmeldung unter ungenauer Angabe des Schuldgrundes. XXIII. 135. — 2. Rückwirkende Kraft der Aufrechnungserklärung in Anwendung auf die Aufrechnung mit einer in einem Aufgebotsverfahren ausgeschlossenen Forderung. XXIV. 82.

Aufgeheiratheter Wirth nach Meierrecht; hat er Anspruch auf eine Leibzucht für seine zweite Ehefrau? XXII. 171.

Aufhebung eines Gesetzes durch Gewohnheitsrecht (desuetudo). XXII. 1.

Auflassung. 1. Eigenthumserwerb durch Auflassung nur an dem aufgelassenen Grundstück. XXV. 65. — 2. Der Käufer braucht die Auflassung nicht anzunehmen, wenn das Grundstück vertragswidrig belastet ist. XXV. 10. — 3. Verzug in der Auflassung. XXV. 5. — 4. Formheilende Kraft der Auflassung für den ganzen Inhalt des Erwerbsgeschäfts, XXV. 6; auch für die mündliche Nebenverpflichtung zur Rückauflassung, XXV. 130. Formheilende Kraft der Auflassung für jeden der dadurch erfüllten mehreren Verträge, XXV. 7. — 5. Grenzen der Vermuthung für die Richtigkeit des Inhalts des Grundbuchs. XXV. 67. — 6. Auch gegen eine Fristverfügung aus § 18 Abs. 1 GBO. ist Beschwerde zulässig. XXV. 195. — 7. Unanwendbarkeit des § 774 CPO. auf die Vollstreckung einer Verurtheilung zur Auflassung eines auf den Namen eines Dritten geschriebenen Grundstücks. XXI. 306. — 8. Verpflichtung des dolosen Verkäufers zur Entgegennahme der Rückauflassung des verkauften Grundstücks nach Aufhebung des Vertrages. XXIII. 77. — 9. Streitwerth bei Klagen auf Auflassung. XXV. 163. — 10. Anfechtung der auf Anweisung des Schuldners geschehenen Auflassung eines Grundstücks an einen Dritten; was ist zurückzugewähren? XXV. 12.

Auflösung der off. Handelsgesellschaft. 1. Auflösung einer off. Handelsgesellsch. durch Erklärung eines Theilhabers oder erst durch das diese Erklärung anerkennende Urtheil? XXV. 19. — 2. Kann im Gesellschafts-

B.

C.

Streit zwischen dem Gemeinschuldner und dem Conc.-Verwalter über die Zugehörigkeit eines Gegenstandes zur Conc.-Masse zu erledigen? XXI. 249. XXII. 216. — 3. Kann der Conc.-Verwalter zur Aufnahme des Verfahrens geladen werden, wenn für die von ihm bestrittene Forderung schon ein Endurtheil vorliegt? XXI. 253. — 4. Legitimation des Conc.-Verwalters zur Zurückforderung der von ihm in dieser Eigenschaft verliehenen Gelder. XXII. 10. — 5. Unzulässigkeit einer Klage von Conc.-Gläubigern gegen den Conc.-Verwalter auf Vornahme von Verwaltungshandlungen. XXV. 59. — 6. Es giebt keine civilprocessualische Klage eines Conc.-Gläubigers gegen den Conc.-Verwalter als solchen auf Berücksichtigung bei Abschlagsvertheilungen. XXI. 84. — 7. Kann der Conc.-Verwalter die Verfolgung der Rechte aus einem zweiseitigen, noch nicht erfüllten Vertrage dem Gemeinschuldner für dessen Rechnung überlassen? XXIV. 133. — 8. Nach und nach zu erfüllender Lieferungskauf des Gemeinschuldners; Stellung des Conc.-Verwalters dazu, wenn theilweise geliefert worden war. XXIII. 138. — 9. Kündigung eines Dienstverhältnisses durch den Conc.-Verwalter; der Dienende kann seinen Lohnanspruch für die spätere Zeit als Conc.-Forderung geltend machen. XXI. 308. — 10. Das Absonderungsrecht ist gegen den Conc.-Verwalter geltend zu machen. XXV. 189. — 11. Berechtigung des Conc.-Verwalters zur Geltendmachung des Anfechtungsrechts Absonderungsberechtigten gegenüber. XXII. 215. — 12. Kann der Absonderungsberechtigte, dessen Forderung und Absonderungsrecht angemeldet und in der Conc.-Tabelle festgestellt worden sind, noch vor Beendigung des Conc.-Verfahrens Klage gegen den Conc.-Verwalter erheben? XXIV. 132. — 13. Über die Rechtsgültigkeit eines Vertrags, worin der Conc.-Verwalter sich den Hypothekengläubigern gegenüber verpflichtet, ihnen die Miethverträge des Pfandgrundstücks auch ohne deren Beschlagnahme für sie zukommen zu lassen. XXI. 165. — 14. Welche Wirkung hat die Anerkennung einer nichtigen Pfändung durch den Conc.-Verwalter? XXI. 160. — 15. Massekosten aus der Verwaltung des Conc.-Verwalters zwischen dem Eröffnungsbeschluß und dessen Aufhebung. Persönliche Haftung des Conc.-Verwalters wegen ihrer vernachlässigten Befriedigung. XXI. 252. — 16. Beseitigung des Ersatzanspruchs von Gläubigern einer Act.-Gesellschaft gegen die Mitglieder des Aufsichtsraths durch einen Vergleich des Conc.-Verwalters der Act.-Gesellsch. mit dem Aufsichtsrath. XXIII. 171. — 17. Kann der Conc.-Verwalter für Prüfung einer nachträglich angemeldeten Forderung eine besondere Vergütung beanspruchen? XXI. 250. — 18. Kann der Conc.-Verwalter für Reisen in den von ihm geführten Processen eine Versäumnißgebühr beanspruchen? XXIII. 69. — 19. Haftet die Staatskasse für das bei der Masse ausgefallene Honorar des Conc.-Verwalters? XXIV. 206. — 20. Über die Behandlung der Beschwerde eines Conc.-Gläubigers über die Festsetzung des Honorars des Conc.-Verwalters. XXI. 251.

D.

E.

F.

G.

H.

J.

K.

M.

N.

O.

Q.

R.

S.

T.

U.

ungültig machen. XXI. 53. — 4. Der § 95 Unf.-Vers.-Ges. v. 6. Juli 1884 trifft nicht den Anspruch des unehelichen Kindes, auch des z. Z. noch nicht geborenen, aus der Tödtung seines Vaters gegen den Betriebsunternehmer. XXIV. 151. — 5. Kein Regreßanspruch der Berufsgenossenschaft gegen den Betriebsunternehmer aus § 177 Unf.-Vers.-Ges. v. 5. Mai 1886, wenn die Krankheit und Erwerbsunfähigkeit erheuchelt war. XXIV. 49. — 6. Kein Regreßanspruch der Berufsgenossenschaft gegen Dritte aus § 119 Unf.-Vers.-Ges. v. 5. Mai 1886, wenn kein Unfall i. S. des Gesetzes vorlag. Kann der regreßpflichtige Dritte einwenden, daß er strafgerichtlich in eine Buße verurtheilt sei? XXIV. 175. — 7. Begriff des Bauherrn nach § 27 Ges. v. 11. Juli 1887 betr. die Unfallversicherung der bei Bauten beschäftigten Personen. XXV. 161.

Ungenannte Verträge. 1. Innominatvertrag oder Gesellschaft? Einfluß veränderter Umstände auf ein Vertragsverhältniß. XXI. 104. — 2. Rechtliche Natur des einem gewerbsmäßigen Auctionator ertheilten Auftrags zu einer Versteigerung; ist der Auftrag frei widerruflich? XXIII. 223. — 3. Sind Verträge über die Zurücknahme des Strafantrags bei einem sog. Antragsvergehen klagbar? XXV. 9.

Ungerechtfertigte Bereicherung s. systemat. Reg. S. 60. 61 unter F.

Universalfideicommiß. 1. Verwandlung einer nichtigen Erbeinsetzung in Folge der Codicillarclausel in ein Universalfideicommiß. XXIII. 19. — 2. Verpflichtung des Fiduciarerben zur Manifestation des Nachlasses; kann der Testator sie erlassen? XXI. 271. — 3. Höhe der Trebellianischen Quart neben dem Pflichttheil. XXIII. 19. — 4. Der Fiduciarerbe, dem die Veräußerung von Erbschaftsbestandtheilen auch unter Lebenden untersagt ist, darf nicht remuneratorisch schenken; Voraussetzungen der remuneratorischen Schenkung. XXI. 272.

Universitates, Beschlußfassung derselben. XXII. 72.

Universitätslehrer. Zeugnißverweigerung eines Universitätslehrers in Betreff solcher Thatsachen, die ihm zur Erstattung eines Rechtsgutachtens anvertraut worden sind. XXIII. 198.

Unlauterer Wettbewerb. 1. Verhältniß des § 1 des Ges. v. 1896 betr. den unlauteren Wettbewerb zum § 16 des Ges. v. 1894 betr. den Schutz der Waarenbezeichnungen. XXIII. 151. — 2. Begriff der Angaben thatsächlicher Art, geeignet, den Anschein eines besonders günstigen Angebots hervorzurufen nach § 1 Ges. v. 27. Mai 1896. XXIII. 228. — 3. Unlauterer Wettbewerb durch unrichtige Bezeichnung einer Waare als aus einer bestimmten Fabrik herrührend, jedoch mit Zustimmung des Inhabers dieser Fabrik. XXIII. 151. — 4. Unlauterer Wettbewerb durch falsche Werthangaben für die Waaren im Schaufenster. XXIV. 22. — 5. Durch öffentliche unwahre Ankündigung eines Totalausverkaufs. XXV. 139. — 6. Durch unwahre Ankündigung von billigen Ausnahmetagen. XXV. 204. — 7. Durch Beilegung des von einem amerikanischen Schwindelinstitut erworbenen Doctor-

V.

W.

einen pfändbaren Anspruch auf Auslieferung gegen die Postanstalt? XXV. 135. — 4. Verpflichtung des Fahrgastes einer Straßenbahn, dem controlirenden Beamten den gelösten Fahrschein vorzulegen. XXII. 235. — 5. Erfüllungsort bei Klagen auf das Interesse wegen Nichterfüllung der Verpflichtung zur Herstellung eines Werkes mit bestimmter Leistungsfähigkeit. XXI. 15. — 6. Beweislast bei der Behauptung des Bestellers eines Werkes, daß der Unternehmer einen bestimmten Erfolg zugesagt habe. XXIV. 219. — 7. Klage auf angemessenen Preis, Einrede der Verabredung eines bestimmten Preises, Beweislast. XXV. 73. — 8. Werkverdingung nach einem Anschlage; Nebenarbeiten. XXII. 12. — 9. Gebührt dem Bauherrn oder dem Bauunternehmer der Vortheil, daß der Bauunternehmer die Baustoffe unter dem Anschlagspreise anschafft? XXV. 200. — 10. Über die Ansprüche des Unternehmers bei ungerechtfertigtem Rücktritt des Bauherrn. XXI. 20.

Werthpapiere. 1. Darlehen in Werthpapieren. XXIV. 218. — 2. Haftung des Bankiers gegenüber seinem Kunden für die Empfehlung von Werthpapieren. XXV. 26. — 3. Unrichtige Mittheilungen des Bankiers über die Sicherheit von ihm empfohlener Werthpapiere. XXIV. 237.

Widerklage. 1. Klage und Widerklage auf Erfüllung eines zweiseitigen Vertrages; beiderseitige Einrede des nicht erfüllten Vertrags. XXII. 78. — 2. Der § 33 CPO. regelt auch die Voraussetzungen der Widerklage. Es genügt nicht ein Zusammenhang der Widerklage mit einem unzulässigen, wenn auch nur vertragsmäßig ausgeschlossenen, Vertheidigungsmittel. XXII. 261. — 3. Unzulässigkeit einer nur eventuellen Widerklage. XXIII. 259. — 4. Unzulässigkeit einer Zurückweisung der verschleppten Begründung einer Widerklage. XXV. 111. — 5. Werthfestsetzung für eine abgewiesene, thatsächlich nicht erhobene Widerklage. XXII. 44. — 6. Hat der Kläger, welcher vor der Verhandlung die Klage zurückzieht und in die Kosten verurtheilt wird, eine Proceßgebühr des gegnerischen Anwalts für die in einem Schriftsatz angekündigte Widerklage zu erstatten? XXIII. 186. — 7. Die Bewilligung des Armenrechts befreit den Gegner nicht von den Kosten für seine Widerklage oder sein Rechtsmittel. XXV. 168. — 8. Wann findet eine Zusammenrechnung des Gegenstandes der Klage und der Widerklage für die Rev.-Summe statt? XXIV. 191. — 9. Zwischenurtheil über den Grund eines Anspruchs, welcher theils zur Compensation, theils durch Widerklage geltend gemacht wird. XXI. 226. — 10. Rechtskräftige Abweisung der Widerklage, insoweit sie auf eine von mehreren zugleich compensando und widerklagend geltend gemachten Forderungen gestützt wird; Wirkung auf die Compensationseinrede. XXI. 68.

Widerruf. 1. Superficies auf Widerruf oder Precarium? XXIII. 216. — 2. Widerruf der Zusicherung einer Crediteinräumung wegen inzwischen bekannt gewordener Unsicherheit des Promissars. XXII. 3. — 3. Rechtliche Natur des sog. Baugeldervertrages. Rücktritt wegen veränderter Umstände.

Z.